Fair Isle Knitting

바람공방의 페어아일 니팅

기초부터 스틱 기법까지 페어아일의 모든 것

바람공방 지음 | 배혜영 옮김

한스미디어

Contents

라운드넥&브이넥 베스트

1 과정 설명으로 기본을 마스터하는 베스트 … 8

준비물 … 29

게이지를 내자 … 30

기초코를 원통으로 만들어 밑단에서 시작한다 … 32

겨드랑이까지 배색무늬를 뜬다 … 36

스틱을 뜨면서 진동둘레의 코를 줄인다 … 36

진동둘레의 2코 모아뜨기 줄임코를 한다 … 39

스틱을 뜨면서 목둘레의 코를 줄인다 … 40

어깨를 잇는다 … 41

드디어 스틱을 자른다! … 42

코를 주워 목둘레를 뜬다 … 44

목둘레의 뜨개 끝은 코바늘로 … 44

스틱을 자르고 진동둘레를 뜬다 … 45

각 부분을 정리하면 완성 … 46

2 부드러운 색감의 걸리시한 유넥 베스트 … 9

3 남성적인 브이넥 베스트 … 10

4 다이아몬드와 십자 무늬 브이넥 베스트 … 10

5 페일 블루 계열의 상큼한 브이넥 베스트 … 11

카디건

6 왕관을 포기한 사랑에 얽힌 카디건 … 12
7 마른풀색으로 테두리를 뜬 라운드넥 카디건 … 13
8·9 스틱 레슨 전에 제격인 소품 … 14
10 과정 설명으로 기본을 마스터하는 카디건 … 15
　　앞트임 타입은 밑단부터 스틱을 넣어 뜬다 … 67
　　배색무늬 1단에서 코를 늘린다 … 70
　　소매의 스틱을 자른다 … 71
　　코를 주워 소매를 뜬다 … 73
　　앞단을 왕복뜨기로 뜬다 … 76
　　각 부분을 정리하면 완성 … 78

풀오버

11 알맞게 귀여운 퍼플 계열 풀오버 … 16
12 바람공방 스타일 배색 풀오버 … 17
13 그레이&블루 계열 풀오버 … 18
14 초심자에게도 추천하는 판초 … 19

둥근 요크

15 프루츠 컬러의 둥근 요크 카디건 … 20
16 아름다운 파란색의 둥근 요크 풀오버 … 21

여러 소품

17·18 베스트와 세트인 모자&긴 손모아장갑 … 22
19·20 한 단계 높은 핸드 워머 … 23
21 실 정리도 편한 다색 머플러 … 24
22·23 언제나 인기가 높은 소품 베레모 … 25

무늬뜨기 전체도 아라카르트 … 138
뜨개코 모눈종이…커버 안쪽

Fair Isle Knitting Column
❶ '양의 섬' 셰틀랜드 제도 … 4
❷ 유연성이라는 개성을 지닌 페어아일 … 6
❸ 바람공방 스타일 니팅 테크닉 … 26
❹ 단 하나의 스웨터를 … 47

작품 사이즈는 모두 여성 사이즈로 표기했습니다.
L 사이즈는 남성 M 사이즈, XL 사이즈는 남성 L 사이즈입니다.

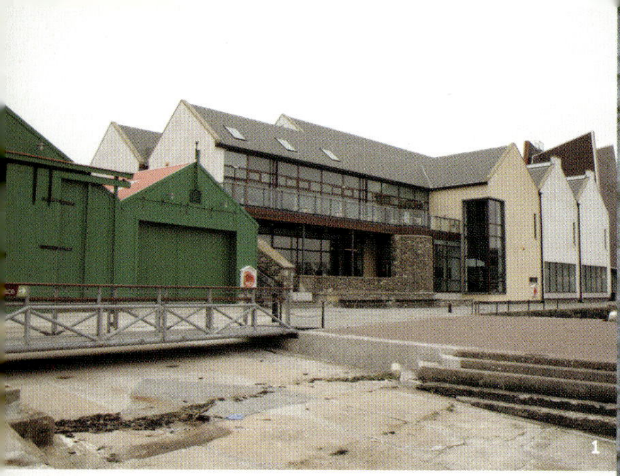
1

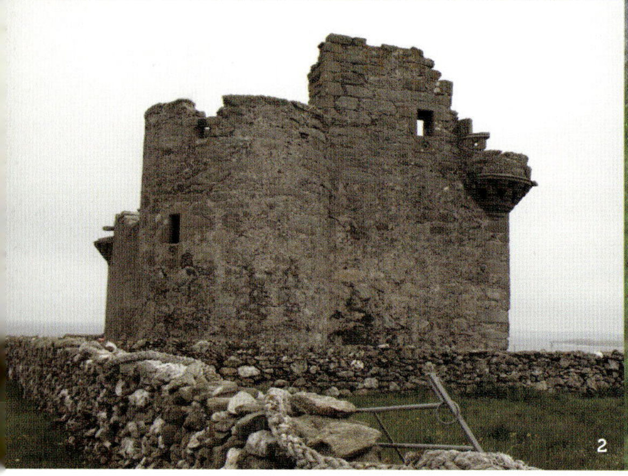
2

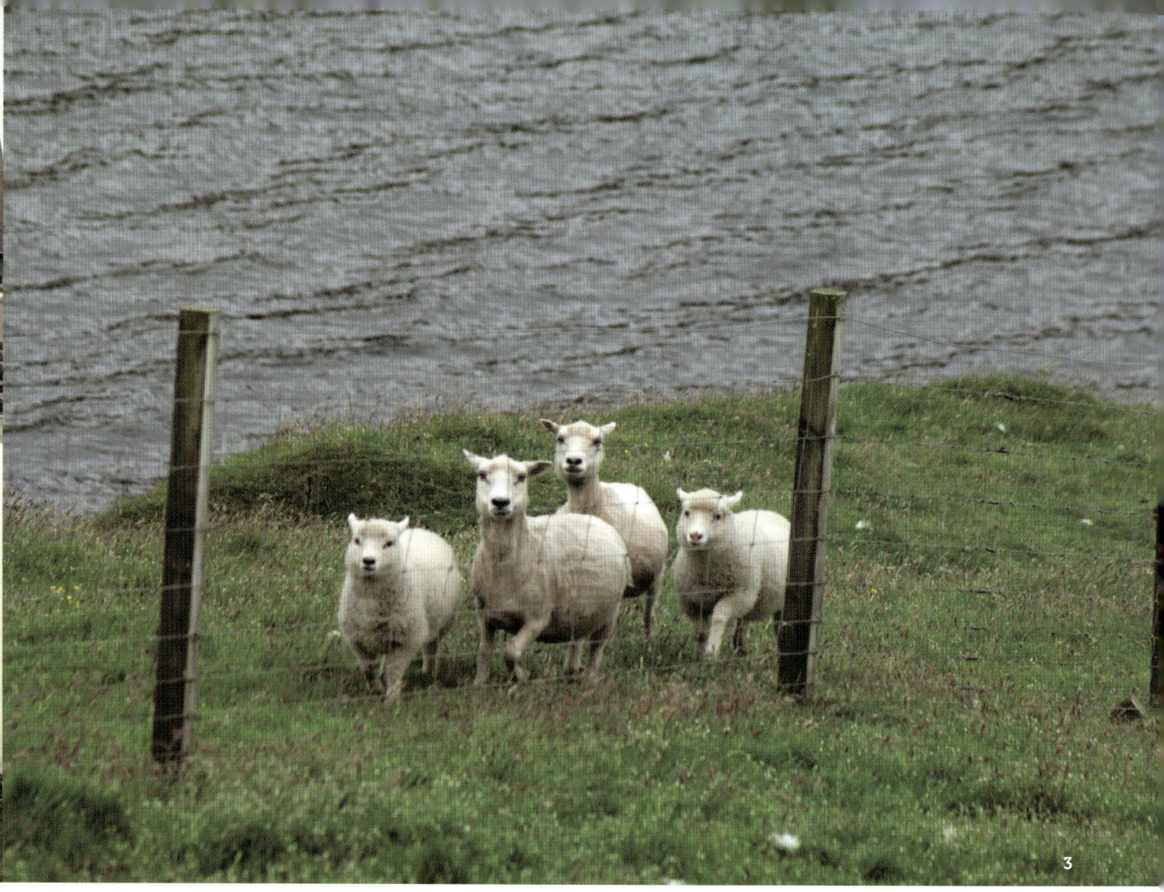
3

Fair Isle Knitting Column ❶

Shetland History

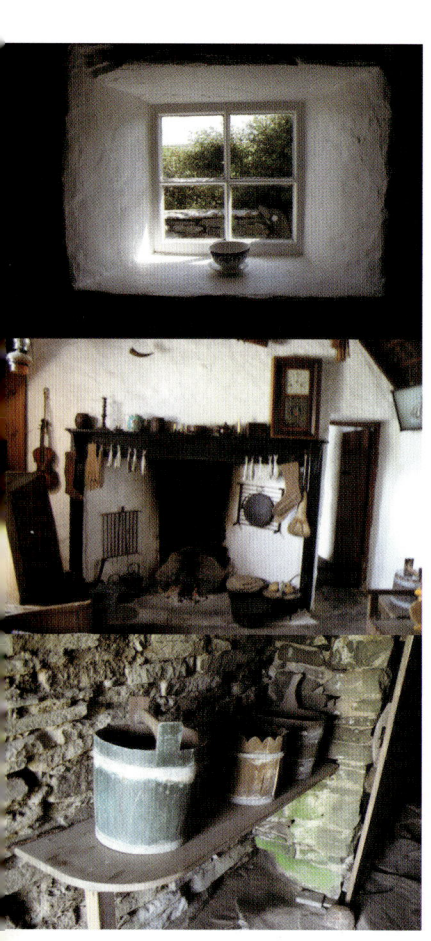

옛 농가 건물을 보존한 크로프트하우스 박물관에는 19세기부터 20세기 초의 생활 도구가 전시되어 있어 당시 생활을 알 수 있다. 난로의 연료는 색 이름으로도 많이 사용되고 셰틀랜드에서는 친숙한 '피트(이탄)'다.

생계를 위한 노동에서 은혜로운 재산으로

'양의 섬' 셰틀랜드 제도

셰틀랜드 제도는 영국 스코틀랜드 본토에서 북쪽으로 170㎞ 떨어진 북해에 위치한 곳으로 100개 정도의 섬으로 이뤄진 곳을 말합니다. 그중 사람이 사는 섬은 16곳입니다. 위도는 노르웨이 남부와 같고 거리상으로는 스코틀랜드와 노르웨이 중간 지점에 위치해 예전에는 노르웨이 영토였던 적도 있습니다. 가장 큰 섬이 메인랜드이고 섬 남동부의 러윅(Lerwick)이 중심지입니다. 교통수단은 30인승의 소형 비행기를 기준으로, 스코틀랜드 애버딘에서 45분, 에든버러와 글래스고에서 1시간 넘게 걸려야 본섬 최남단 섬버그(Sumburgh) 공항에 도착합니다.

셰틀랜드에 도착하면 제일 먼저 눈에 들어오는 것은 키 큰 나무가 전혀 없는 푸른 언덕과 풀을 뜯어 먹는 양들. 셰틀랜드의 사람들은 기원전부터 이 양들과 함께 생활했습니다. 셰틀랜드 여성들이 언제부터 뜨개를 시작했는지 기록은 없지만, 뜨개 의류 무역이 활발했던 시기의 기록은 남아 있습니다. 기록에 따르면 16세기 말 네덜란드 어선단이 셰틀랜드에 들러서 양말과 손모아장갑을 구입해갔습니다. 이 양말은 메리야스뜨기로 두툼하게 뜬 것이었습니다. 셰틀랜드는 북해 중앙에 위치하므로 네덜란드 어선단뿐 아니라 북해 무역의 중계지로서 북유럽 여러 나라, 발트 제국, 아이슬란드 등의 무역선도 기항했습니다.

가혹한 자연환경에서 살아남은 셰틀랜드 양의 털로 뜬 양말과 손모아장갑은 따뜻해서 인기가 있었기 때문에 한 번에 1000~1500척이 기항하는 네덜란드 어선의 어부들이 대량으로 사갔다고 합니다. 오랜 세월 계속된 이 무역도 18세기 초 유럽 정세의 변화에 의해 한풀 꺾였지만, 양말과 손모아장갑은 섬사람들이 계속 사용했기 때문에 살아남을 수 있었습니다.

이후 18세기 말 무렵에는 하얀 원모에서 가는 실을 뽑아 뜬 섬세한 여성용 양말이 스코틀랜드 상류사회에서 인기를 얻었고, 이 유행이 잉글랜드에도 전해져 19세기 초에는 런던 브룩 스트리트와 뉴본드 스트리트 모퉁이에 셰틀랜드 양말 전문점이 문을 열었습니다. 이 양말 사업은 유능한 니터들에 의해 몇 세기나 이어졌지만 부를 축적한 것은 지주와 상인으로, 생산자인 농부와 그의 아내와 딸들은 가난한 생활을 할

수밖에 없었습니다.

그 생활을 극적으로 바꾼 게 북해유전 개발입니다. 이 개발은 90년대 후반에 절정을 이루었으나 현재는 기존 유전의 생산량이 적어진 데다 새 유전의 발견도 적어서 나중에는 조업이 금지될 것으로 전망하고 있다고 합니다. 그렇지만 섬사람들은 석유 사업의 영향으로 농업과 뜨개 의류 제작 이외의 일을 선택할 수 있게 되었고, 아울러 뜨개는 생계를 위한 노동에서 취미로 바뀌었습니다.

제가 만난 셰틀랜드의 니터 할머니들은 모두 뜨개를 했었다고 합니다. 그러나 그 다음 세대에게 뜨개는 가혹한 노동과 가난을 상징하는 불쾌한 기억이라 뜨개를 하지 않는 사람도 많다고 합니다. 그리고 현재 그 자녀 세대는 생활이 풍족해지고 패션 정보도 인터넷에서 얻을 수 있는 데다 제품 구입도 쉽게 할 수 있으므로, 뜨개 스웨터와 소품을 훌륭하게 여기지 않으며 유감스럽게도 뜨개를 하지 않는다고 합니다.

80년대 이후 셰틀랜드를 비롯해 각지의 양모 산업이 침체했습니다. 영국 전체에서도 마찬가지로 중심지인 요크셔 지방에서는 방적 공장이 잇따라 폐쇄 위기에 처했습니다. 2010년 영국 양모 산업 쇠퇴에 위기감을 느끼고 환경문제에 관심이 많은 당시 찰스 왕자의 후원에 힘입어 지속 가능한 산업으로서 영국 양모를 재평가하기 위해 '캠페인 포 울(Campaign for Wool)' 이벤트가 시작되었습니다. 셰틀랜드에서도 가을에 셰틀랜드 울 위크가 개최되어 해마다 알찬 프로그램을 제공하고 있습니다.

그 영향인지 수년 전부터 초등학교에서 뜨개 수업을 진행하는 등 셰틀랜드의 재산이기도 한 뜨개를 후세에 전하려는 노력이 시작되었습니다. 텍스타일을 배운 젊은이가 고향으로 돌아오는가 하면, 해외에서 셰틀랜드에 반해서 이주해 니트 디자인을 하는 사람도 생겨 셰틀랜드의 뜨개에도 조금씩 새로운 싹이 자라고 있습니다. 천연자원은 채굴하면 없어지지만 양과 공존하면 양은 우리에게 은혜를 베풀어줍니다.

북해유전으로 풍족해진 덕분에 셰틀랜드 박물관 건물도 훌륭하게 세울 수 있었고 자료실에서는 뜨개와 직물의 시대고증 연구를 계속할 수 있습니다. 경제적으로 부유해진 셰틀랜드 도민이 긍지를 갖고 자신들의 재산인 뜨개를 지키려는 자세가 우리를 끊임없이 매료시키는 것이겠지요.

1 / 본섬 러윅에 있는 셰틀랜드 박물관의 외관. 셰틀랜드의 역사 자료를 전시하고 있다. 특히 페어아일 니트와 셰틀랜드 레이스 전시가 알차다. 박물관 굿즈는 기념품으로 추천. 바다에 면한 2층의 세련된 레스토랑의 요리는 무척 맛있다! 2 / 언스트(Unst) 섬에 있는 머네스 성(Muness Castle) 유적. 3 / 셰틀랜드의 양. 현재 셰틀랜드 양은 자연 교배, 인공 교배에 의해 63종으로 나뉜다고 한다. 4 / 섬 입구에서 보이는 크로프트하우스 박물관. 그 앞으로 바다가 펼쳐져 있다. 5·6 / 본섬 서쪽 해안에 있는 스칼로웨이(Scalloway) 성 유적. 이 성을 세운 패트릭 백작은 잔혹한 영주로 사람들을 두려움에 떨게 했다고 한다. 7 / 작은 버스 정류장이 너무 살풍경해 동네 초등학생의 제안으로 아트 작품으로 꾸며 탈바꿈했다. 8 / 나무가 크게 자라지 않는 한겨울의 셰틀랜드도 초여름이 되면 일제히 꽃이 핀다.

Fair Isle Story

페어아일 니팅을 지도해준 헤이즐 틴달(Hazel Tindall)의 손때 묻은 니팅 벨트. 셰틀랜드 니터의 필수품이다. 본인 스웨터는 실을 정리하지 않고 묶기만 했다! "실끼리 얽히니까 안 풀려."

트렌드와 연결되면서 발전
유연성이라는 개성을 지닌 페어아일

본섬 러윅에 있는 셰틀랜드 박물관의 전시를 보면 페어아일 니트가 다양한 것에 영향을 받았음을 알 수 있습니다. 발상지인 페어 섬에서 어부가 사용하기 위해 떴던 초기 페어아일 모자가 셰틀랜드 박물관에 남아 있습니다. 그 모자는 누에고치 모양으로 절반 위치에서 안으로 접고 안면에 실이 걸쳐져 있으므로 두세 겹이 되는데, 입구는 한 번 더 접어 네 겹까지 되므로 굉장히 따뜻하고 찬 바닷바람을 막아주기 때문에 인기가 있었습니다.

염색한 파란색, 빨간색, 옐로골드와 양의 자연색인 흰색, 무리트(moorit:붉은 갈색), 셰틀랜드 블랙의 배색으로 바로 페어아일 무늬임을 알 수 있습니다. 짙은 색 바탕에 밝은 색의 배색무늬가 줄무늬 형태로 배치되어 있고, 무늬는 추상적인 기하학무늬가 특징입니다. 빨간색과 옐로골드는 자생하는 식물로 물들였고 파란색은 수입한 쪽 염료를 사용했다는데, 페어아일 니트는 페어 섬에서 만들어졌다기보다는 섬 바깥의 재료와 영향을 받으면서 차차 페어아일의 스타일을 완성한 모양입니다. 초기 무늬는 가지각색이지만

지금도 쓰이는 배색과 무늬 배치가 기본입니다. 뜨는 방법 그 자체는 잉글랜드, 스코틀랜드를 비롯한 유럽과 북유럽, 발트 3국의 연안 지역에서 볼 수 있는 배색뜨기의 한 형태로, 어느 지역에도 같은 방법으로 뜬 니트웨어가 남아 있습니다. 페어 섬은 북해 중앙에 있으므로 기항하는 배에서 가져온 수많은 물건과 문화의 영향을 받았다고 여겨집니다.

페어아일 니트의 발전을 역사적으로 검증하는 가운데 그 기원에 대해 논쟁이 일어난 적이 있습니다. 가장 유명한 일화는 16세기 말 스페인 함대가 페어 섬 앞바다에서 좌초되어 섬사람에게 구출된 선원이 무늬를 전해줬다는 것입니다. 진위가 확인되지 않은 이 이야기는 19세기 소비자에게 선전할 목적으로 왜곡되어 퍼졌습니다. 그런 이야기가 유포될 만큼 이미 페어아일 니트는 19세기 후반에는 유럽에 널리 알려졌습니다. 《Handbook to Zetland Islands》라는 책에서도 다뤄졌는데, 페어아일 양말은 특유의 무늬를 많은 색깔로 떴으며 부드러움과 착용감이 뛰어나 품질에 까다로운 사람들에게도 대단히 평판이 좋았다고

적혀 있습니다.

이렇게 아름다운 색상의 페어아일 니트는 셰틀랜드에서 가장 유명한 수예품이 되었습니다. 페어아일 니트의 수요로 부유해진 사람은 상인들뿐이었으나, 자신과 가족을 위해 창조력과 아이디어를 쏟아부어 콘테스트에서 상을 받는 니터도 배출되면서 후세에 이어졌습니다. 그리고 19세기 말에는 급격한 공업화에 대한 반동으로 수공예품이 유행하면서 페어아일 니트는 큰 붐을 이룹니다.

20세기에는 1902년에서 1904년에 걸쳐 스코틀랜드 국영 남극 원정대 대원들이 착용하면서 질 좋은 양털로 뜬 페어아일 니트는 방한성과 실용성이 뛰어나다고 전 세계에 알려졌습니다. 1920년대에는 당시 패션 리더였던 에드워드 왕자(이후 에드워드 8세)가 골프웨어로 페어아일 니트를 입은 사진이 남아 있습니다. 그 후 초상화에서도 페어아일 니트를 입은 일이 계기

가 되어 먼저 상류사회에서 인기를 끌었고 이것이 대중에까지 퍼져 새로운 붐을 일으켰습니다.

제2차 세계대전 중에는 노르웨이 사람이 변화를 가져옵니다. 당시 나치의 박해를 피해 셰틀랜드로 온 노르웨이 사람이 5천 명 이상이나 되었고 그들의 영향으로 지금까지 가로무늬밖에 없었던 페어아일 니트에 세로무늬가 나타나게 되었습니다. 그리고 또 다른 영향은 노르딕 스웨터에서 볼 수 있는 후크 단추입니다. 단추로 채우는 카디건만 있던 당시에 가벼운 땜납 후크 단추는 신선하게 느껴졌을 겁니다. 1960년대에는 둥근 요크에 페어아일 무늬가 들어간 스웨터가 유행했습니다. 둥근 요크도 본래 페어아일 니트에는 없는 스타일로, 북유럽 니트웨어의 영향이 짙게 보입니다.

이처럼 페어아일 니트는 트렌드와 연결되면서 발전, 진화를 계속하며 패셔너블해졌습니다. 다만 긴 역사 속에서 페어아일 니트만의 뚜렷한 특징은 없습니다. 정해진 기법은 있지만 처음부터 나라와 지역의 경계를 넘어 유동적으로 변해왔으니까요. 하지만 색깔과 무늬의 조합은 무한합니다. 뭐든지 받아들이는 유연성이 다음 시대로 나아가는 창조성으로 이어져 완성품은 한눈에 페어아일 니트임을 알 수 있는 개성을 낳는 거겠지요.

참고 문헌/SHETLAND TEXTILES 800BC to the Present Sarah Laurenson 편집 Shetland Heritage Publications

1 / 셰틀랜드 박물관에 전시된 옛 색상 견본과 머플러. 2 / 전시품 베레모는 톱 부분의 수술이 귀엽다. 3·4 / 셰틀랜드 박물관에 기증된 머플러와 스웨터. 모두 큐레이터가 시대고증을 해서 보관하고 있다. 5 / 마찬가지로 기증받은 베레모의 톱 부분 샘플. 6 / 200색 이상의 실이 있는 제이미슨즈의 러윅 직영점의 쇼윈도. 7 / 굉장한 붐을 일으키는 계기가 된 페어아일 스웨터를 입은 에드워드 왕자. '사랑을 위해 왕관을 포기한' 그는 불과 325일 만에 퇴위했다. 8 / 언스트 섬 목장의 양 떼. 저녁에 목양견이 몰아 우리로 돌아가는 모습이다. 9 / 막 털을 깎은 컬러드 십의 원모. 선별은 사람의 손으로 하는 것이 가장 확실하다고 한다. 10 / 도로변에서 바리캉으로 양털을 깎고 있다. 양 머리를 다리 사이에 끼워 움직이지 못하게 하면 순식간에 작업이 끝난다. 도로변에서 하는 이유는 트럭에 싣기 편해서란다. 11 / 일본이 자랑하는 시마세이키의 공업용 전자동 편물기. 기계가 페어아일 니트를 끊임없이 뜨고 있는 제이미슨즈의 공장. 원모 세척부터 염색, 방적, 제품화까지 샌드네스에 있는 자사에서 가공하고 있다. 12 / 제이미슨즈에서 링킹 머신을 사용해 마무리하는 여성.

7

라운드넥 & 브이넥 베스트

진동둘레까지는 같은 방향으로 배색무늬를 원통뜨기합니다. 진동둘레부터는 스틱도 함께 뜹니다.
초심자는 먼저 베스트부터 뜨기를 권합니다.

1 | 과정 설명으로 기본을 마스터하는 베스트

그린을 메인 컬러로 한 라운드넥 베스트. 최대 8코의 무늬를 가로 줄
무늬 형태로 배치했습니다. 여러 색을 사용했지만 솔리드 컬러와 멜란
지 컬러를 조합했기 때문에 완성해놓고 보면 자연스럽게 조화를 이룹
니다.

How to Make…p.28(과정)/p.48(L)
실/제미슨즈 셰틀랜드 스핀드리프트

1–M 사이즈

베이지 계열을 베이스로 그린, 블루, 적갈색 계열을 배치했습니다. 셰
틀랜드에 피는 들꽃과 들풀의 색깔을 떠올리면서 무늬에 사용했습니
다. 테두리는 와인과 라벤더색으로 단단히 조여 마무리했습니다.

How to Make…p.50(M)/p.52(L)
실/제이미슨즈 셰틀랜드 스핀드리프트

2–M 사이즈

3 | 남성적인 브이넥 베스트

스코틀랜드 컬러인 블루와 라이트그레이를 베이스로 로열블루, 앰버,
그린, 버터옐로, 빨간색 등을 배색했습니다. 작은 무늬의 반복이라 외
우기 쉬우므로 큰 무늬보다도 뜨기 편합니다.

How to Make…p.54(L)/p.56(M&XL)
실/제이미슨즈 셰틀랜드 스핀드리프트

3–L 사이즈

4–M 사이즈

4 | 다이아몬드와 십자 무늬 브이넥 베스트

피트(이탄)의 적갈색 계열과 인디고가 베이스. 옛 페어아일 스웨터에
자주 쓰이는 골드, 빨간색, 에크뤼를 사용했고 그린을 포인트 컬러로
골랐습니다. 다이아몬드와 십자 무늬는 심플하면서 힘찬 무늬랍니다.

How to Make…p.58(M)/p.60(L&XL)
실/제이미슨즈 셰틀랜드 스핀드리프트

5 │ 페일 블루 계열의 상큼한 브이넥 베스트

노란빛이 감도는 베이지와 민트그린, 블루 베이스에 그린 계열, 블루
계열의 배색. 레몬옐로, 라벤더, 노란 민들레색 등이 같은 계열의 색상
을 돋보이게 해줘서 무척 상큼한 베스트가 되었습니다.

How to Make···p.62(M)/p.64(L&XL)
실/제이미슨즈 셰틀랜드 스핀드리프트

5-M 사이즈

카디건

카디건은 뜨개 시작 위치에서 스틱을 뜨고 같은 방향으로 배색무늬를 원통으로 뜹니다.
스틱을 절개할 때의 감동은 잊지 못합니다. 이런 기법을 전수한 셰틀랜드의 니터들에게 감사합니다.

6 | 왕관을 포기한 사랑에 얽힌 카디건

사랑을 위해 왕관을 포기한 것으로 유명한 영국 왕 에드워드 8세의 초상화에서 무늬와 색을 이미지했습니다. 그가 골프를 칠 때 입은 일이 계기가 되어 페어아일 스웨터가 세계적으로 알려졌습니다.

How to Make…p.84(M)/p.87(L)/p.90(XL)
실/J&S 2플라이

6–M 사이즈

단추/라 드로그리

단추/라 드로그리

7 | 마른 풀색으로 테두리를 뜬 라운드넥 카디건

그레이에 모스그린, 호밀색의 배색으로 테두리를 뜬 카디건. 와인, 체리핑크, 푸른빛을 띤 보라색으로 무늬를 뜨고 사이에 블루와 앰버 보더 무늬를 포인트로 넣었습니다. 단추도 색을 맞췄습니다.

How to Make…p.92(M)/p.95(L)
실/제이미슨즈 셰틀랜드 스핀드리프트

9-M 사이즈

8-M 사이즈

8·9 │ 스틱 레슨 전에 제격인 소품

레그 워머는 증감코가 없어서 원통뜨기를 연습하기 좋습니다. 모자의
줄임코는 톱 부분의 메리야스뜨기에서 하므로 간단합니다. 이 소품들
로 무늬를 익혔다면 스틱을 사용해 7 카디건에 도전해보세요!

How to Make…p.98(M)
실/제이미슨즈 셰틀랜드 스핀드리프트

10 | 과정 설명으로 기본을 마스터하는 카디건

페어아일 니팅의 정석적인 색상을 한데 모아 브이넥 카디건을 만들었습니다. 몸판을 뜨기 시작할 때부터 스틱을 만들어 뜹니다. 과정을 자세히 설명했으니 꼭 떠보세요.

How to Make…p.66(과정)/p.79(L)/p.82(XL)
실/제이미슨즈 셰틀랜드 스핀드리프트

10−M 사이즈

단추/라 드로그리

풀오버

베스트와 카디건을 뜨는 요령을 알면 풀오버는 무난하게 성공할 수 있어요.
색깔, 배색, 사이즈 등 각양각색으로 바꿔보세요.

11−M 사이즈

11 알맞게 귀여운 퍼플 계열 풀오버

차분한 조합의 파란색 계열과 적자색 계열을 짙은 갈색으로 다잡아주
고, 골드 포인트 컬러로 사용한 풀오버. 정석 무늬인 다이아몬드와
십자에 하트 무늬를 더해서 과하지 않게 귀엽고 시크한 분위기로 연
출했어요.

How to Make…p.100(M)/p.103(L)/p.106(XL)
실/J&S 2플라이

12 | 바람공방 스타일 배색 풀오버

베이지 베이스에 난색 계열의 빨간색, 그 사이에 카스피해의 블루와
앰버, 깊은 황록색과 가지색 보더 무늬를 배치한 풀오버. 세틀랜드 니
터들에게 '일본 스타일'이라는 말을 들은 이유는 이런 배색 때문이겠
지요.

How to Make…p.108(M)/p.111(L)/p.114(XL)
실/제이미슨즈 세틀랜드 스핀드리프트

12-M 사이즈

13 | 그레이 & 블루 계열 풀오버

라이트그레이 베이스에 블루 계열의 그러데이션 무늬. 미디엄 그레이
에 갈색 배색은 전체적으로 차분한 색감입니다. 골드가 밝은 느낌을
더해줘 각각의 무늬가 빛을 발합니다.

How to Make…p.116(M)/p.119(L)/p.122(XL)
실/J&S 2플라이

13-M 사이즈

14 | 초심자에게도 추천하는 판초

베이지 베이스에 어두운 빨간색과 체리레드, 빨간색 계열 보더 무늬에
골드 배색. 전체적으로는 난색 계열의 색상이므로 부드러운 분위기의
판초가 되었어요. 일직선으로 뜨므로 스틱 초심자에게는 그만입니다.

How to Make···p.124
실/제이미슨즈 세틀랜드 스핀드리프트

둥근 요크

사랑스러운 인상을 주는 둥근 요크에는 여성스러운 스위트한 배색이 잘 어울리지요.
꽃을 비롯한 식물과 과일 색깔을 떠올리면서 디자인했어요.

15-M 사이즈

15 | 프루츠 컬러의 둥근 요크 카디건

둥근 요크 카디건은 스틱을 사용해 요크를 뜹니다. 베이스는 풋사과
색, 에크뤼색 요크에 오렌지색 계열의 빨간색으로 하트 무늬, 물색과
노란색 보더 무늬가 차분하게 마무리해줍니다. 단추도 풋사과색으로.

How to Make…p.126
실/제이미슨즈 셰틀랜드 스핀드리프트

단추/라 드로그리

16 | 아름다운 파란색의 둥근 요크 풀오버

둥근 요크에 무늬가 들어간 스웨터는 북유럽의 영향이라고 여겨지는
데, 최근에는 스코틀랜드 출신의 뮤지션들이 착용해서 유행했습니다.
베이스는 밝은 파란색, 에크뤼 베이스의 요크에는 들꽃색을 사용했습
니다.

How to Make…p.128
실/제이미슨즈 셰틀랜드 스핀드리프트

16-M 사이즈

여러 소품

갖가지 색을 쓰는 페어아일 니팅에서는 자투리 실이 많이 남습니다.
좋아하는 색만 사용했으니까 마지막까지 소중하게 사용하고 싶어요.

17–M 사이즈

17·18 베스트와 세트인 모자 &
긴 손모아장갑

9쪽 베스트와 무늬가 같은 모자는 무늬와 무늬 사이에서 코를 줄여
모양을 만들었습니다. 손모아장갑은 손끝의 좌우에서 단마다 코를 줄
입니다. 많은 색으로 배색하면 실이 많이 남기 때문에 여러 소품을 만
들 수 있습니다.

How to Make→p.130
실/제이미슨즈 셰틀랜드 스핀드리프트

18–M 사이즈

19-M 사이즈

19·20 | 한 단계 높은 핸드 워머

19는 셰틀랜드의 초원을 이미지한 그린, 20은 무염색 베이지를 베이스로 했습니다. 어느 쪽이나 부분적으로 같은 색을 썼지만, 색 분량에 따라 전혀 다른 인상을 주는 것이 배색의 재미입니다.

How to Make → p.132
실/J&S 헤리티지

20-M 사이즈

그린 계열과 블루 계열을 베이스로 수많은 색을 사용한 머플러. 목에 두르는 부분은 스트라이프로 떠서 얇게 만들어 두르기 편합니다. 원통으로 뜨면 안면은 보이지 않으므로 실 정리는 실을 묶어두기만 해도 괜찮습니다.

How to Make…p.134
실/제이미슨즈 셰틀랜드 스핀드리프트

22·23 | 언제나 인기가 높은 소품
베레모

베레모는 늘 인기가 있는 소품입니다. 톱 부분의 코를 줄이는 위치는
2색으로 뜨지만 색이 몇 가지나 겹쳐 있는 듯 보입니다. 빨간색 계열
과 파란색 계열 베레모 모두 테두리뜨기를 배색 고무뜨기로 하는 등
세세한 부분까지 신경 썼습니다.

How to Make···p.136
실/제이미슨즈 셰틀랜드 스핀드리프트

22-M 사이즈

23-M 사이즈

Knitting Technich

바람공방 스타일 니팅 테크닉

줄바늘의 코드가 유연하면 '매직 루프'를 할 수 있습니다. 다양한 응용이 가능합니다. 뜨개 끝부분의 코막음과 어깨 잇기 등에 코바늘을 사용하면 무척 간편합니다.

염색하지 않은, 양이 본래 가지고 있는 자연색만으로 뜬 페어아일 스웨터만 고집하는 현지 니터도 있습니다.

원통뜨기의 효율성

2색이나 3색을 사용해 배색무늬를 뜰 때 원통뜨기로 뜨면 항상 겉면을 보면서 무늬를 확인할 수 있으므로 압도적으로 효율이 좋고 배색을 틀리는 일도 적습니다. 특히 페어아일은 바탕실과 배색실의 색상을 함께 바꾸는 경우도 많고, 무늬에 따라서는 그러데이션 색을 쓰기도 하므로 겉면을 보고 뜨면 편하다는 것은 실제로 떠보면 실감할 수 있습니다.

줄바늘을 쓴다면 매직 루프

원통뜨기에는 줄바늘을 이용한 '매직 루프'라는 뜨개법이 가장 좋습니다. 단, 매직 루프를 하려면 코드가 부드러운 줄바늘이 필수입니다. 그중에서도 바늘과 코드의 이음매 부분이 돌아가는 줄바늘이 더 뜨기 수월합니다! 셰틀랜드의 니터는 니팅 벨트를 써서 긴 금속 바늘로 뜨는 사람이 많더군요.

본고장의 셰틀랜드 얀

편물에 스틱을 만들어 절개하는 작업은 울 100%의 실이라면 대체로 가능합니다(엄청난 용기가 필요하지만요). 그래도 셰틀랜드 얀의 원모는 털이 길고 실에 꼬임이 별로 없어서 털과 털이 쉽게 얽히기 때문에 배색무늬가 예쁘게 자리 잡습니다. 역시 본고장의 실이라서 배색뜨기하고 스틱을 자르는 페어아일 니팅에는 최적인 실입니다.

일본에서는 색상 수가 가장 많은 제이미슨즈의 셰틀랜드 스핀드리프트가 비교적 많이 유통되고 있습니다. J&S(제이미슨&스미스)에는 기존의 2플라이가 있는데, 셰틀랜드의 니터는 제이미슨즈와 J&S를 합쳐서 사용하는 경우도 많다고 합니다. 그리고 J&S가 페어아일 스웨터의 전당 셰틀랜드 박물관의 의뢰로 새로 개발

한 실이 헤리티지 시리즈입니다. 이 실은 옛날의 방적법과 조색을 복각해 2플라이보다도 부드럽고 촉감이 좋습니다. 또한 브리티시 파인은 본고장의 셰틀랜드 얀과 같은 소재라서 일본의 페어아일 니팅 애호가를 기쁘게 합니다(※p.47 참고).

편물을 자른다고?! 스틱이란

저 역시 '도대체 스틱이 뭐지?'라고 할 만큼 아무것도 몰랐을 때가 있었습니다. 스틱으로 자르는 부분은 마지막에는 안으로 들어가야 하는 부분이므로 좁게 만들어야 앞단이 덜 두툼해지니까, 셰틀랜드의 니터는 스틱 부분을 12코 뜬 뒤 4코씩 남기고 나머지는 잘라 버리는 경우가 많습니다. 그리고 원래라면 색을 바꿨을 때 가장자리로 나오는 실을 정리할 필요도 없으니까 보통 그대로 두고 착용합니다. 하지만 저는 안면도 아름답게 만들고 싶기 때문에 스틱을 14코 뜨고 5코씩 남겨 자른 뒤, 2코를 안으로 접고 감쳐 마무리합니다. 실꼬리는 안으로 들어가니까 감치면 완성입니다.

니터라면 열심히 뜬 뜨개를 자른다는 행위에 거부감이 들기도 할 겁니다. 저도 그랬으니까요.

배색무늬의 포인트

1단을 2색으로 뜨는 배색무늬는 실을 바탕실과 배색실로 나눕니다. 대개 기호도의 무늬를 배색실로 뜹니다. 우선 뜰 때 어느 실을 아래로 걸칠지, 위로 걸칠지를 정합니다. 그때 아래로 걸친 실이 무늬의 코가 크고 선명하게 나옵니다. 저는 어느 색을 강조해 보여주고 싶은지에 따라 정할 때도 있고 뜨는 방법에 따라 정할 때도 있습니다. 어느 쪽이 맞다고 할 수는 없지만 스와치를 뜰 때 양쪽 방법으로 떠보고 정하는 것도 좋습니다. 기본적으로 한 작품 안에서는 바탕실을 아래(또는 위), 배색실을 위(또는 아래)라고 정했으면 이 위치를 바꾸지 않습니다. 가령 몸판과 소매에서 반대로 했을 경우, 무늬의 느낌이 다소 달라집니다.

제가 실을 거는 방법은 오른쪽에서 거는 영국식이라서 바탕실을 위로 걸치고 배색실을 아래로 걸치는 경우가

가위로 자를 때의 두근거림! 희한한 형태의 뜨개 뭉치가 절개를 하자마자 마법에 걸린 듯 스웨터로 재탄생합니다. 그 순간을 꼭 맛보셨으면 좋겠습니다.

많습니다. 바탕실을 왼손 손가락에 거는 프랑스식, 배색실을 오른손으로 거는 영국식으로 뜰 때는 바탕실이 아래, 배색실이 위로 걸쳐집니다. 뜨개 과정 페이지에서는 그 방식으로 설명했습니다. 여러 방법으로 떠보고 자신에게 맞는 방법을 찾아주세요. 포인트는 '걸치는 위치를 바꾸지 않는 것'입니다!

마무리의 구세주는 스팀다리미

셰틀랜드에서는 블로킹이라는 방법으로 마무리합니다. 완성된 스웨터는 물에 적셔 꽉 짠 뒤 나무틀에 끼워 말립니다. 게이지용 스와치도 물에 적신 다음 말린 뒤 게이지를 냅니다. 저는 스팀다리미로 마무리하기 때문에 게이지를 낼 때도 스팀다리미로 스팀을 가득 분사한 뒤 코가 정리되고 나서 콧수, 단수를 셉니다. 니트용 스팀다리미도 있으니 증기가 듬뿍 나오는 것을 사용하세요. 스틱을 자르기 전에 먼저 스팀다리미로 다리고, 테두리뜨기한 뒤에도 다리고, 스틱을 자를 때도 다리는 등 자주 증기를 쐬어줍니다. 이렇게 하면 편물을 잘라도 가장자리는 잘 풀리지 않습니다. 마지막에 스틱을 접어 감친 안단 부분이 평평해지게 증기를 가득 쐬어주면 완성입니다.

배색의 기쁨, 뜨는 기쁨

페어아일 니팅의 특징인 다색 배색뜨기. 이 배색이 누구에게나 가장 고민거리이기도 하고, 예쁘게 완성되었을 때는 기쁨이 되기도 합니다. 저 역시 매번 수많은 색깔 중에서 색을 고르는 작업은 즐겁기도 하면서 고생스럽기도 합니다. 12색을 둥글게 배열한 색상환에 관해 들어보았나요? 여기에 명도, 채도를 더하면 무한한 색의 조합이 탄생합니다. 이 무한한 색으로 염색한 원모에서 뽑은 실에 컬러드 십 양의 털로 만든 자연색 실이 더해져 우리는 그중에서 자유롭게 색을 고를 수 있습니다.

이론은 다양하지만 제가 배색을 생각할 때는 기본 색상을 대충 정하고, 그룹별로 나눈 색에서 사용하고 싶은 색을 먼저 고릅니다. 그리고 여러 종류를 떠보는데,

가령 1단 라인을 넣은 색이 탐탁지 않으면 다른 색으로 위에 스티치를 하는 등 시행착오를 여러 차례 거듭합니다. 한 번에 딱 정해질 때도 있지만, 색을 너무 많이 봐서 판단할 수 없는 지경에 이르게 되면 잠시 치워두었다가 나중에 재검토해 색을 정할 때도 있습니다. 그런 시간도 포함해서 색 조합을 생각하고 그 색대로 뜨는 작업은 저에게 지극히 행복한 시간이 됩니다.

1 — M ● Picture on p.08

[재료와 도구]
실…제이미슨즈 셰틀랜드 스핀드리프트
색 번호·색명·사용량은 표 참고
바늘…줄바늘 3호(80㎝)·1호(80㎝), 코바늘 3/0호

[완성 크기]
가슴둘레 91㎝, 어깨너비 33.5㎝, 기장 58㎝

[게이지 (10×10㎝)]
배색무늬 29코×31단

[뜨는 법 포인트]
※줄바늘은 코를 주울 때는 1호, 그 외에는 3호로 뜬다.
1. 기초코를 만든다. →p.32

2. 원통으로 만들어 고무뜨기를 뜬다. →p.32
3. 이어서 배색무늬를 뜬다.
4. 스틱을 뜨면서 진동둘레의 코를 줄인다. →p.36
5. 스틱을 뜨면서 목둘레의 코를 줄인다. →p.40
6. 어깨는 코바늘을 사용해 빼뜨기로 잇기를 한다. →p.41
7. 목둘레의 스틱을 자르고 목둘레를 뜬다. →p.42
8. 뜨개 끝은 코바늘을 사용해 빼뜨기로 코막음을 한다. →p.44
9. 진동둘레의 스틱을 자르고 진동둘레를 뜬다. →p.45
10. 뜨개 끝은 코바늘을 사용해 빼뜨기로 코막음을 한다. →p.44
11. 실과 스틱을 정리한다. →p.46
12. 스팀다리미로 다려 마무리한다. →p.46

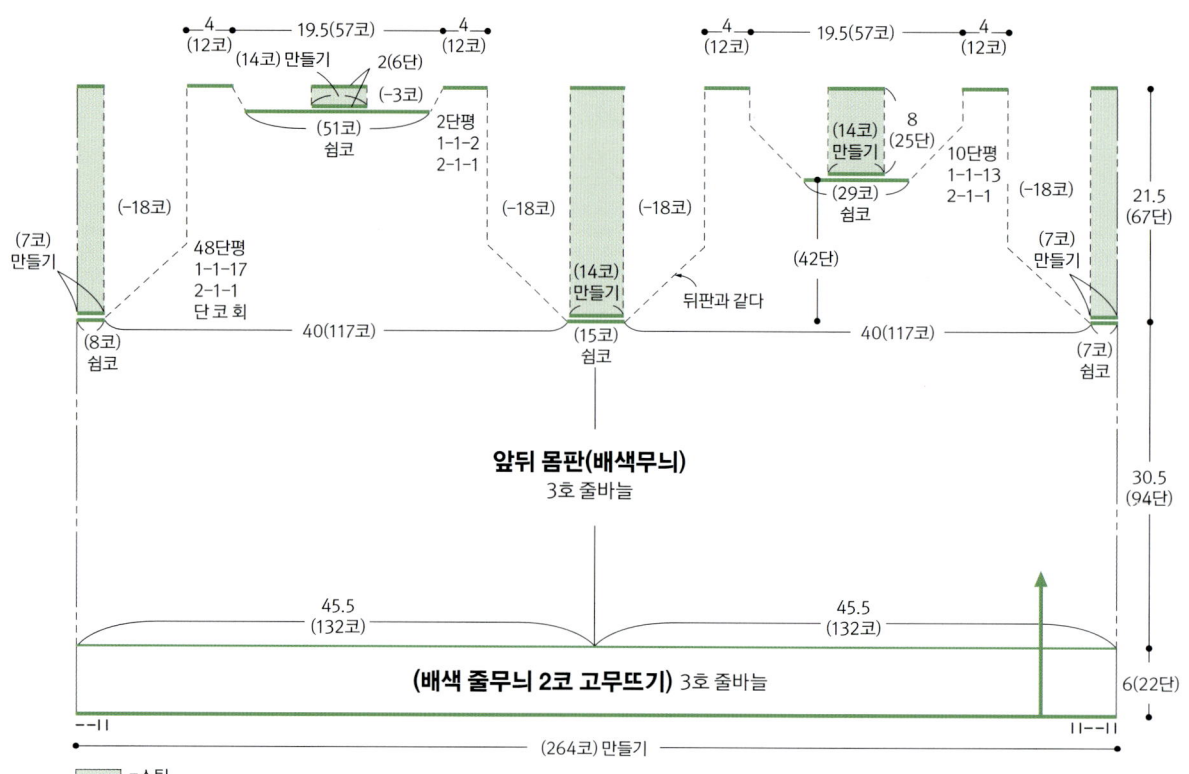

앞뒤 몸판(배색무늬)
3호 줄바늘

(배색 줄무늬 2코 고무뜨기) 3호 줄바늘

=스틱

목둘레, 진동둘레
(배색 줄무늬 2코 고무뜨기)
3호 줄바늘

	색 번호·영어명	색명	사용량
	788 · Leaf	심녹색	35g/2볼
	122 · Granite	연그레이	35g/2볼
	198 · Peat	짙은 갈색 믹스	30g/2볼
	1290 · Loganberry	짙은 적자색 믹스	25g/1볼
	870 · Cocoa	어두운 오렌지	20g/1볼
	168 · Clyde Blue	잿빛 파란색	15g/1볼
	720 · Dewdrop	청록색 믹스	15g/1볼
	1140 · Granny Smith	신록색	15g/1볼
	290 · Oyster	잿빛 복숭아색 믹스	15g/1볼
	760 · Caspian	터쿼이즈블루	소량/1볼
	375 · Flax	연노란색	소량/1볼
	400 · Mimosa	미모사	소량/1볼

배색 줄무늬 2코 고무뜨기
목둘레, 진동둘레

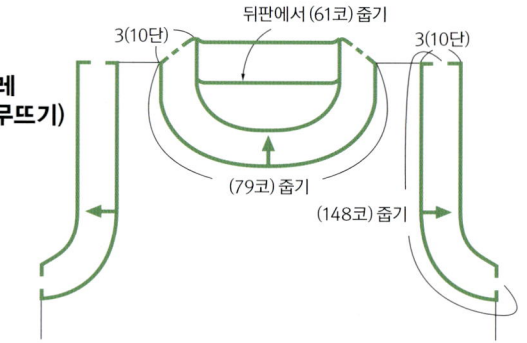

□ = 1 배색해 겉뜨기

준비물

제가 사용하는 뜨개바늘은 80cm 줄바늘입니다. 이게 없으면 바람공방 스타일 페어아일 니팅은 시작할 수 없습니다.

그리고 마무리할 때는 스팀다리미가 필요합니다.

재료와 도구

B: 대나무 줄바늘 3호(80cm)

E: 게이지자

A: 셰틀랜드 얀

B: 금속 줄바늘 1호(80cm)

F: 줄자

G: 마커&
뜨개바늘 마개

D: 가위

H: 시침핀

I: 돗바늘

C: 코바늘 3/0호

A: 셰틀랜드 얀

모처럼 페어아일 니팅을 뜨는 것이니 본고장의 실을 사용하고 싶어요. 제이미슨즈의 셰틀랜드 스핀드리프트, J&S(제이미슨&스미스)의 2플라이와 헤리티지, 퍼피의 브리티시 파인 등을 추천합니다. 실 굵기는 거의 같지만 게이지는 꼭 측정하세요(p.47 참고).

B: 줄바늘 3호(80cm), 줄바늘 1호(80cm)

줄바늘을 사용해 '매직 루프'로 뜨려면 무엇보다 코드가 부드러워야 합니다. 이음매는 매끄러워야 실이 걸리지 않고, 대나무 줄바늘은 코드가 빙빙 회전하므로 뜨는 도중 코드가 꼬이지 않아 편합니다. 바늘 끝도 뾰족해 좋습니다. 80cm의 줄바늘이 있으면 작품을 거의 다 뜰 수 있습니다(니나 니팅 니들스 줄바늘).

C: 코바늘 3/0호

뜨개 끝의 고무뜨기를 코바늘을 사용해 빼뜨기로 코막음을 합니다. 대바늘로 덮어씌워 코막음하기보다 간단하므로 저는 페어아일 니팅뿐 아니라 다른 작품에도 많이 이용합니다. 대바늘이 3호라면 코바늘은 3/0호를 사용해주세요(에티모 코바늘).

D: 가위

소중한 뜨개를 자르는 데 사용하므로 가위는 중요한 아이템. 작은 사이즈를 권합니다. 사진의 제품은 이탈리아 수예 전용 가위로 날이 잘 듭니다(고급 실 자르는 가위 로열 실버).

E: 게이지자

10×10cm 편물에 몇 코, 몇 단이 있는지 셀 때 사용합니다. 투명해서 코를 쉽게 셀 수 있어 하나 갖고 있으면 편리합니다. 5×5cm도 측정할 수 있습니다(아미콜레 클리어 퀵 게이지).

F: 줄자

길이를 잴 때는 단단한 자보다 줄자가 더 쓰기 좋습니다. 사진의 줄자는 버튼을 누르면 원래 위치로 돌아가므로 무척 편리합니다(소나에루 자동 줄자).

G: 마커 & 뜨개바늘 마개

색도 풍부하고 모양도 귀엽습니다. 기능적으로도 뛰어납니다. 다색 배색뜨기에서는 상황에 맞춰 색을 바꿔 쓰면 좋습니다(아미콜레 뜨개바늘 마개, 단수 마커).

H: 시침핀

뜨개코가 촘촘하므로 재봉용 시침핀을 사용합니다. 머리 부분이 튤립 모양이라서 사용하는 동안에도 즐겁습니다(하리모노가타리 시침핀 튤립).

I: 돗바늘

실 정리는 일반 배색뜨기보다 적다고는 하나 큰 과제입니다. 귀여운 케이스에 붙어 있는 자석은 바늘을 올려두거나 주울 때 쓸 수 있습니다(아미콜레 털실 돗바늘).

협력/튤립

게이지를 내자

일반적인 방법으로 게이지를 내는 것도 좋지만 이왕이면 스틱을 사용한 편물로 게이지를 측정해보세요.
왕복뜨기보다 게이지의 정밀도도 높아집니다.

매직 루프를 사용해 게이지를 낸다

1. 3호 대바늘 1개를 사용해 바탕실로 손가락에 실을 걸어 60코 정도 만듭니다.

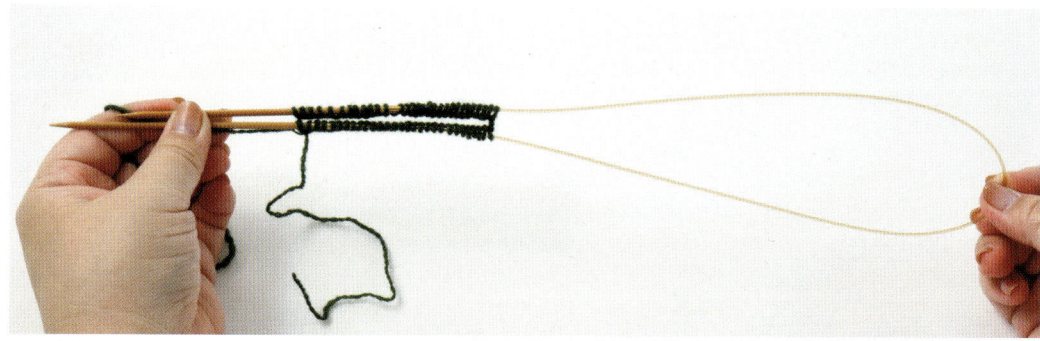

2. 절반 정도 위치에서 코를 나눠 줄바늘의 코드를 빼냅니다.

3. 실이 달린 오른바늘 쪽에도 항상 코드에 여유가 있도록 뜨면 코드가 긴 줄바늘로도 작은 편물을 뜰 수 있습니다. 이것이 '매직 루프'입니다.

4. 뜨개 시작 쪽에 마커를 넣고 2~3단 겉뜨기로 뜹니다. 새 실을 걸 때는 앞단 실에 묶은 뒤 가장자리로 옮깁니다.

가장자리로

5. 앞단 실은 자르고 바탕실로 1단 뜹니다. 배색실도 똑같이 바탕실에 묶고 나서 뜨기 시작합니다(※2가닥 모두 바꿀 때는 p.39 참고).

바탕실

6. 배색무늬의 뜨개 시작과 끝 쪽에 각각 7코씩 스틱을 뜹니다. 첫 7코를 '배색실→바탕실→배색실→바탕실→배색실→바탕실→배색실' 순으로 뜹니다.

배색실

7. 같은 단의 뜨개 끝 쪽 7코는 '배색실→바탕실→배색실→바탕실→배색실→바탕실→배색실' 순으로 뜹니다.

배색실
배색무늬

8. 뜨개 시작과 끝부분이 이어졌습니다. 뜨개 시작과 끝의 경계에 배색실이 2코 이어져 있고 이것이 나중에 가위로 자를 때 기준이 됩니다.

9. 매직 루프를 사용해 스틱 부분을 뜨면서 배색무늬를
   16〜17㎝ 뜹니다.

10. 느슨하게 덮어씌워 코막음을 하는데, 저는 코바늘
    을 사용하는 '빼뜨기로 코막음'이 편해서 선호합니다
    (※p.44 참고).

11. 원통형으로 뜬 모습.

12. 뜨개 시작과 끝의 경계인 스틱 중앙의 배색실 2코 사
    이를 가로로 자릅니다.

13. 다른 곳을 자르지 않도록 안쪽에 손을 받칩니다.

14. 스팀다리미를 편물에서 띄워서 스팀을 충분히 분사
    합니다.

게이지를 측정한다

이 편물에서는 10×10㎝ 안에 29코×31단
이 들어 있습니다. 이것보다 콧수와 단수가
많으면 바늘 호수를 1호 굵은 4호로, 콧수
와 단수가 적으면 1호 가는 2호로 바꿔 뜹
니다.
고무뜨기의 게이지는 배색무늬와 크게 차
이가 나지 않기 때문에 저는 굳이 측정하지
않습니다.

기초코를 원통으로 만들어 밑단에서 시작한다

기초코를 원통으로 만들어 밑단 고무뜨기부터 뜹니다. 뜨개바늘은 3호 줄바늘을 씁니다.

1단

1. 3호 대바늘 1개로 손가락에 실을 걸어 기초코를 만듭니다. 실꼬리는 편물 너비의 약 3배인 280㎝ 정도를 남깁니다.

2. 보통 대바늘 2개로 기초코를 만들지만 여기서는 1개로 기초코를 만들기 때문에 약간 느슨하게 만듭니다.

3. 264코를 만듭니다. 콧수가 많으므로 40코 간격으로 마커를 겁니다.

4. 기초코를 만들었습니다. 이 기초코가 1단이 됩니다.

5. 뜨기 시작하기 전에 기초코의 꼬임을 바로잡습니다. 뜨기 전 중요한 작업. 나중에 꼬인 부분을 발견하면 처음부터 다시 시작해야 하므로 주의!

2단

6. 뜨개 시작 위치를 알 수 있게 다른 색깔의 마커를 넣습니다.

7. 겉뜨기 2코, 안뜨기 2코를 번갈아 뜹니다.

8. 4코 1무늬이므로 뜨개 끝 쪽의 마지막 2코는 안뜨기가 됩니다. 2단을 뜬 모습.

3단 이후

가장자리로

9. 3단부터 배색을 합니다. 마커를 옮기고 3단을 뜹니다. 배색실 끝을 바탕실에 느슨하게 묶습니다.

10. 매듭을 바탕실 가장자리로 옮깁니다.

11. 바탕실로 겉뜨기를 2코 뜨고 배색실을 앞에 놓습니다.

12. 바늘을 뒤에서 앞으로 넣습니다.

13. 배색실을 걸어 안뜨기를 뜹니다.

14. 같은 요령으로 안뜨기를 1코 더 뜹니다. '바탕실로 겉
뜨기 2코, 배색실로 안뜨기 2코'를 반복합니다.

15. 6단까지 떴습니다. 다음 단의 실로 바꿉니다.

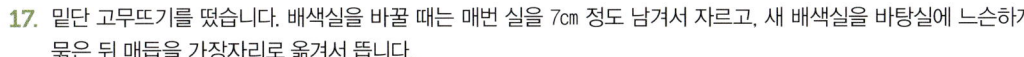

16. 중단할 때는 코가 빠지지 않게 마개를 씌우면 편리합
니다.

17. 밑단 고무뜨기를 떴습니다. 배색실을 바꿀 때는 매번 실을 7㎝ 정도 남겨서 자르고, 새 배색실을 바탕실에 느슨하게
묶은 뒤 매듭을 가장자리로 옮겨서 뜹니다.

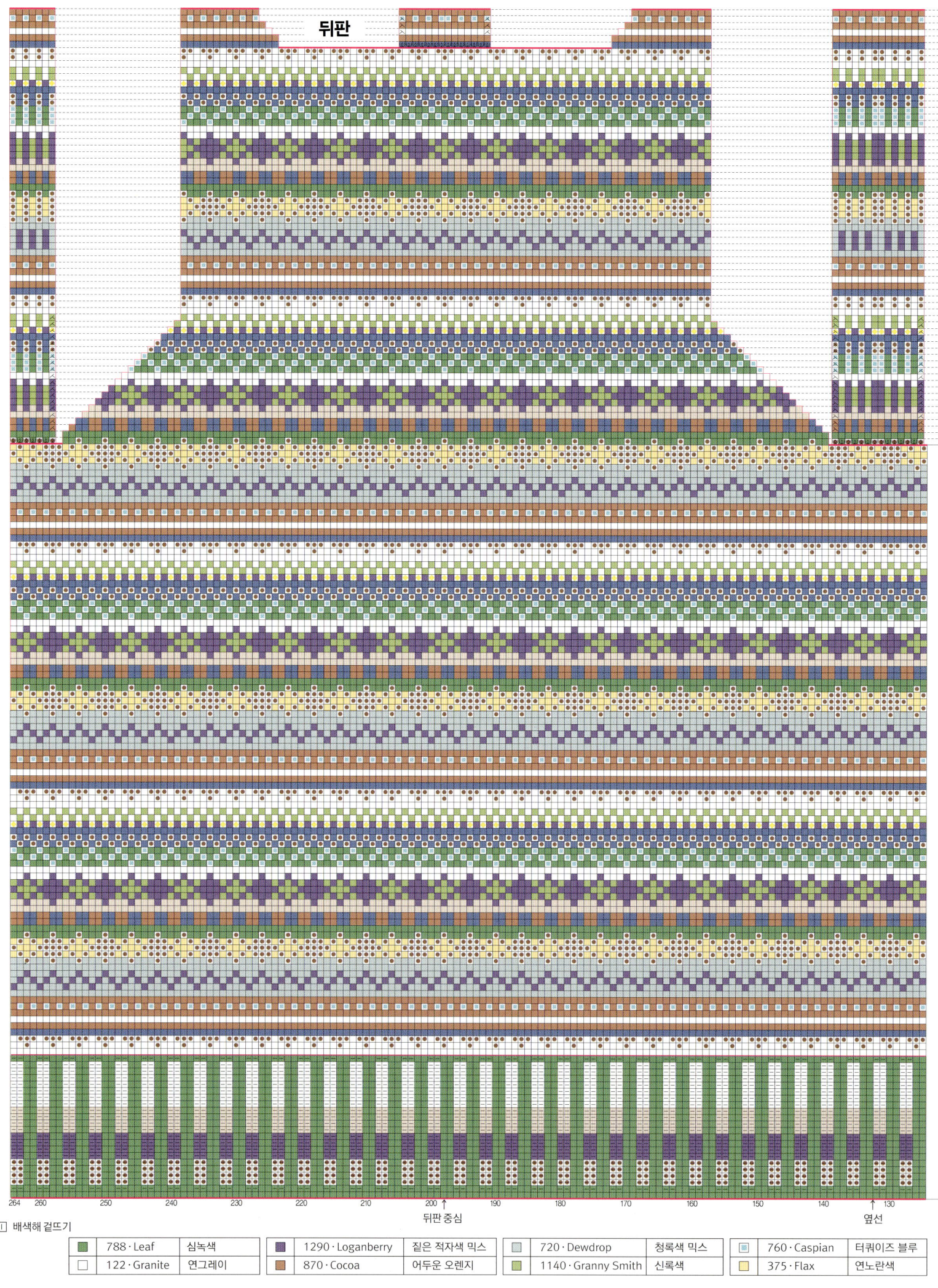

뒤판

뒤판 중심

옆선

□ = ① 배색해 겉뜨기

	788 · Leaf	심녹색		1290 · Loganberry	짙은 적자색 믹스		720 · Dewdrop	청록색 믹스		760 · Caspian	터쿼이즈 블루
	122 · Granite	연그레이		870 · Cocoa	어두운 오렌지		1140 · Granny Smith	신록색		375 · Flax	연노란색

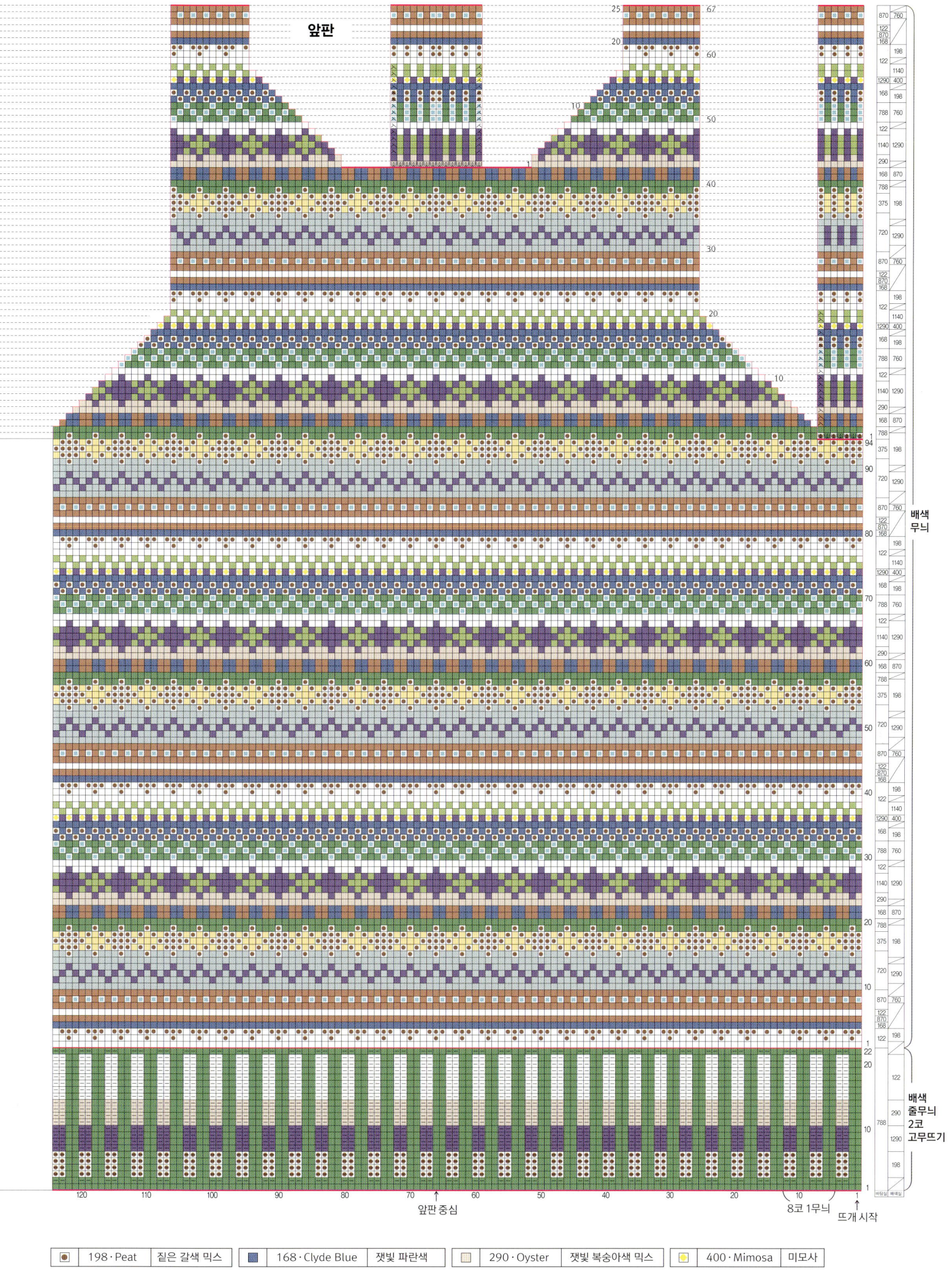

앞판

겨드랑이까지 배색무늬를 뜬다

밑단에서 이어서 겨드랑이까지 배색무늬를 뜹니다. 항상 겉을 보면서 뜨기 때문에 편해요!

1. 겨드랑이까지 뜬 모습.

2. 안면에는 실꼬리가 많이 나와 있지만 나중에 정리하므로 그대로 둔다.

스틱을 뜨면서 진동둘레의 코를 줄인다

나중에 절개하기 위한 스틱(시접)을 만듭니다.

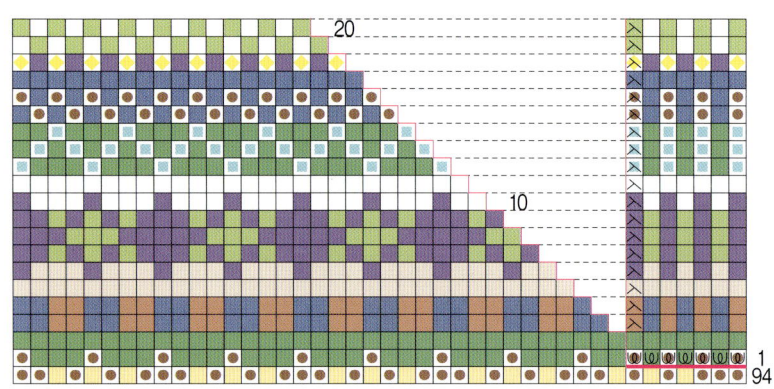

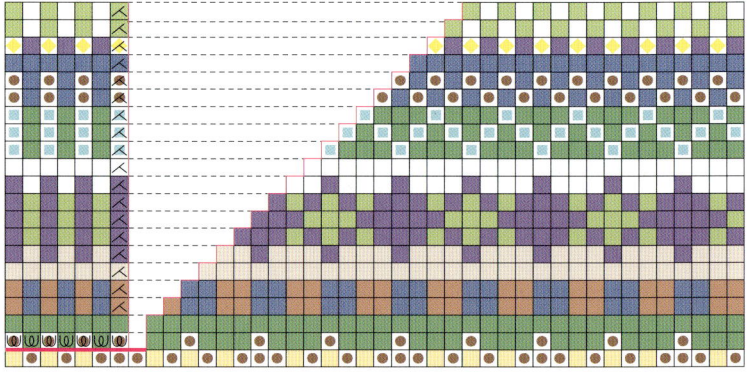

왼쪽 진동둘레(뜨개 시작 쪽)

1. 왼쪽 진동둘레는 스틱을 뜨개 시작과 끝 2부분으로 나눠 만듭니다. 돗바늘에 별도의 실을 꿰고 먼저 뜨개 시작 위치에서 7코에 바늘을 넣습니다.

2. 7코를 쉬게 한 모습. 별도의 실은 빠지지 않게 살짝 묶습니다. 뜨개 시작 위치에는 마커를 걸어둡니다.

3. 배식실로 고리를 만들어 바늘에 겁니다.

4. 바탕실로도 똑같이 고리를 만들어 바늘에 겁니다.

5. 바탕실을 앞에 놓고, 배색실이 뒤에 놓이게 배색실로 감아코를 1코 만듭니다.

6. 느슨하게 걸어서 2개의 고리 쪽으로 옮깁니다.

7. 바탕실이 배색실 앞에 놓이게 감아코로 1코를 만듭니다.

8. '배색실→바탕실→배색실→바탕실→배색실→바탕실→배색실' 순으로 번갈아 놓이게 7코를 만듭니다.

9. 오른쪽 진동둘레의 스틱까지 기호도대로 배색무늬를 뜹니다.

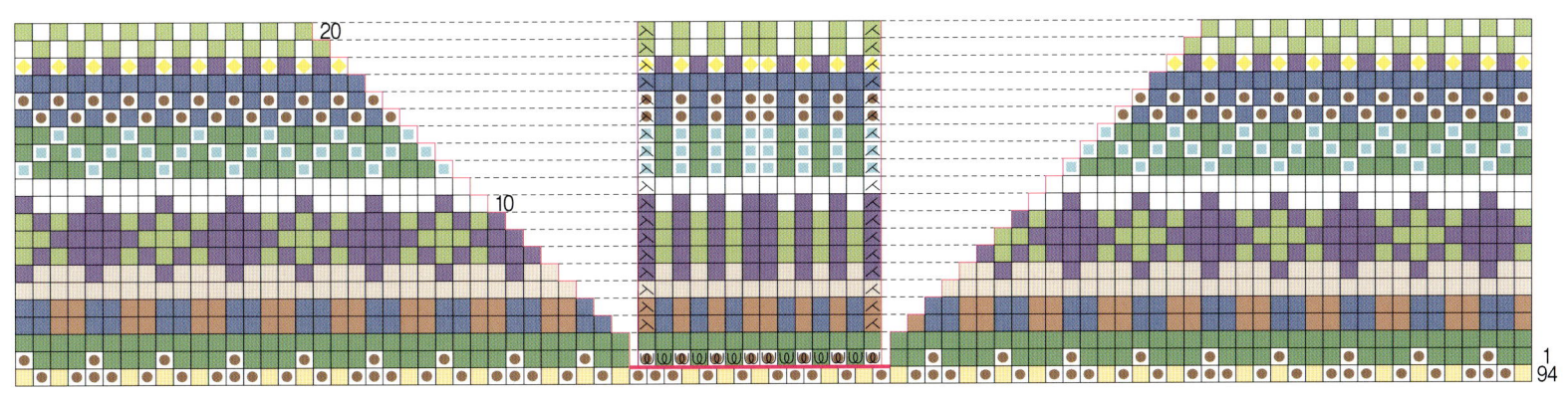

오른쪽 진동둘레

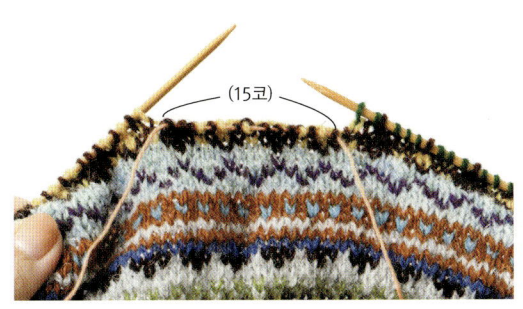

10. 오른쪽 진동둘레는 쉼코 위치까지 오면 앞뒤 몸판분 15코를 쉬게 하고 별도의 실을 살짝 묶어둡니다.

11. 배색실로 감아코를 1코 만듭니다.

12. 바탕실이 배색실 앞에 놓이게 '배색실→바탕실→배색실→바탕실→배색실→바탕실→배색실→배색실' 순으로 감아코로 8코를 만듭니다.

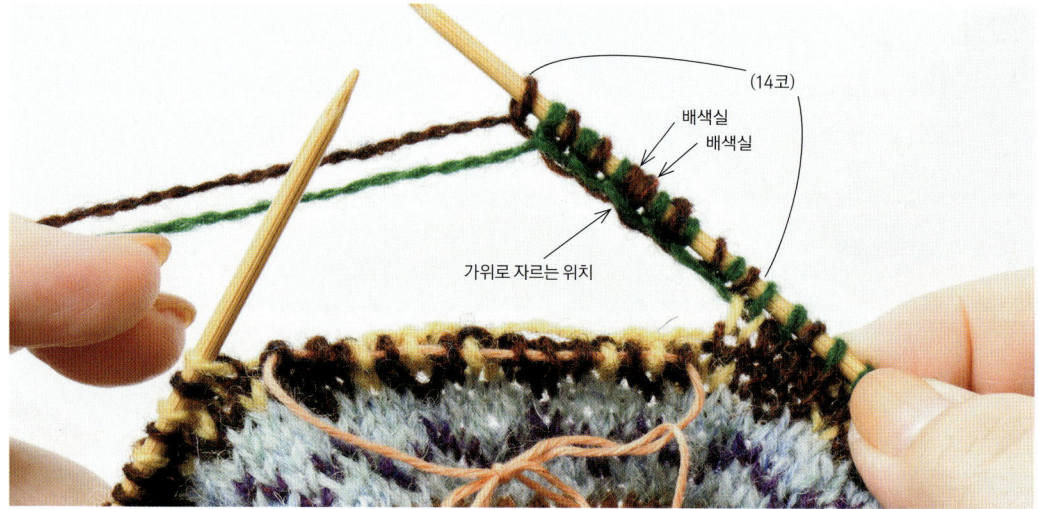

13. '배색실→바탕실→배색실→바탕실→배색실→바탕실→배색실→배색실→바탕실→배색실→바탕실→배색실→바탕실→배색실' 순으로, 중간 2코는 배색실이 연속해 나오도록 전부 14코를 만듭니다. 배색실이 2코 이어지는 곳이 가위로 자르는 위치입니다.

14. 왼쪽 진동둘레의 스틱 앞까지 배색무늬를 이어서 뜹니다.

왼쪽 진동둘레(뜨개 끝 쪽)

15. 뜨개 끝 쪽의 8코 앞까지 뜬 모습.

16. 뜨개 시작 쪽 별도의 실을 풀고 바늘에 꿴 뒤 8코에 바늘을 넣어 총 15코를 쉬게 합니다.

17. 배색실로 감아코를 만듭니다.

2단

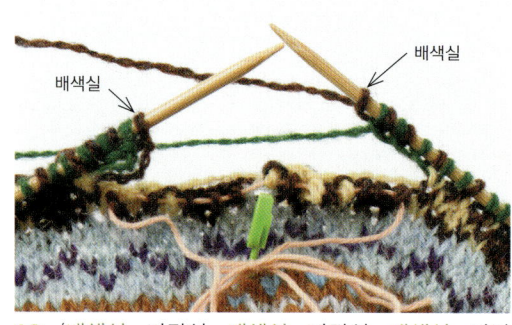

18. '배색실→바탕실→배색실→바탕실→배색실→바탕실→배색실' 순으로 감아코로 7코를 만듭니다.

19. 뜨개 시작 쪽에 마커를 겁니다.

20. 기호도를 참고해 증감코 없이 배색무늬의 2단을 뜹니다.

 오른코 겹쳐 2코 모아뜨기

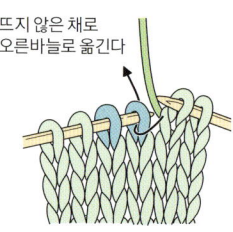
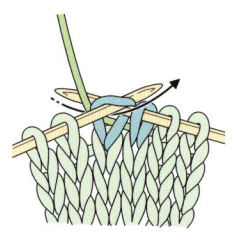
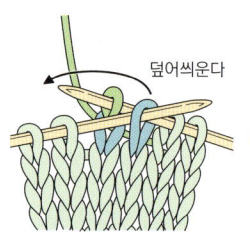
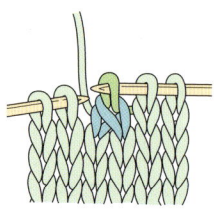

뜨지 않은 채로 오른바늘로 옮긴다

덮어씌운다

1. 오른쪽 코를 뜨지 않은 채로 오른바늘로 옮깁니다.

2. 왼쪽 코를 겉뜨기로 뜹니다.

3. 오른바늘로 옮겨둔 코를 뜬 코에 덮어씌웁니다.

4. 오른코 겹쳐 2코 모아뜨기를 완성했습니다.

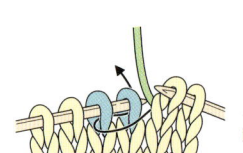 왼코 겹쳐 2코 모아뜨기

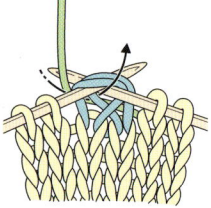
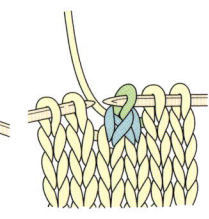

1. 2코에 한꺼번에 왼쪽에서 오른바늘을 넣습니다.

2. 2코를 함께 겉뜨기로 뜹니다.

3. 왼코 겹쳐 2코 모아뜨기를 완성했습니다.

진동둘레의 2코 모아뜨기 줄임코를 한다

3단부터는 스틱의 가장자리 코가 위쪽이 되게 코를 줄이면서 뜹니다.

3단 왼쪽 진동둘레(뜨개 시작 쪽)

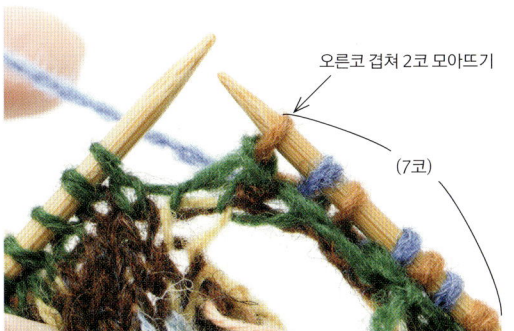

1. 바탕실, 배색실의 색을 모두 바꿀 경우 앞단까지의 실을 자르고, 새로 잇는 실 2가닥을 바탕실에 묶은 뒤 가장자리로 옮깁니다.

2. 뜨개 시작 쪽 스틱 부분은 '배색실→바탕실→배색실→바탕실→배색실→바탕실' 순으로 뜹니다.

3. 스틱 7번째 코와 왼쪽 진동둘레의 가장자리 코를 2코 모아뜨기해 코를 줄입니다. 이어서 오른쪽 진동둘레까지 뜹니다.

오른쪽 진동둘레

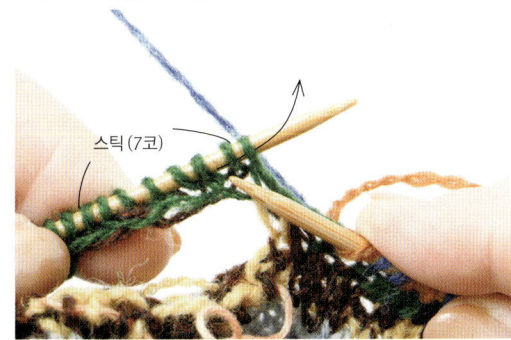

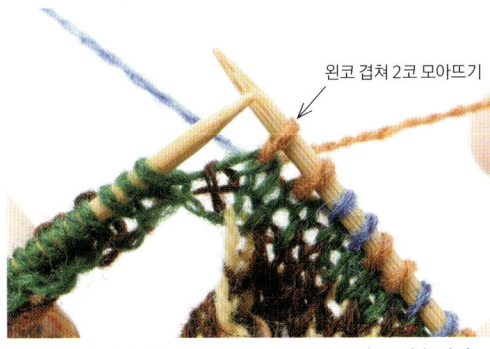

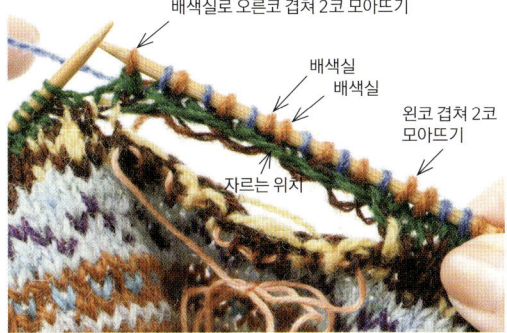

4. 스틱 1코 앞까지 뜨고 오른쪽 진동둘레의 가장자리 코와 스틱의 오른쪽 끝 코에 화살표와 같이 오른바늘을 넣습니다.

5. 배색실을 빼내 왼코 겹쳐 2코 모아뜨기를 떴습니다.

6. '왼코 겹쳐 2코 모아뜨기→바탕실→배색실→바탕실→배색실→바탕실→배색실→배색실→바탕실→배색실→바탕실→배색실→바탕실→오른코 겹쳐 2코 모아뜨기' 순으로 스틱을 뜹니다. 오른쪽 진동둘레의 좌우 줄임코를 떴습니다.

왼쪽 진동둘레(뜨개 끝 쪽)

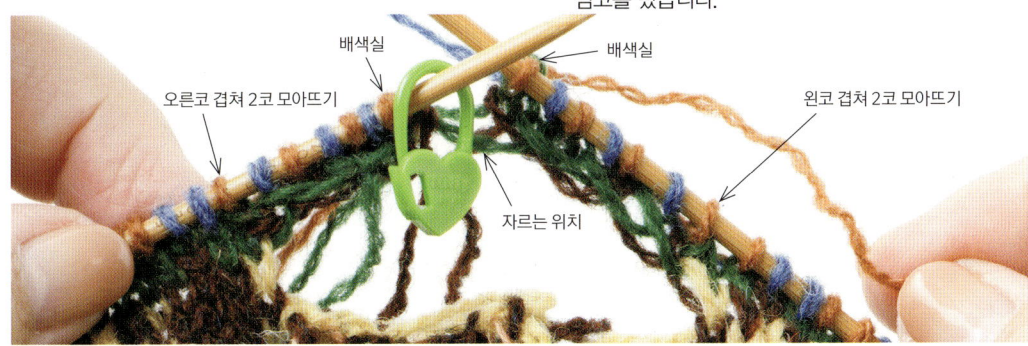

7. 왼쪽 진동둘레의 스틱 1코 앞까지 뜨고 왼쪽 진동둘레의 가장자리 코와 스틱의 오른쪽 끝 코를 배색실로 왼코 겹쳐 2코 모아뜨기합니다.

8. '왼코 겹쳐 2코 모아뜨기→바탕실→배색실→바탕실→배색실→바탕실→배색실' 순으로 스틱을 떠서 왼쪽 진동둘레가 이어졌습니다. 3단을 떴습니다. 4단 이후에도 기호도를 참고해 스틱의 가장자리 코가 위쪽이 되게 코를 줄이면서 뜹니다.

왼쪽 진동둘레의 스틱

오른쪽 진동둘레의 스틱

스틱을 뜨면서 목둘레의 코를 줄인다

진동둘레와 같은 요령이므로 목둘레는 더 수월하게 뜰 수 있습니다.

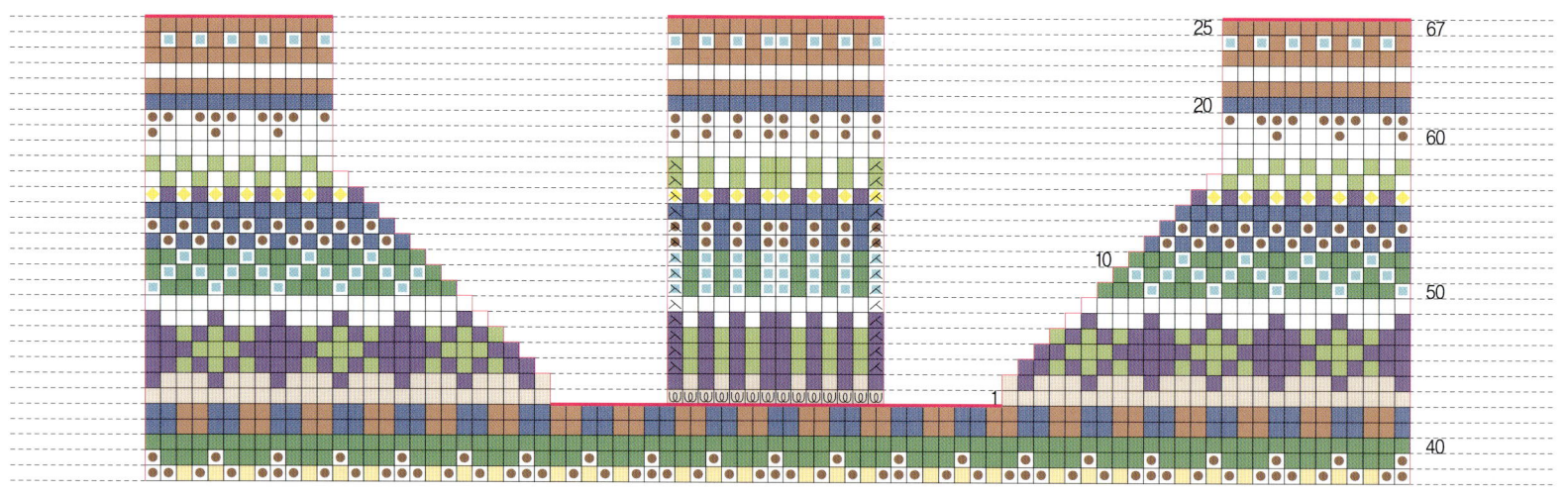

앞목둘레 1단

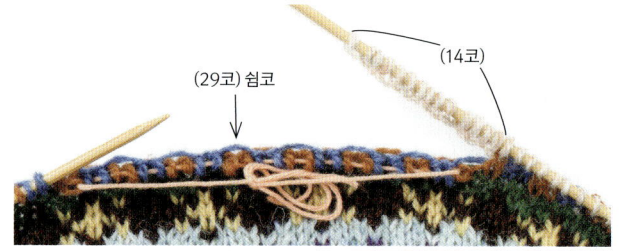

(29코) 쉼코

(14코)

1. 앞목둘레의 쉼코 위치까지 뜨고 29코를 별도의 실에 꿰어 쉬게 합니다. 이어서 감아코로 14코를 만듭니다.

2단

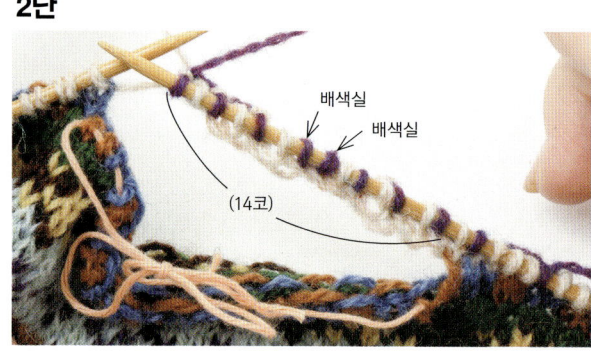

배색실

배색실

(14코)

2. 2단의 스틱은 '배색실→바탕실→배색실→바탕실→배색실→바탕실→배색실→배색실→바탕실→배색실→바탕실→배색실→바탕실→배색실→바탕실→배색실' 순으로 뜹니다.

3단

왼코 겹쳐 2코 모아뜨기

오른코 겹쳐 2코 모아뜨기

3. 3단부터 코를 줄입니다. 스틱 1코 앞까지 뜨고 스틱 1코 앞쪽의 코와 스틱의 1번째 코를 왼코 겹쳐 2코 모아뜨기로 뜹니다.

4. 이어서 스틱을 뜨고 스틱의 왼쪽 끝 코와 목둘레의 가장자리 코를 오른코 겹쳐 2코 모아뜨기로 뜹니다. 4단 이후에도 기호도를 참고해 가장자리 코가 위쪽이 되게 코를 줄입니다.

앞목둘레의 스틱

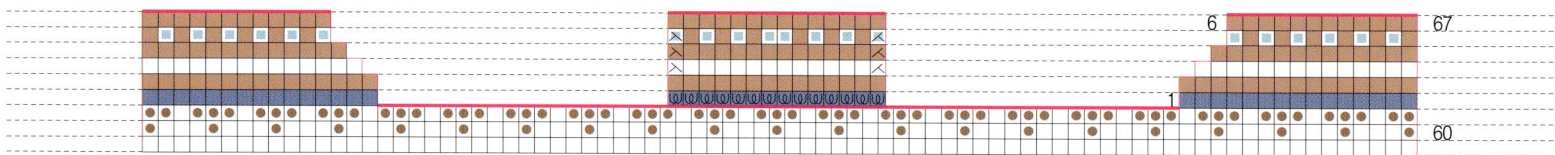

뒤목둘레 1단

(14코)

(51코) 쉼코

1. 뒤목둘레의 쉼코 위치까지 뜨고 51코를 별도의 실에 꿰어 쉬게 합니다. 앞목둘레와 같이 감아코로 14코를 만듭니다. 줄임코도 앞목둘레와 같이 기호도를 참고해 뜹니다.

2. 끝까지 뜨고 바늘에 코를 남겨둡니다.

어깨를 잇는다

대바늘을 사용하는 방법도 있지만 코바늘을 사용한 '빼뜨기로 잇기'가 간편합니다.

어깨의 빼뜨기로 잇기

1. 어깨까지 뜬 모습.

2. 편물을 뒤집습니다. 앞판과 뒤판으로 나뉘는 부분에서 줄바늘의 코드를 빼냅니다.

3. 양쪽 가장자리 코에 코바늘을 넣고 실을 걸어 한꺼번에 빼냅니다.

4. 실을 빼낸 모습.

5. 마찬가지로 '대바늘에 걸린 2코에 코바늘을 넣고 실을 걸어 3개의 고리 안으로 한꺼번에 빼내기'를 반복합니다.

6. 가장자리까지 모든 코를 빼뜨기했습니다.

7. 마지막은 코바늘에 실을 걸어 고리 안으로 빼냅니다.

8. 실을 길게 빼내 고리를 키웁니다.

9. 실을 자릅니다.

10. 어깨를 빼뜨기로 연결했습니다. 스틱 코도 모두 이어 빼뜨기합니다.

드디어 스틱을 자른다!

셰틀랜드 얀의 섬유가 서로 얽히므로 편물은 잘라도 풀리지 않는답니다. 그렇지만 좀 떨리지요…. 먼저 목둘레부터 자릅니다.

목둘레

1. 중앙의 배색실 2코 사이를 기준으로 앞판에서 자릅니다. 다른 곳을 자르지 않도록 안쪽에 손을 받칩니다.

2. 익숙해질 때까지 조금씩 잘라갑니다. 잘라도 편물이 풀리지 않으니 안심하세요!

3. 어깨를 이은 부분, 뒤목둘레도 이어서 자릅니다.

4. 다 자른 모습.

5. 절개한 모습. 목둘레 형태가 되었습니다!

코를 주워 목둘레를 뜬다

코를 주울 때는 1호 줄바늘을 사용합니다.
증감코가 없는 곳은 스틱과 몸판의 코 사이에서 줍고, 2코 모아뜨기한 곳은 겹쳐진 2코의 아래쪽 코에 바늘을 넣어 줍습니다.

1. 1호 바늘을 사용해 바탕실로 뒤목둘레의 스틱 부분에서 코를 줍기 시작합니다. 스틱과 몸판의 코 사이에 바늘을 넣어 실을 빼냅니다.

2. 2코 모아뜨기한 곳은 겹쳐진 2코의 아래쪽 코에 바늘을 넣습니다.

3. 스틱 부분을 앞으로 눕히고 바늘에 실을 겁니다.

4. 실을 빼냅니다.

5. 1단에서 1코씩 코를 줍습니다.

6. 어깨를 이은 위치는 건너뛰고 앞판에서 코를 줍습니다.

7. 앞목둘레도 증감코가 없는 곳은 스틱과 몸판의 코 사이에서 줍고, 2코 모아뜨기한 곳은 겹쳐진 2코의 아래쪽 코에 바늘을 넣어 줍습니다.

8. 앞목둘레의 쉼코 앞까지 코를 줍습니다.

9. 쉼코는 안면을 보면서 반대쪽 바늘에 옮깁니다.

10. 이런 작업이 가능한 게 줄바늘의 장점.

11. 쉼코를 바탕실로 뜹니다.

12. 쉼코를 겉뜨기로 뜬 모습.

13. 이어서 반대쪽과 같이 스틱과 몸판 사이에 바늘을 넣어 코를 줍습니다.

14. 앞뒤 목둘레에서 코를 주운 모습. 주운 코는 4로 나눠떨어지는 2코 고무뜨기의 콧수가 되지 않을 수도 있습니다. 콧수 조정은 2단에서 합니다.

2단

15. 2단에서 3호 줄바늘로 바꿉니다. 바탕실로 겉뜨기 1코, 배색실로 안뜨기 2코를 뜨고서 진행합니다.

16. 4로 나눠떨어지는 콧수가 되게 조정할 경우 주운 코를 바늘에서 빼서 푸는데, 가는 바늘로 코를 주웠으므로 영향은 거의 없습니다.

17. 2단을 떴습니다. 뜨개 시작 쪽을 알 수 있게 마커를 겁니다.

목둘레의 뜨개 끝은 코바늘로

저는 고무뜨기의 뜨개 끝을 덮어씌워 코막음할 때는 항상 코바늘을 사용합니다.

빼뜨기로 코막음

1. 목둘레를 떴습니다.

2. 1번째 코를 코바늘로 옮기고 실을 걸어 빼냅니다.

3. 실을 빼낸 모습.

4. 2번째 코는 안뜨기이므로 실을 앞에 놓습니다.

5. 코바늘을 뒤에서 앞으로 넣고

6. 코바늘에 실을 걸어 빼냅니다.

7. 겉뜨기는 겉뜨기의 빼뜨기로 코막음. 안뜨기는 안뜨기의 빼뜨기로 코막음을 합니다.

8. 마지막 코를 겉뜨기의 빼뜨기로 코막음을 합니다.

9. 그대로 고리를 키워 실을 자릅니다.

10. 돗바늘에 실꼬리를 꿰고 첫 빼뜨기 코의 실 2가닥에 돗바늘을 넣습니다.

11. 뜨개 끝 쪽의 코에 돗바늘을 넣습니다.

12. 목둘레를 완성했습니다.

스틱을 자르고 진동둘레를 뜬다

코를 주울 때는 1호 줄바늘을 사용합니다. 증감코
가 없는 곳은 스틱과 몸판의 코 사이에서 줍고, 2코
모아뜨기한 곳은 겹쳐진 2코의 아래쪽 코에 바늘
을 넣어 줍습니다.

1. 어깨를 이은 실을 자르지 않도록 마커를 걸어둡니다.

2. 중앙의 배색실 2코 사이를 기준으로 손을 받쳐 자릅니다.

3. 다 자른 모습.

진동둘레의 코 줍기

(15코)

4. 1호 줄바늘에 쉼코 15코를 옮깁니다.

1단

(8코)

5. 앞판 8코, 뒤판 7코로 나눠 뜨므로 뜨개 시작 쪽에 마
커를 겁니다.

6. 코를 뜨개 시작 위치까지 반대쪽 바늘로 옮깁니다.

7. 스틱 앞까지 바탕실로 겉뜨기를 8코 뜹니다.

2단

8. 증감코가 없는 곳은 스틱과 몸판의 코 사이에서 줍고,
   2코 모아뜨기한 곳은 겹쳐진 2코의 아래쪽 코에 바늘
   을 넣어 줍습니다.

안뜨기
안뜨기
겉뜨기

9. 목둘레와 같이 2단부터 3호 줄바늘로 뜹니다. 주운 코는 4로 나눠떨어지는 2코 고무
   뜨기의 콧수가 되지 않을 수도 있으므로 콧수 조정은 2단에서 합니다. 여기서는 바
   탕실로 겉뜨기 1코, 배색실로 안뜨기 2코를 뜨고서 진행합니다. 뜨개 끝은 코바늘을
   사용해 빼뜨기로 코막음을 합니다.

각 부분을 정리하면 완성

약간 남은 실과 스틱을 정리하면 드디어 완성입니다.

실 정리

1. 실꼬리는 가로로 걸쳐진 같은 색의 실을 가르면서 끼워 정리합니다.

2. 실꼬리가 끝이 짧을 때는 바늘을 먼저 끼워두고

3. 나중에 바늘에 실을 꿰어 정리합니다.

스틱 정리

1. 스틱 가장자리를 5코 남겨서 자릅니다. 자르기 전에 스팀다리미로 다리면 좋습니다.

2. 스틱을 절개할 때와 마찬가지로 잘 잘리는 가위를 사용하세요.

3. 실이 거의 풀리지 않으므로 본고장 셰틀랜드의 니터 중에는 '이걸로 완성'이라는 사람도 있습니다.

4. 여기에 조금만 더 공을 들입니다. 가장자리 2코를 안으로 접은 뒤 시침핀으로 고정합니다.

5. 3번째 코의 반 코와 몸판의 실을 갈라서 감칩니다.

6. 곡선 부분도 2단마다 1코씩을 기준으로 해서 감칩니다.

7. 안면에서 스팀을 충분히 분사해주면 완성입니다.

8. 완성! 물에 적셔 블로킹을 하거나 시침핀을 꽂고 다리는 등 여러 방법이 있지만, 요즘 유통되고 있는 셰틀랜드 얀의 품질은 무척 좋기 때문에 스팀다리미로 다리면 마무리로는 충분합니다.

Enjoy Original Color

풍부한 색을 임기응변으로!
단 하나의 스웨터를

앞에서 이야기한 대로 페어아일의 색과 무늬의 조합을 정하는 작업은 즐겁지만 그리 간단히 만들어지지는 않습니다. 이 책에서 소개한 작품은 모두 제 마음이 가득 담긴 것들뿐입니다. 그중에는 20색 가까이 사용한 작품도 있습니다.

그러면 여러분이 뜨개를 하려고 할 때 반드시 필요한 색을 구할 수 있을까요? 실제로 제가 의뢰를 받아 작품을 제작할 때도 사용하려던 색이 없는 경우가 적지 않습니다. 셰틀랜드 얀 제조사는 대규모로 경영하지 않으므로 주문이 밀려 있지 않는 한 실을 염색하지 않는 곳도 있습니다.

다른 이야기지만 셰틀랜드로 가는 교통수단인 소형 비행기가 자주 결항되는데요(특히 여름철). 저도 무척 오래 기다렸다가 끝내 그날 운항이 취소된 적이 있어서 '내 운수가 사나운 건가…' 하고 생각했는데, 셰틀랜드 사람들은 "자주 있는 일이야"라며 침착했어요. 일반적으로 일본인은 대중교통이 대개 제시간에 운행되므로 환승편이 늦어지면 기다리는데, 이는 셰틀랜드 사람들의 생활 리듬으로 생각하면 너무 고지식해 보이는 모양입니다.

제 경험에서 알 수 있듯이 셰틀랜드 얀에 관해서는 '꼭 필요한 색을 구할 수 있다'는 생각은 하지 않는 편이 현명할지도 모릅니다. 그 대신 색이 풍부하게 갖춰져 있으니 완전히 같은 색이 없어도 대용할 색은 많습니다. 게다가 다른 색을 넣으면 제 디자인과는 다른 오리지널 작품을 제작할 수 있습니다. 여러분이 그런 오리지널 작품을 만들었으면 해서 책 커버 안쪽에 아무것도 넣지 않은 뜨개코 모눈종이를 인쇄했습니다. 부디 활용해주시길 바랍니다.

또한 이 책에서 소개한 실은 제이미슨즈가 많지만, 작품 4(p.58)와 뜨는 과정을 설명한 10 카디건(p.66)은 다른 제조사의 실로 뜰 때를 위한 변환표를 만들었습니다. 이것도 참고해주세요. 셰틀랜드의 니터들처럼 제조사의 경계를 넘어 다양하게 조화시켜 자유자재로 사용해보세요.

4

제이미슨즈 셰틀랜드 스핀드리프트

	색 번호·영어명	색명
🟫	198 · Peat	짙은 갈색 믹스
🟦	168 · Clyde Blue	잿빛 파란색
🟡	1160 · Scotch Broom	겨자색 믹스
🟥	525 · Crimson	짙은 빨간색
⬜	343 · Ivory	아이보리
🟨	375 · Flax	연노란색
🟩	805 · Spruce	잿빛 초록색
⬜	350 · Lemon	레몬

⋯▶ J&S 헤리티지

	영어명
🟫	peat
🟦	indigo
🟡	auld gold
🟥	madder
⬜	snaa white
🟨	auld gold
🟩	moss green
⬜	fluga white

10

제이미슨즈 셰틀랜드 스핀드리프트

	색 번호·영어명	색명
🟦	727 · Admiral Navy	남색
🟥	587 · Madder	어두운 황적색
🟨	289 · Gold	골드
⬜	343 · Ivory	아이보리
🟫	108 · Moorit	밤색

⋯▶ J&S 헤리티지

	영어명
🟦	mussel blue
🟥	berry wine
🟨	auld gold
⬜	snaa white
🟫	shade moorit

⋯▶ 퍼피 브리티시 파인

	색 번호
🟦	005
🟥	013
🟨	035
⬜	001
🟫	024

1 — L ● Picture on p.08

[재료와 도구]
실…제이미슨즈 셰틀랜드 스핀드리프트
색 번호·색명·사용량은 표 참고
바늘…줄바늘 3호(80㎝)·1호(80㎝), 코바늘 3/0호

[완성 크기]
가슴둘레 99㎝, 어깨너비 37㎝, 기장 64㎝

[게이지 (10×10㎝)]
배색무늬 29코×31단

[뜨는 법 포인트]
※줄바늘은 코를 주울 때는 1호, 그 외에는 3호로 뜬다.
1. 기초코를 만든다. →p.32

2. 원통으로 만들어 고무뜨기를 뜬다. →p.32
3. 이어서 배색무늬를 뜬다. →p.70
4. 스틱을 뜨면서 진동둘레의 코를 줄인다. →p.36
5. 스틱을 뜨면서 목둘레의 코를 줄인다. →p.40
6. 어깨는 코바늘을 사용해 빼뜨기로 잇기를 한다. →p.41
7. 목둘레의 스틱을 자르고 목둘레를 뜬다. →p.42
8. 뜨개 끝은 코바늘을 사용해 빼뜨기로 코막음을 한다.
　→p.44
9. 진동둘레의 스틱을 자르고 진동둘레를 뜬다. →p.45
10. 뜨개 끝은 코바늘을 사용해 빼뜨기로 코막음을 한다.
　　→p.44
11. 실과 스틱을 정리한다. →p.46
12. 스팀다리미로 다려 마무리한다. →p.46

※무늬뜨기 전체도 p.142

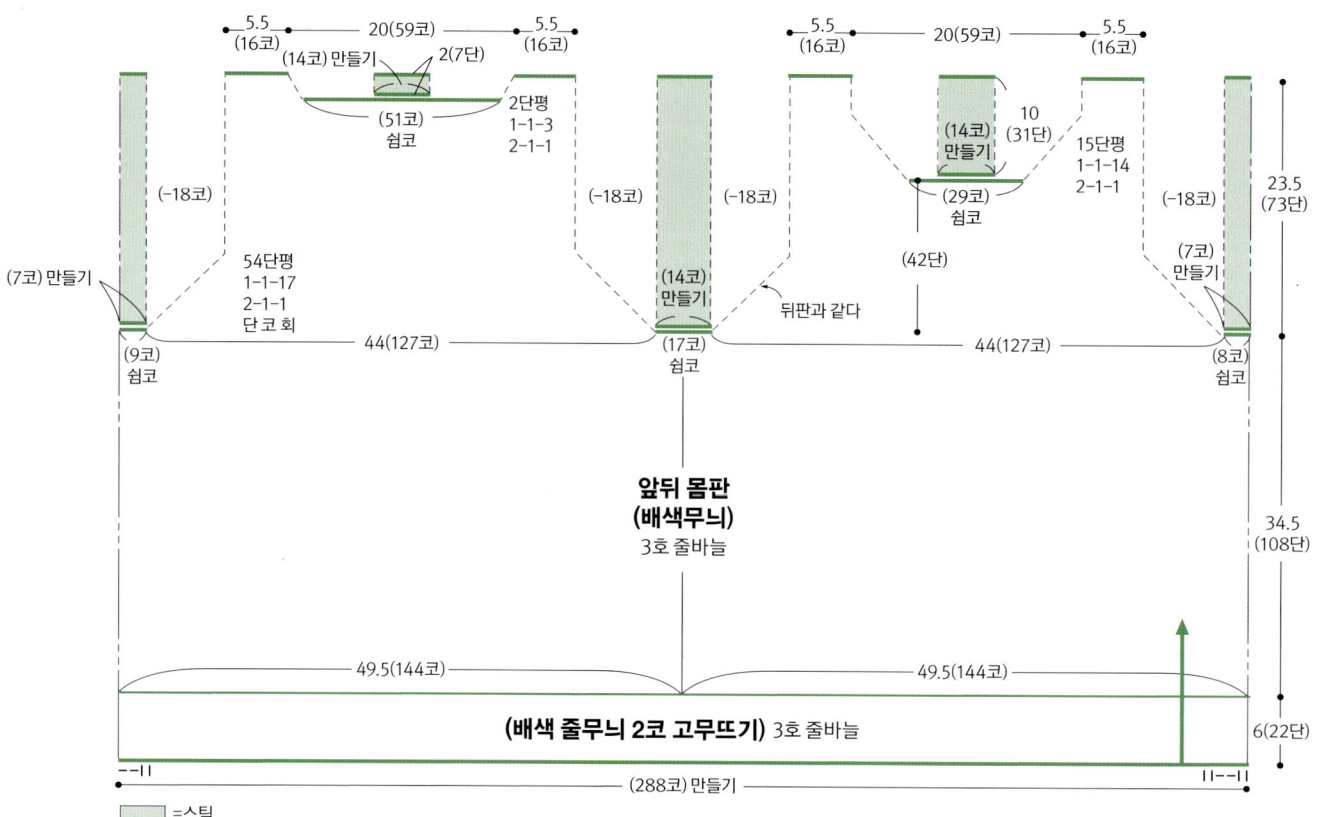

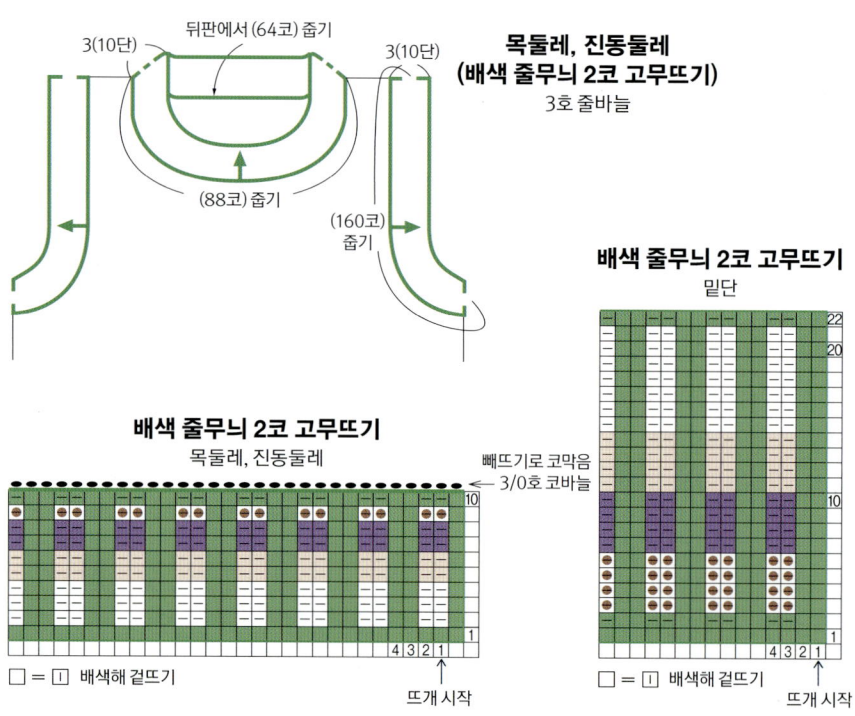

배색과 사용량

	색 번호 · 영어명	색명	사용량
	788 · Leaf	심녹색	43g/2볼
	122 · Granite	연그레이	43g/2볼
	198 · Peat	짙은 갈색 믹스	37g/2볼
	1290 · Loganberry	짙은 적자색 믹스	31g/2볼
	870 · Cocoa	어두운 오렌지	25g/1볼
	168 · Clyde Blue	잿빛 파란색	19g/1볼
	720 · Dewdrop	청록색 믹스	15g/1볼
	1140 · Granny Smith	신록색	15g/1볼
	290 · Oyster	잿빛 복숭아색 믹스	15g/1볼
	760 · Caspian	터쿼이즈블루	소량/1볼
	375 · Flax	연노란색	소량/1볼
	400 · Mimosa	미모사	소량/1볼

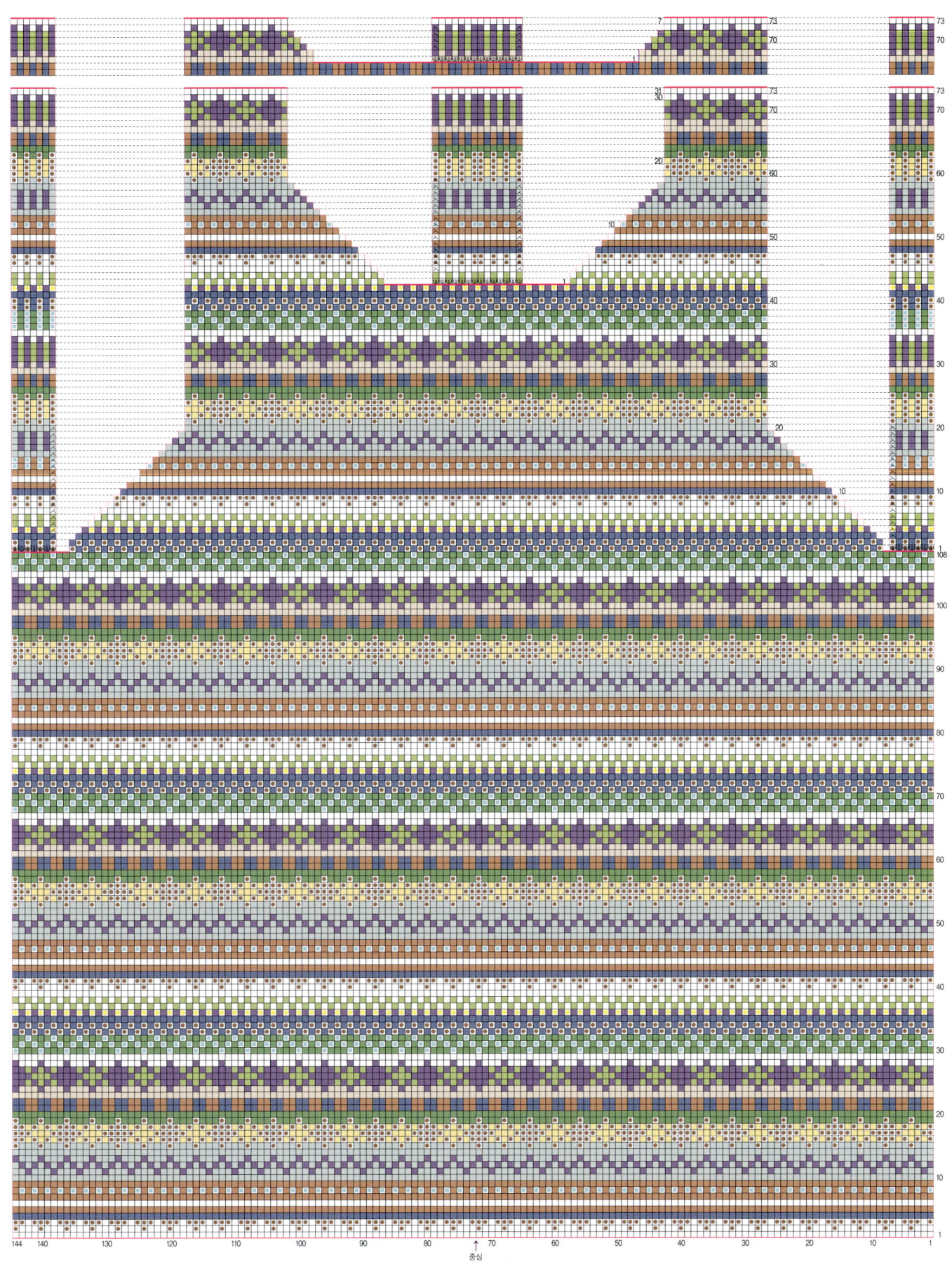

※무늬는 중심에서 대칭으로 배치, 앞뒤 몸판의 뜨개 시작은 같다.

2 — M ● Picture on p.09

[재료와 도구]
실…제이미슨즈 셰틀랜드 스핀드리프트
색 번호·색명·사용량은 표 참고
바늘…줄바늘 3호(80cm)·1호(80cm), 코바늘 3/0호

[완성 크기]
가슴둘레 87cm, 어깨너비 34cm, 기장 56.5cm

[게이지 (10×10cm)]
배색무늬 31코×33단

[뜨는 법 포인트]
※줄바늘은 코를 주울 때는 1호, 그 외에는 3호로 뜬다.
1. 기초코를 만든다. →p.32

2. 원통으로 만들어 고무뜨기를 뜬다. →p.32
3. 1단에서 코를 늘려서 배색무늬를 뜬다. →p.70
4. 스틱을 뜨면서 진동둘레의 코를 줄인다. →p.36
5. 스틱을 뜨면서 목둘레의 코를 줄인다. →p.40
6. 어깨는 코바늘을 사용해 빼뜨기로 잇기를 한다. →p.41
7. 목둘레의 스틱을 자르고 목둘레를 뜬다. →p.42
8. 뜨개 끝은 코바늘을 사용해 빼뜨기로 코막음을 한다.
　→p.44
9. 진동둘레의 스틱을 자르고 진동둘레를 뜬다. →p.45
10. 뜨개 끝은 코바늘을 사용해 빼뜨기로 코막음을 한다.
　→p.44
11. 실과 스틱을 정리한다. →p.46
12. 스팀다리미로 다려 마무리한다. →p.46

※무늬뜨기 전체도 p.143

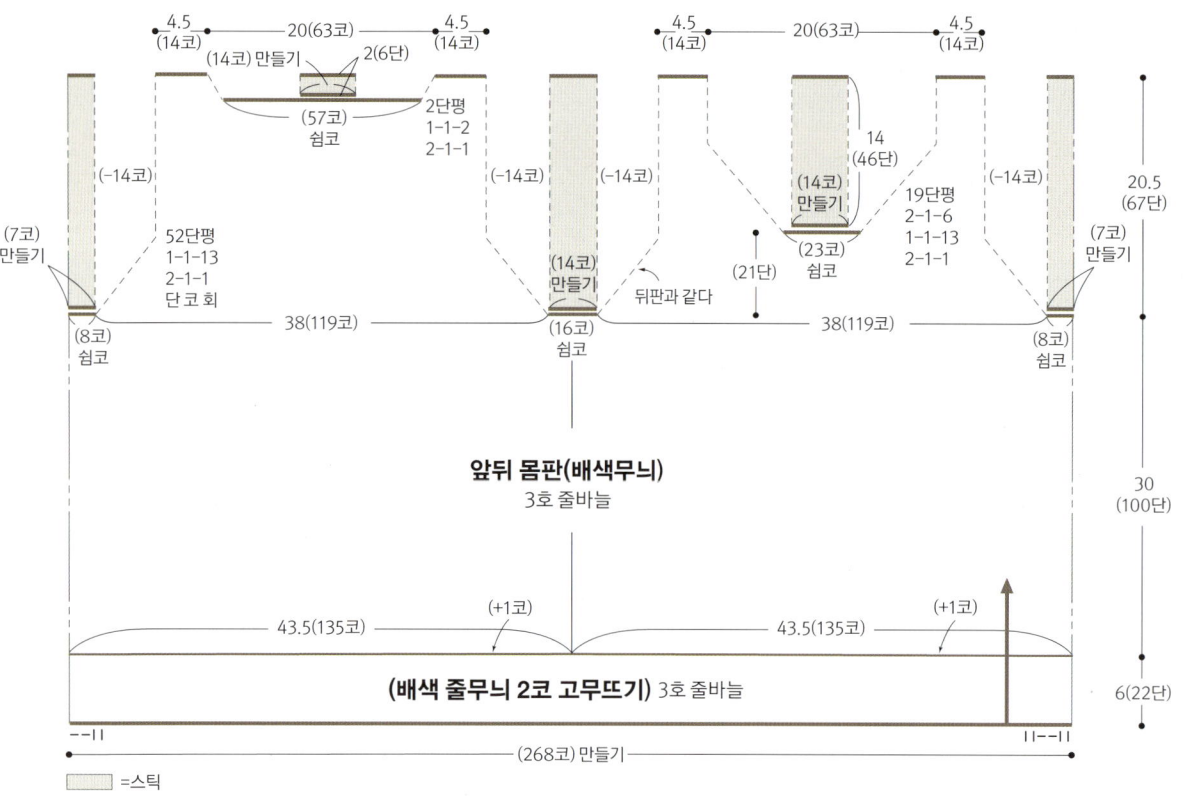

앞뒤 몸판(배색무늬)
3호 줄바늘

(배색 줄무늬 2코 고무뜨기) 3호 줄바늘

▨ =스틱

배색 줄무늬 2코 고무뜨기
밑단

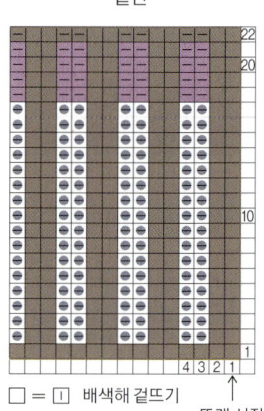

□ = ① 배색해 겉뜨기
뜨개 시작

목둘레, 진동둘레
(배색 줄무늬 2코 고무뜨기)
3호 줄바늘

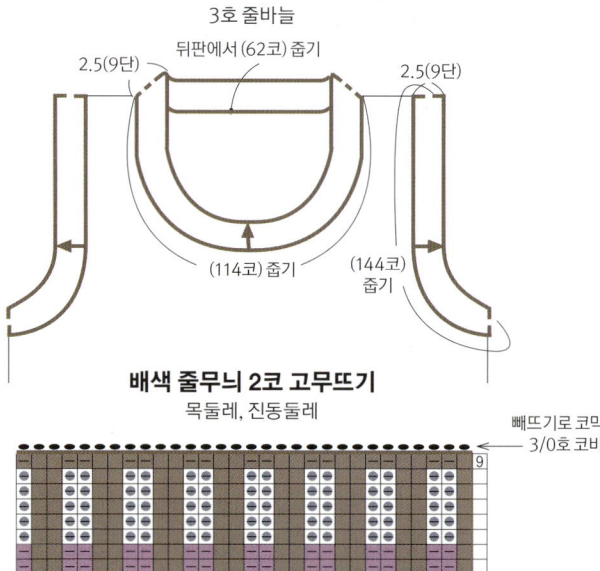

배색 줄무늬 2코 고무뜨기
목둘레, 진동둘레

빼뜨기로 코막음
3/0호 코바늘

□ = ① 배색해 겉뜨기
뜨개 시작

배색과 사용량

	색 번호 · 영어명	색명	사용량
	106 · Mooskit	베이지	80g/4볼
	680 · Lunar	잿빛 파란색	20g/1볼
	105 · Eesit	연베이지	15g/1볼
	805 · Spruce	잿빛 초록색	15g/1볼
	293 · Port Wine	와인	15g/1볼
	294 · Blueberry	진보라색 믹스	15g/1볼
	616 · Anemone	보라색	10g/1볼
	575 · Lipstick	로즈핑크	10g/1볼
	576 · Cinnamon	벽돌색	5g/1볼
	880 · Coffee	짙은 갈색	5g/1볼
	147 · Moss	모스그린 믹스	5g/1볼
	274 · Green Mist	민트 믹스	5g/1볼
	375 · Flax	연노란색	소량/1볼
	526 · Spice	잿빛 빨간색	소량/1볼
	259 · Leprechaun	황록색 믹스	소량/1볼
	1020 · Nighthawk	청록색	소량/1볼
	1160 · Scotch Broom	겨자색 믹스	소량/1볼
	180 · Mist	연보라색 믹스	소량/1볼

※무늬는 중심에서 대칭으로 배치, 앞뒤 몸판의 뜨개 시작은 같다.

2 — L ● Picture on p.09

[재료와 도구]
실…제이미슨즈 셰틀랜드 스핀드리프트
색 번호·색명·사용량은 표 참고
바늘…줄바늘 3호(80cm)·1호(80cm), 코바늘 3/0호

[완성 크기]
가슴둘레 96cm, 어깨너비 38cm, 기장 59cm

[게이지(10×10cm)]
배색무늬 31코×33단

[뜨는 법 포인트]
※줄바늘은 코를 주울 때는 1호, 그 외에는 3호로 뜬다.

1. 기초코를 만든다. →p.32
2. 원통으로 만들어 고무뜨기를 뜬다. →p.32
3. 1단에서 코를 늘려서 배색무늬를 뜬다. →p.70
4. 스틱을 뜨면서 진동둘레의 코를 줄인다. →p.36
5. 스틱을 뜨면서 목둘레의 코를 줄인다. →p.40
6. 어깨는 코바늘을 사용해 빼뜨기로 잇기를 한다. →p.41
7. 목둘레의 스틱을 자르고 목둘레를 뜬다. →p.42
8. 뜨개 끝은 코바늘을 사용해 빼뜨기로 코막음을 한다. →p.44
9. 진동둘레의 스틱을 자르고 진동둘레를 뜬다. →p.45
10. 뜨개 끝은 코바늘을 사용해 빼뜨기로 코막음을 한다. →p.44
11. 실과 스틱을 정리한다. →p.46
12. 스팀다리미로 다려 마무리한다. →p.46

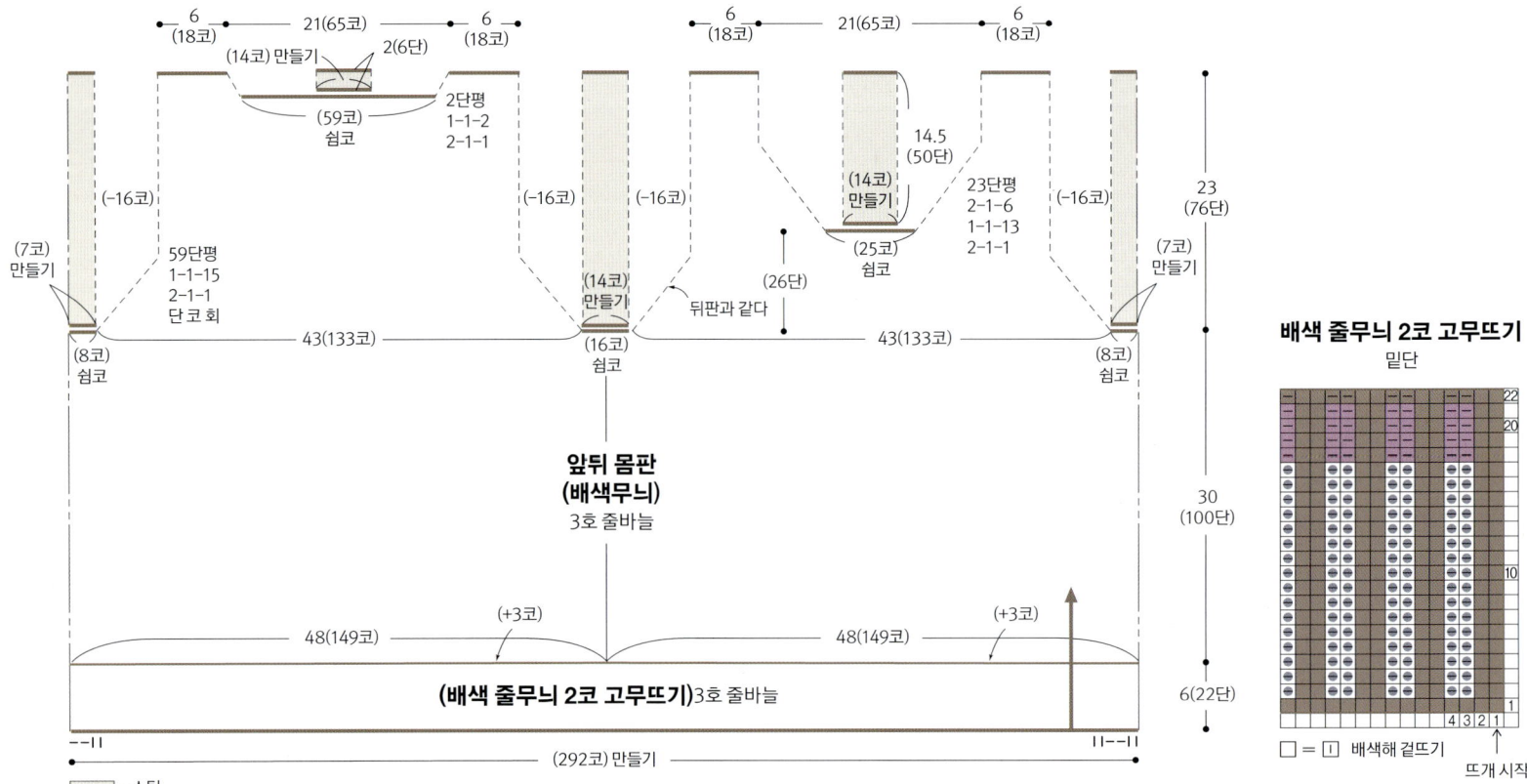

배색 줄무늬 2코 고무뜨기
밑단

□ = ① 배색해 겉뜨기
뜨개 시작

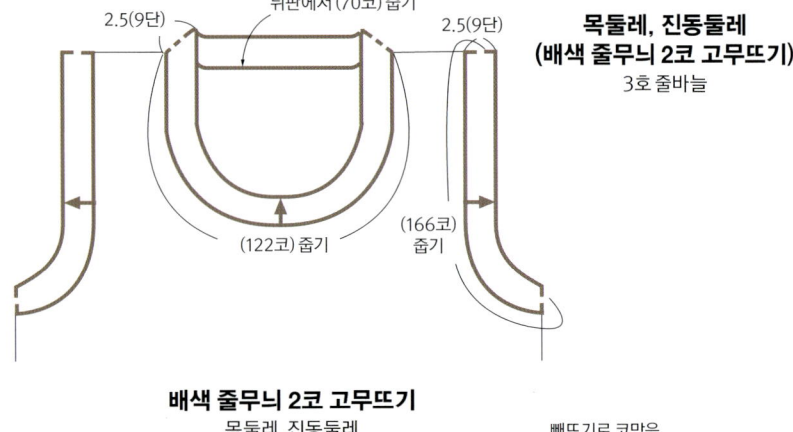

**목둘레, 진동둘레
(배색 줄무늬 2코 고무뜨기)**
3호 줄바늘

배색 줄무늬 2코 고무뜨기
목둘레, 진동둘레

빼뜨기로 코막음
3/0호 코바늘

□ = ① 배색해 겉뜨기
뜨개 시작

배색과 사용량

	색 번호·영어명	색명	사용량
	106·Mooskit	베이지	90g/4볼
	680·Lunar	잿빛 파란색	25g/1볼
	105·Eesit	연베이지	20g/1볼
	805·Spruce	잿빛 초록색	20g/1볼
	293·Port Wine	와인	20g/1볼
	294·Blueberry	진보라색 믹스	20g/1볼
	616·Anemone	보라색	15g/1볼
	575·Lipstick	로즈핑크	15g/1볼
	576·Cinnamon	벽돌색	10g/1볼
	880·Coffee	짙은 갈색	10g/1볼
	147·Moss	모스그린 믹스	10g/1볼
	274·Green Mist	민트 믹스	10g/1볼
	375·Flax	연노란색	소량/1볼
	526·Spice	잿빛 빨간색	소량/1볼
	259·Leprechaun	황록색 믹스	소량/1볼
	1020·Nighthawk	청록색	소량/1볼
	1160·Scotch Broom	겨자색 믹스	소량/1볼
	180·Mist	연보라색 믹스	소량/1볼

※무늬는 중심에서 대칭으로 배치, 앞뒤 몸판의 뜨개 시작은 같다.

3 — L ● Picture on p.10

[재료와 도구]
실…제이미슨즈 셰틀랜드 스핀드리프트
색 번호·색명·사용량은 표 참고
바늘…줄바늘 3호(80cm)·1호(80cm), 코바늘 2/0호

[완성 크기]
가슴둘레 99cm, 어깨너비 37cm, 기장 64.5cm

[게이지(10×10cm)]
배색무늬 31코×35단

[뜨는 법 포인트]
※줄바늘은 2코 고무뜨기와 코를 주울 때는 1호, 그 외에는 3호로 뜬다.

1. 기초코를 만든다. →p.32
2. 원통으로 만들어 고무뜨기를 뜬다. →p.32
3. 1단에서 코를 늘려서 배색무늬를 뜬다. →p.70
4. 스틱을 뜨면서 진동둘레의 코를 줄인다. →p.36
5. 스틱을 뜨면서 목둘레의 코를 줄인다. →p.40
6. 어깨는 코바늘을 사용해 빼뜨기로 잇기를 한다. →p.41
7. 목둘레의 스틱을 자르고 목둘레를 뜬다. →p.42
8. 뜨개 끝은 코바늘을 사용해 빼뜨기로 코막음을 한다. →p.44
9. 진동둘레의 스틱을 자르고 진동둘레를 뜬다. →p.45
10. 뜨개 끝은 코바늘을 사용해 빼뜨기로 코막음을 한다. →p.44
11. 실과 스틱을 정리한다. →p.46
12. 스팀다리미로 다려 마무리한다. →p.46

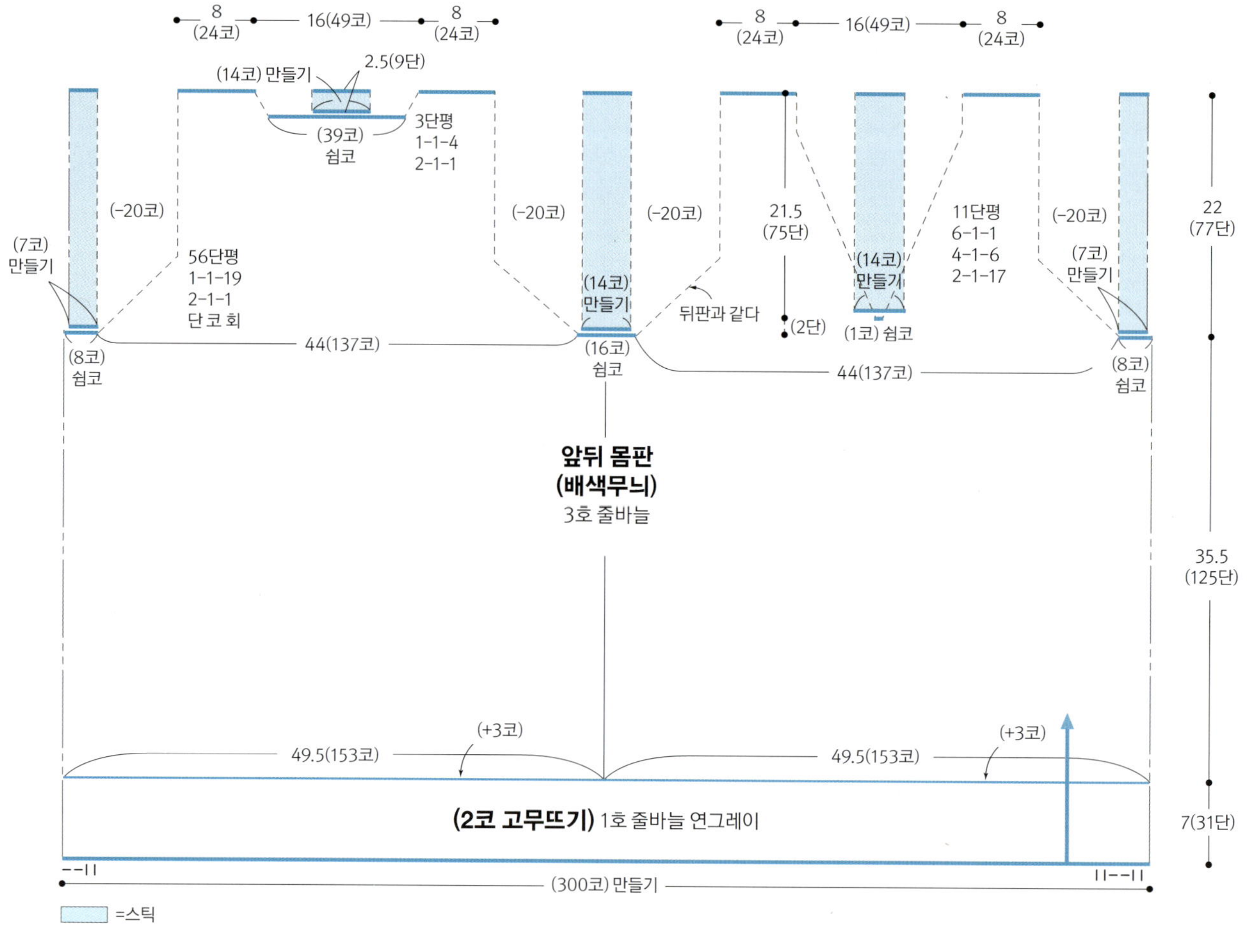

앞뒤 몸판 (배색무늬) 3호 줄바늘 도안

8 (24코) ← 16(49코) → 8 (24코)   8 (24코) ← 16(49코) → 8 (24코)

(14코) 만들기   2.5(9단)

(39코) 쉼코   3단평 1-1-4 2-1-1

(−20코)   (−20코)   (−20코)   21.5 (75단)   11단평 6-1-1 4-1-6 2-1-17   (−20코)   22 (77단)

(7코) 만들기   56단평 1-1-19 2-1-1 단코 회   (14코) 만들기   뒤판과 같다 (2단)   (14코) 만들기 (1코) 쉼코   (7코) 만들기

(8코) 쉼코   ← 44(137코) →   (16코) 쉼코   ← 44(137코) →   (8코) 쉼코

앞뒤 몸판 (배색무늬) 3호 줄바늘

35.5 (125단)

(+3코)   49.5(153코)   49.5(153코)   (+3코)

(2코 고무뜨기) 1호 줄바늘 연그레이

7(31단)

(300코) 만들기

☐ =스틱

목둘레, 진동둘레 (2코 고무뜨기) 1호 줄바늘 연그레이

(54코) 줍기   2.5(12단)

(74코) 줍기   (74코) 줍기

빼뜨기로 코막음 2/0호 코바늘   (−6코) (1코) 줍기 (−6코)

(168코) 줍기   2.5(12단)

브이넥 끝 뜨는 법

빼뜨기로 코막음 2/0호 코바늘
⑫ ⑩ ⑤ ①

(74코)   (74코)
(1코)

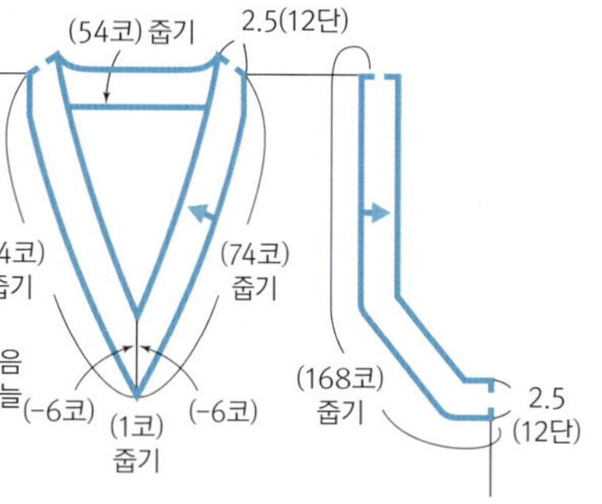

2코 고무뜨기 목둘레, 진동둘레

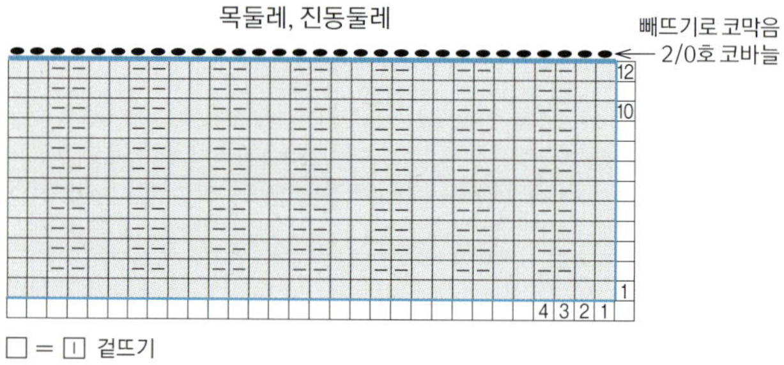

빼뜨기로 코막음
2/0호 코바늘
12 10

4 3 2 1

☐ = ☐ 겉뜨기

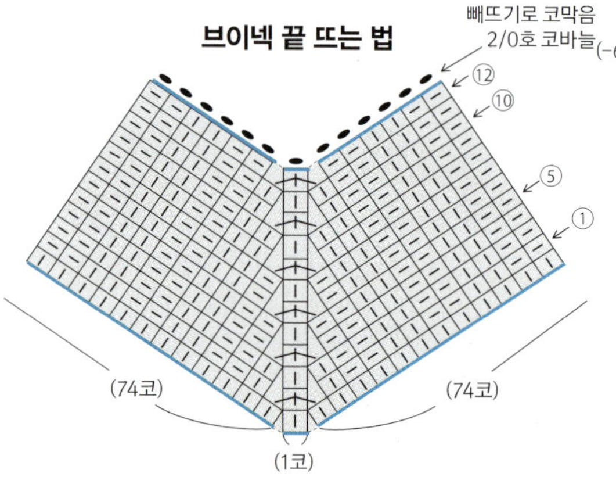

배색과 사용량

	색 번호·영어명	색명	M 사용량	L 사용량	XL 사용량
	122·Granite	연그레이	100g/4볼	115g/5볼	130g/6볼
	680·Lunar	밝은 잿빛 파란색	70g/3볼	80g/4볼	95g/4볼
	179·Buttermilk	오렌지빛 연노란색	30g/2볼	35g/2볼	40g/2볼
	700·Royal	로열블루	25g/1볼	25g/1볼	30g/1볼
	478·Amber	칙칙한 오렌지	15g/1볼	15g/1볼	20g/1볼
	790·Celtic	풀색	15g/1볼	15g/1볼	20g/1볼
	525·☐ Crimson	짙은 빨간색	10g/1볼	10g/1볼	15g/1볼
	410·Cornfield	짙은 노란색	10g/1볼	10g/1볼	15g/1볼

※무늬는 중심에서 대칭으로 배치, 앞뒤 몸판의 뜨개 시작은 같다.

3 — M ● Picture on p.10

[완성 크기]
가슴둘레 92cm, 어깨너비 33cm, 기장 56.5cm

목둘레, 진동둘레(2코 고무뜨기)
1호 줄바늘 연그레이

6.5 (20코) — 15(47코) — 6.5 (20코)　　　6.5 (20코) — 15(47코) — 6.5 (20코)

(14코) 만들기　　2.5(8단)

(39코) 쉼코　　3단평 1-1-3 2-1-1

(7코) 만들기　(−20코)　54단평 1-1-19 2-1-1 단코 회

(−20코)　(−20코)　21 (73단)　(14코) 만들기　11단평 6-1-1 4-1-6 2-1-16　(−20코) (7코) 만들기

(8코) 쉼코　41(127코)　뒤판과 같다　(16코) 쉼코　(2단)　(1코) 쉼코　(8코) 쉼코

41(127코)

21.5 (75단)

(52코) 줍기　2.5(12단)

(73코) 줍기　(73코) 줍기

(−6코)　(1코) 줍기　(−6코)

(164코) 줍기　2.5(12단)

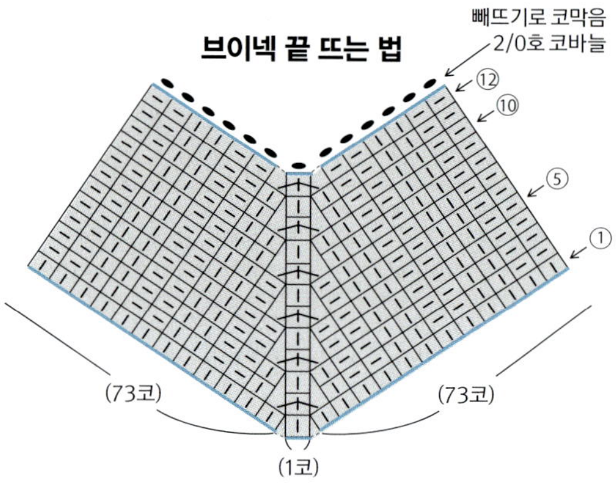

앞뒤 몸판 (배색무늬)
3호 줄바늘

28 (99단)

브이넥 끝 뜨는 법

빼뜨기로 코막음
2/0호 코바늘

⑫ ⑩ ⑤ ①

(73코)　(73코)

(1코)

(+3코)
46(143코)　46(143코)　(+3코)

7 (31단)

(2코 고무뜨기) 1호 줄바늘 연그레이

(280코) 만들기

=스틱

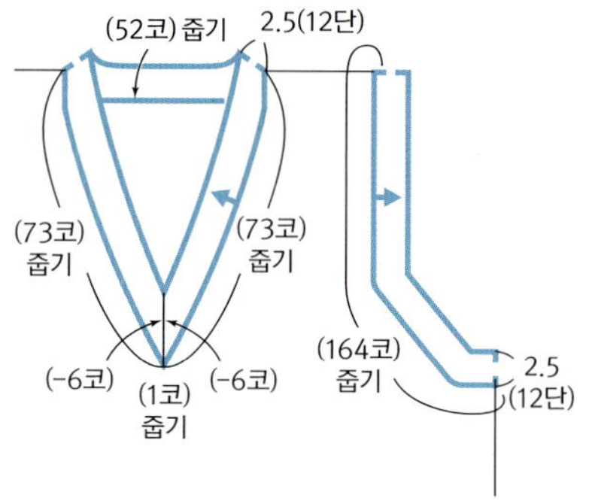

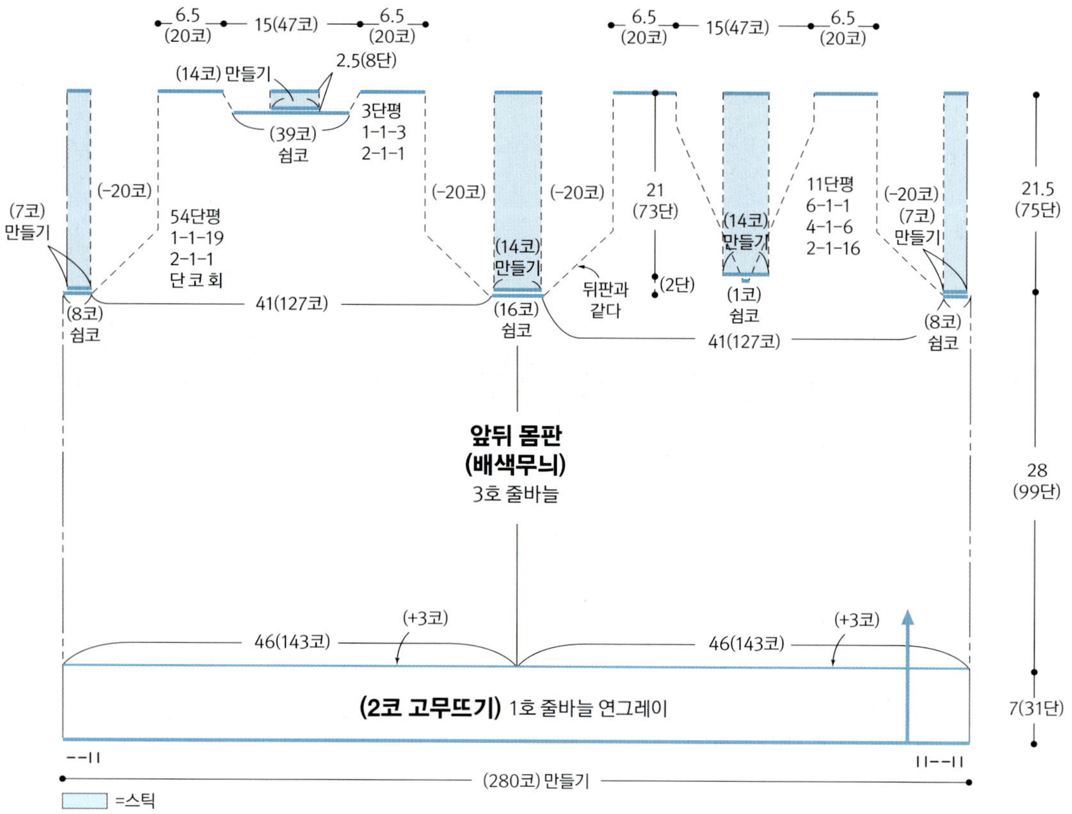

3 — XL ● Picture on p.10

[완성 크기]
가슴둘레 106cm, 어깨너비 40.5cm, 기장 68cm

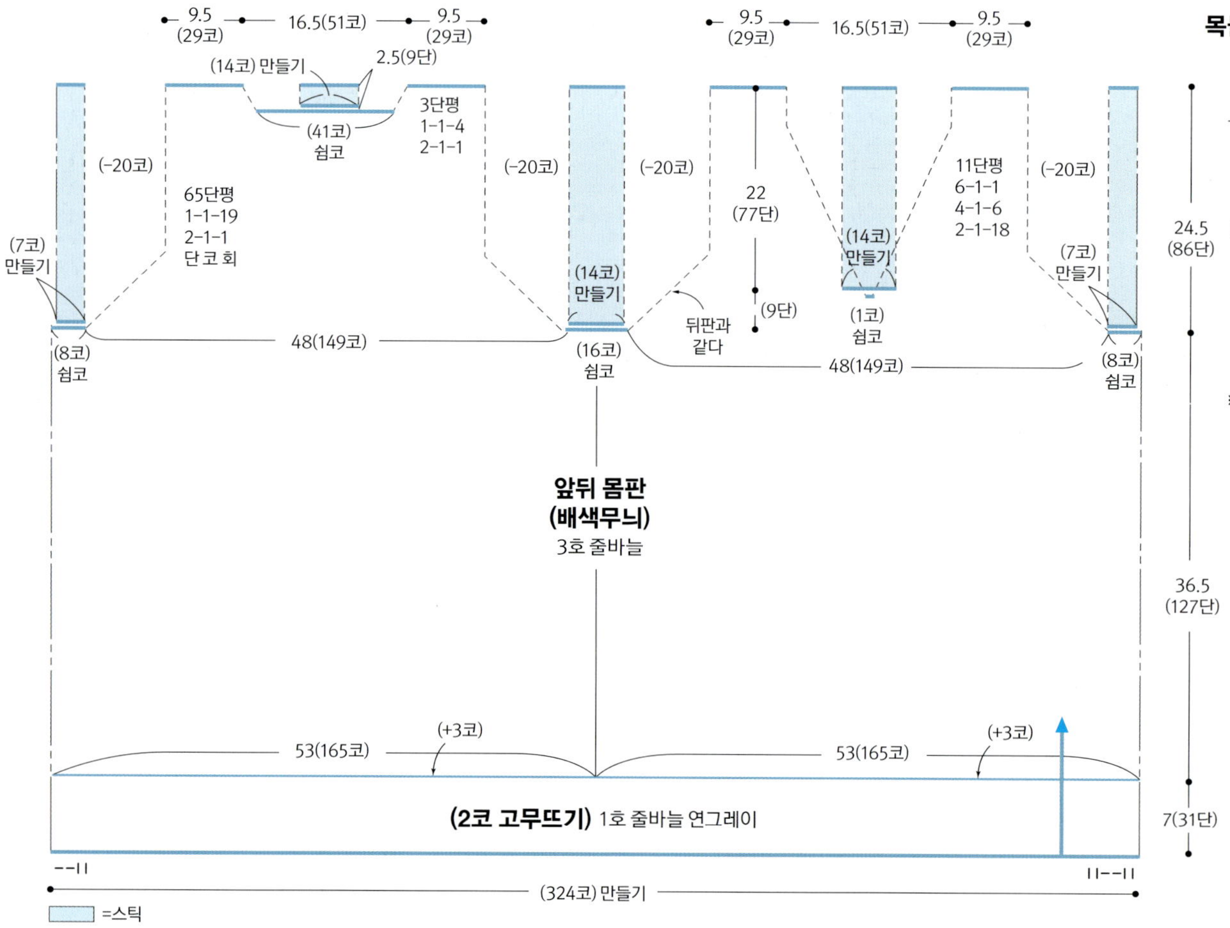

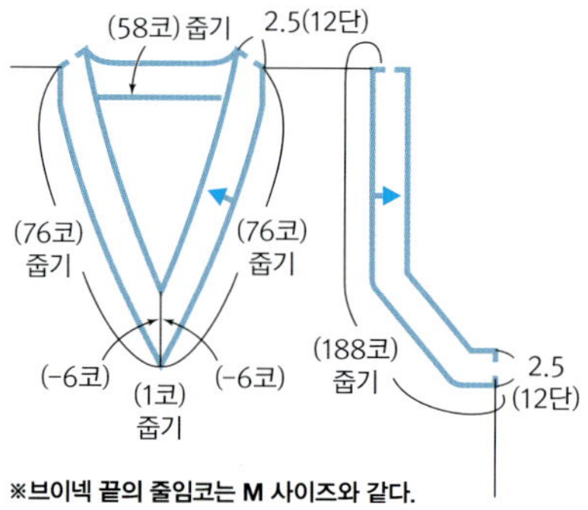

목둘레, 진동둘레(2코 고무뜨기)
1호 줄바늘 연그레이

9.5 (29코) — 16.5(51코) — 9.5 (29코)　　　9.5 (29코) — 16.5(51코) — 9.5 (29코)

(14코) 만들기　　2.5(9단)

(41코) 쉼코　3단평 1-1-4 2-1-1

(7코) 만들기　(−20코)　65단평 1-1-19 2-1-1 단코 회

(−20코)　(−20코)　22 (77단)　(14코) 만들기　11단평 6-1-1 4-1-6 2-1-18　(−20코) (7코) 만들기

(8코) 쉼코　48(149코)　뒤판과 같다　(16코) 쉼코　(9단)　(1코) 쉼코　(8코) 쉼코

48(149코)

24.5 (86단)

(58코) 줍기　2.5(12단)

(76코) 줍기　(76코) 줍기

(−6코)　(1코) 줍기　(−6코)

(188코) 줍기　2.5(12단)

※브이넥 끝의 줄임코는 M 사이즈와 같다.

앞뒤 몸판 (배색무늬)
3호 줄바늘

36.5 (127단)

(+3코)
53(165코)　53(165코)　(+3코)

7 (31단)

(2코 고무뜨기) 1호 줄바늘 연그레이

(324코) 만들기

=스틱

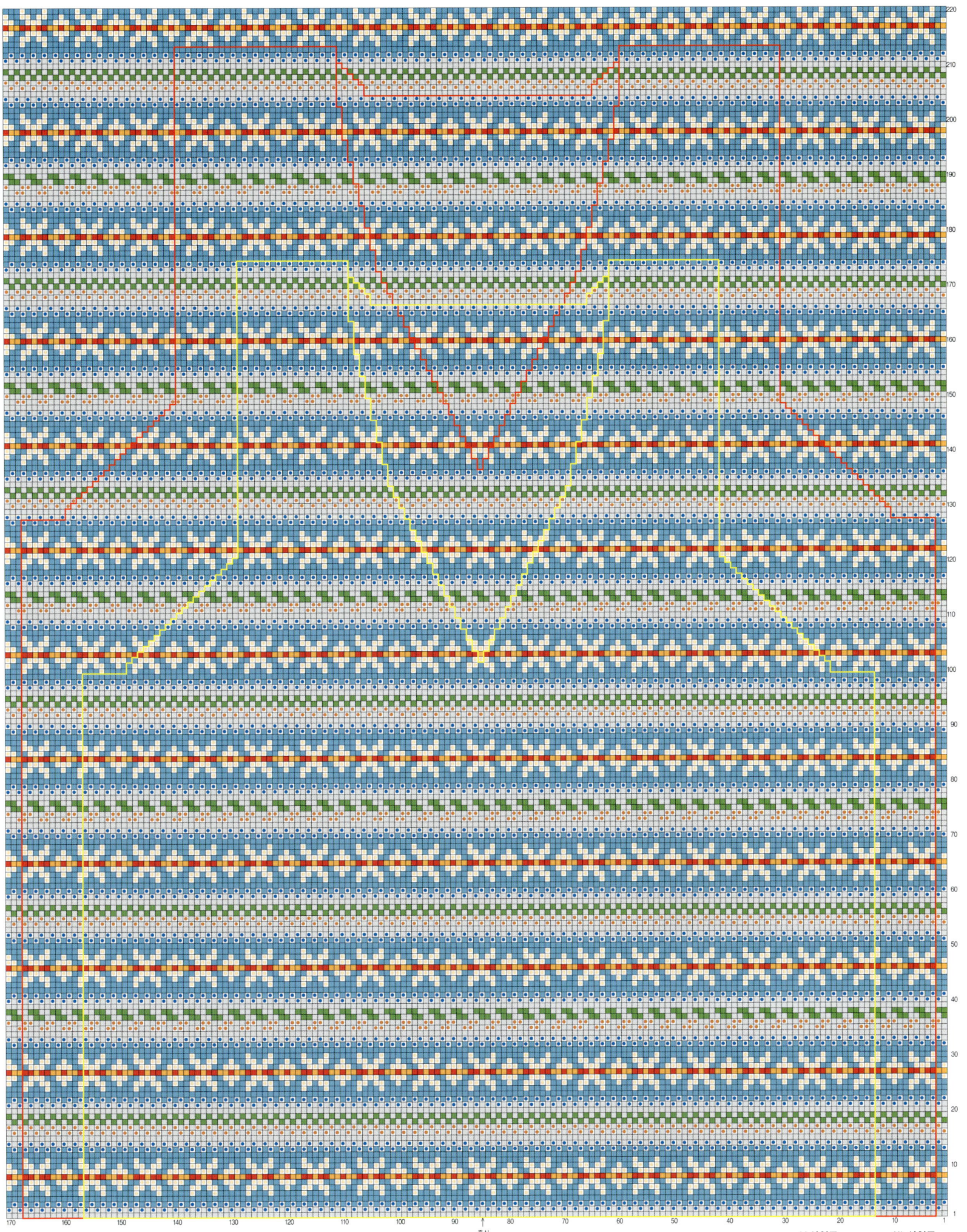

※무늬는 중심에서 대칭으로 배치, 앞뒤 몸판의 뜨개 시작은 같다.

중심

=M 사이즈　　　=XL 사이즈

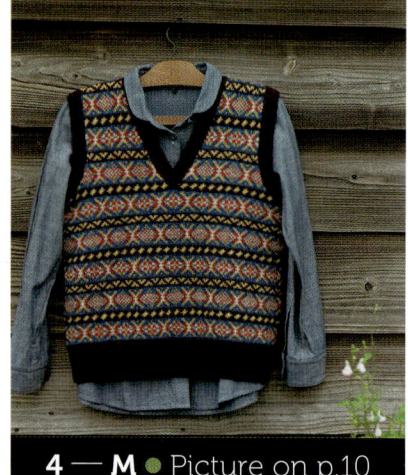

4 — M ● Picture on p.10

[재료와 도구]
실…제이미슨즈 셰틀랜드 스핀드리프트
색 번호·색명·사용량은 표 참고
바늘…줄바늘 3호(80㎝)·1호(80㎝), 코바늘 2/0호

[완성 크기]
가슴둘레 90㎝, 어깨너비 34㎝, 기장 54.5㎝

[게이지 (10×10㎝)]
배색무늬 32코×33단

[뜨는 법 포인트]
※줄바늘은 2코 고무뜨기와 코를 주울 때는 1호, 그 외에는 3호로 뜬다.

1. 기초코를 만든다. →p.32
2. 원통으로 만들어 고무뜨기를 뜬다. →p.32
3. 1단에서 코를 늘려서 배색무늬를 뜬다. →p.70
4. 스틱을 뜨면서 진동둘레의 코를 줄인다. →p.36
5. 스틱을 뜨면서 목둘레의 코를 줄인다. →p.40
6. 어깨는 코바늘을 사용해 빼뜨기로 잇기를 한다. →p.41
7. 목둘레의 스틱을 자르고 목둘레를 뜬다. →p.42
8. 뜨개 끝은 코바늘을 사용해 빼뜨기로 코막음을 한다. →p.44
9. 진동둘레의 스틱을 자르고 진동둘레를 뜬다. →p.45
10. 뜨개 끝은 코바늘을 사용해 빼뜨기로 코막음을 한다. →p.44
11. 실과 스틱을 정리한다. →p.46
12. 스팀다리미로 다려 마무리한다. →p.46

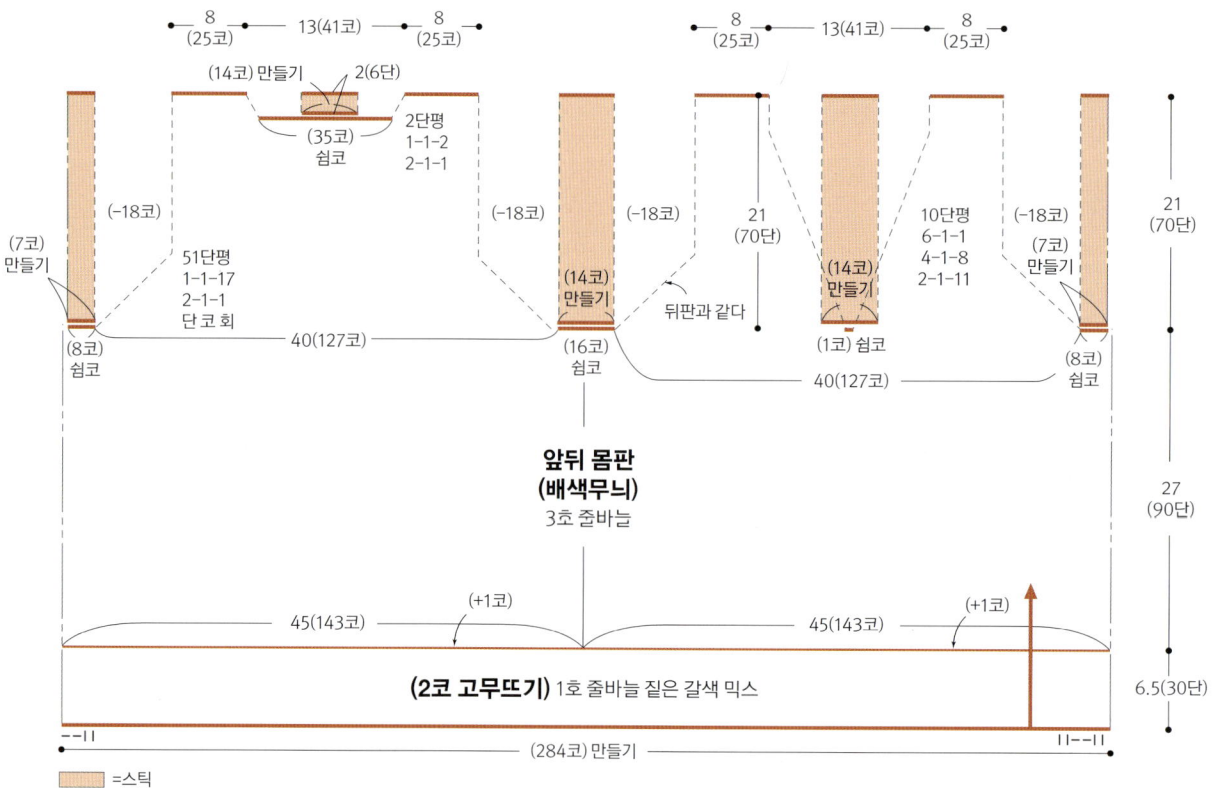

앞뒤 몸판
(배색무늬)
3호 줄바늘

(2코 고무뜨기) 1호 줄바늘 짙은 갈색 믹스

■ =스틱

2코 고무뜨기

□ = ① 겉뜨기

목둘레, 진동둘레(2코 고무뜨기)
1호 줄바늘 짙은 갈색 믹스

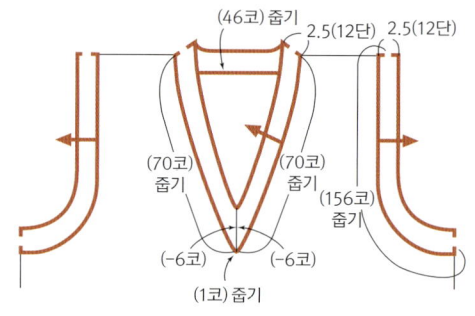

브이넥 끝 뜨는 법

빼뜨기로 코막음
2/0호 코바늘

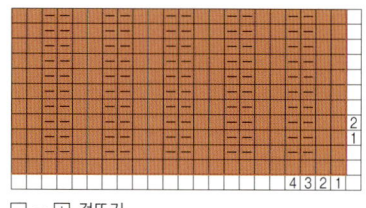
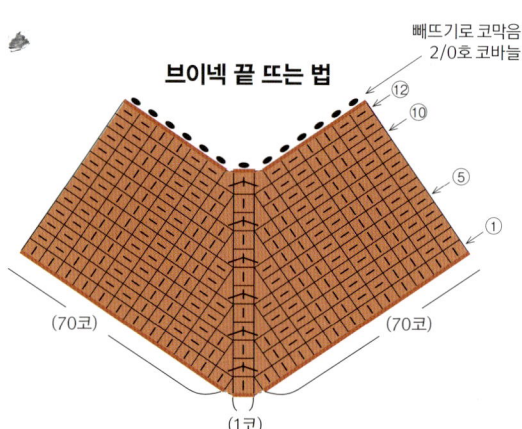

배색과 사용량

	색 번호·영어명	색명	M 사용량	L 사용량	XL 사용량
	198·Peat	짙은 갈색 믹스	75g/3볼	95g/4볼	110g/5볼
	168·Clyde Blue	잿빛 파란색	45g/2볼	55g/3볼	65g/3볼
	1160·Scotch Broom	겨자색 믹스	25g/1볼	30g/2볼	35g/2볼
	525·Crimson	짙은 빨간색	20g/1볼	25g/1볼	30g/2볼
	343·Ivory	아이보리	15g/1볼	20g/1볼	25g/1볼
	375·Flax	연노란색	15g/1볼	20g/1볼	25g/1볼
	805·Spruce	잿빛 초록색	10g/1볼	15g/1볼	15g/1볼
	350·Lemon	레몬	10g/1볼	15g/1볼	15g/1볼

※무늬는 중심에서 대칭으로 배치, 앞뒤 몸판의 뜨개 시작은 같다.

[완성 크기]
가슴둘레 98cm, 어깨너비 37cm, 기장 60.5cm

※배색과 사용량 p.58

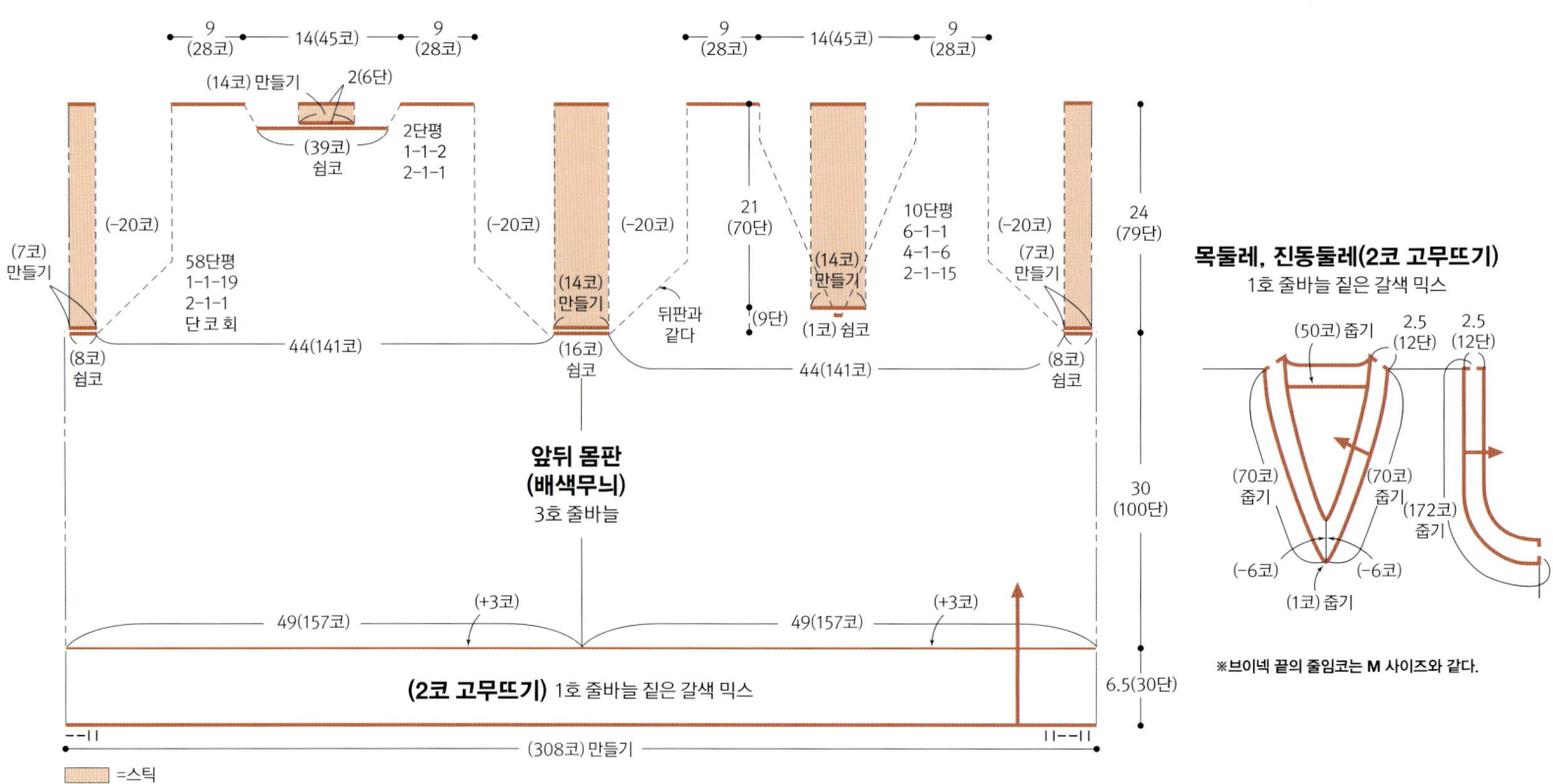

9
(28코)　14(45코)　9
(28코)

9
(28코)　14(45코)　9
(28코)

(14코) 만들기　2(6단)

(39코)
쉼코　2단평
1-1-2
2-1-1

(−20코)

58단평
1-1-19
2-1-1
단 코 회

(7코)
만들기

(−20코)

(−20코)

21
(70단)

10단평
6-1-1
4-1-6
2-1-15

(14코)
만들기

(−20코)

(7코)
만들기

24
(79단)

(8코)
쉼코　44(141코)

(14코)
만들기

(16코)
쉼코

뒤판과
같다

(9단)

(1코) 쉼코

44(141코)

(8코)
쉼코

**앞뒤 몸판
(배색무늬)**
3호 줄바늘

30
(100단)

49(157코)　(+3코)　49(157코)　(+3코)

(2코 고무뜨기) 1호 줄바늘 짙은 갈색 믹스

6.5(30단)

(308코) 만들기

▢ =스틱

목둘레, 진동둘레(2코 고무뜨기)
1호 줄바늘 짙은 갈색 믹스

(50코) 줍기　2.5
(12단)　2.5
(12단)

(70코)
줍기　(70코)
줍기

(172코)
줍기

(−6코)　(−6코)

(1코) 줍기

※브이넥 끝의 줄임코는 **M** 사이즈와 같다.

[완성 크기]
가슴둘레 106cm, 어깨너비 40cm, 기장 65.5cm

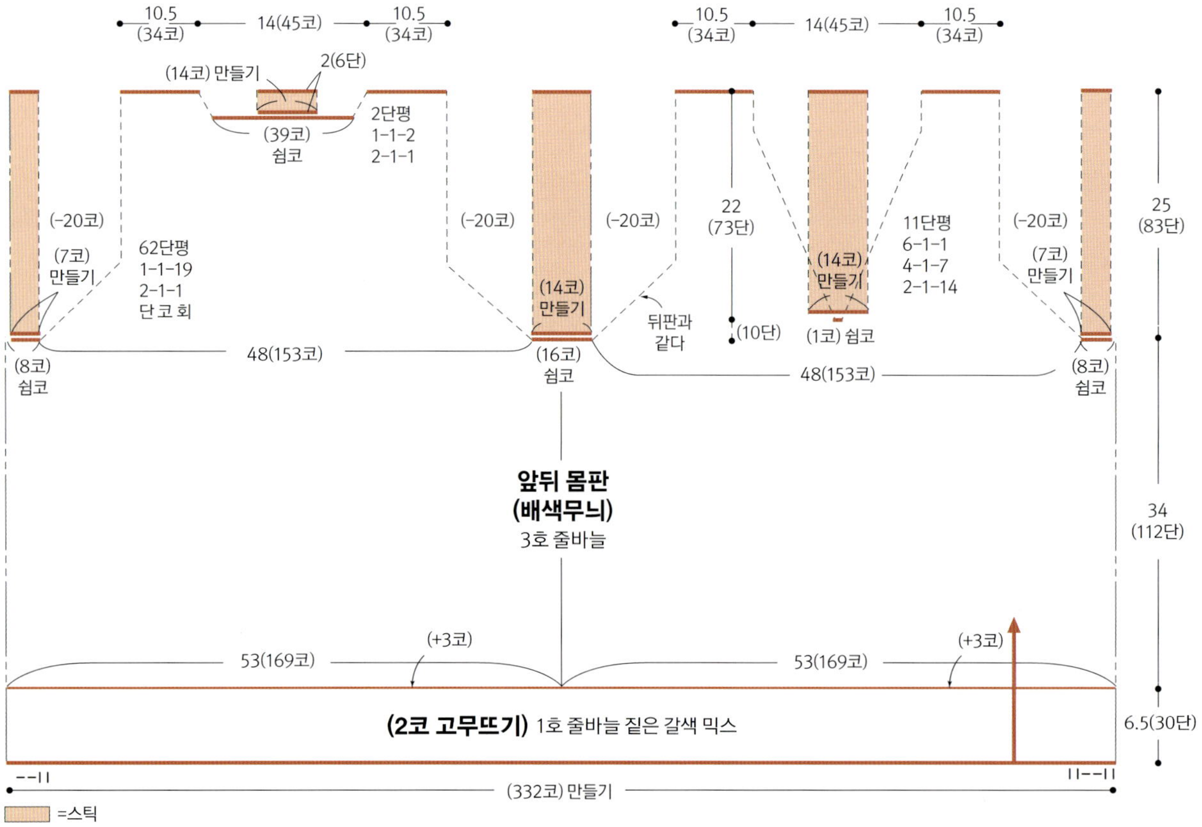

10.5
(34코)　14(45코)　10.5
(34코)

10.5
(34코)　14(45코)　10.5
(34코)

(14코) 만들기　2(6단)

(39코)
쉼코　2단평
1-1-2
2-1-1

(−20코)

62단평
1-1-19
2-1-1
단 코 회

(7코)
만들기

(−20코)

(−20코)

22
(73단)

11단평
6-1-1
4-1-7
2-1-14

(14코)
만들기

(−20코)

(7코)
만들기

25
(83단)

(8코)
쉼코　48(153코)

(14코)
만들기

(16코)
쉼코

뒤판과
같다

(10단)

(1코) 쉼코

48(153코)

(8코)
쉼코

**앞뒤 몸판
(배색무늬)**
3호 줄바늘

34
(112단)

53(169코)　(+3코)　53(169코)　(+3코)

(2코 고무뜨기) 1호 줄바늘 짙은 갈색 믹스

6.5(30단)

(332코) 만들기

▢ =스틱

목둘레, 진동둘레(2코 고무뜨기)
1호 줄바늘 짙은 갈색 믹스

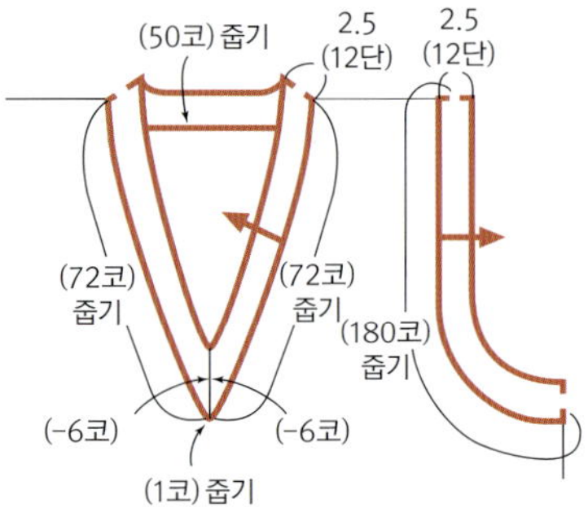

(50코) 줍기　2.5
(12단)　2.5
(12단)

(72코)
줍기　(72코)
줍기

(180코)
줍기

(−6코)　(−6코)

(1코) 줍기

※브이넥 끝의 줄임코는 **M** 사이즈와 같다.

※무늬는 중심에서 대칭으로 배치, 앞뒤 몸판의 뜨개 시작은 같다.

5 — M ● Picture on p.11

[재료와 도구]
실…제이미슨즈 셰틀랜드 스핀드리프트
색 번호·색명·사용량은 표 참고
바늘…줄바늘 3호(80cm)·1호(80cm), 코바늘 2/0호

[완성 크기]
가슴둘레 92cm, 어깨너비 31cm, 기장 57cm

[게이지 (10×10cm)]
배색무늬 29코×31단

[뜨는 법 포인트]
※줄바늘은 2코 고무뜨기와 코를 주울 때는 1호, 그 외에는 3호
로 뜬다.

1. 기초코를 만든다. →p.32
2. 원통으로 만들어 고무뜨기를 뜬다. →p.32
3. 1단에서 코를 늘려서 배색무늬를 뜬다. →p.70
4. 스틱을 뜨면서 진동둘레의 코를 줄인다. →p.36
5. 스틱을 뜨면서 목둘레의 코를 줄인다. →p.40
6. 어깨는 코바늘을 사용해 빼뜨기로 잇기를 한다. →p.41
7. 목둘레의 스틱을 자르고 목둘레를 뜬다. →p.42
8. 뜨개 끝은 코바늘을 사용해 빼뜨기로 코막음을 한다.
　 →p.44
9. 진동둘레의 스틱을 자르고 진동둘레를 뜬다. →p.45
10. 뜨개 끝은 코바늘을 사용해 빼뜨기로 코막음을 한다.
　 →p.44
11. 실과 스틱을 정리한다. →p.46
12. 스팀다리미로 다려 마무리한다. →p.46

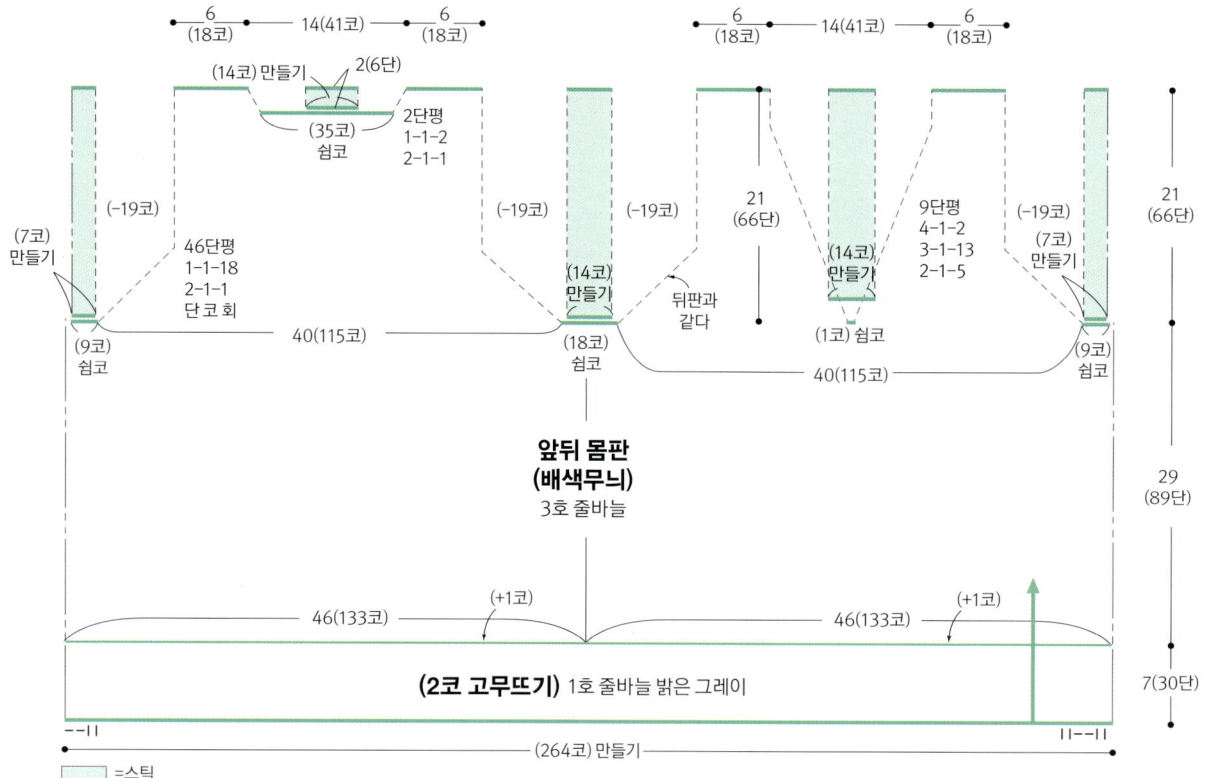

앞뒤 몸판
(배색무늬)
3호 줄바늘

(2코 고무뜨기) 1호 줄바늘 밝은 그레이

□ =스틱

목둘레, 진동둘레
(2코 고무뜨기) 1호 줄바늘 밝은 그레이

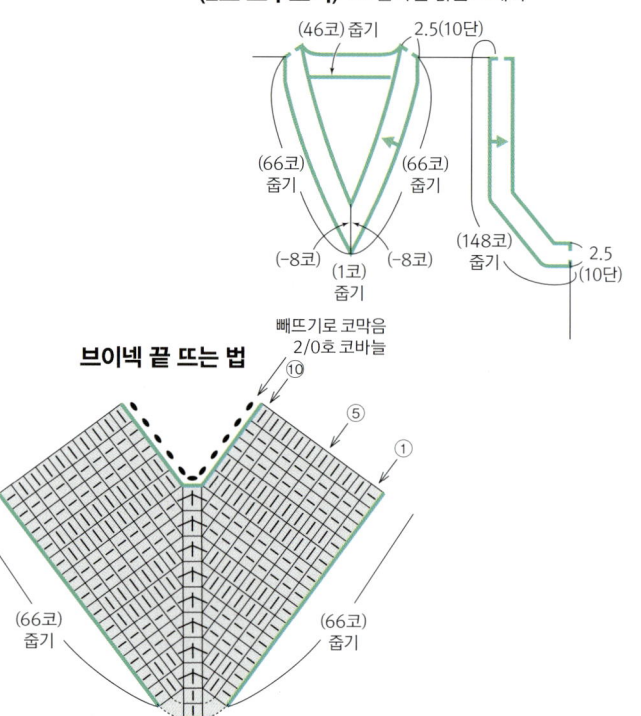

브이넥 끝 뜨는 법

2코 고무뜨기
목둘레, 진동둘레

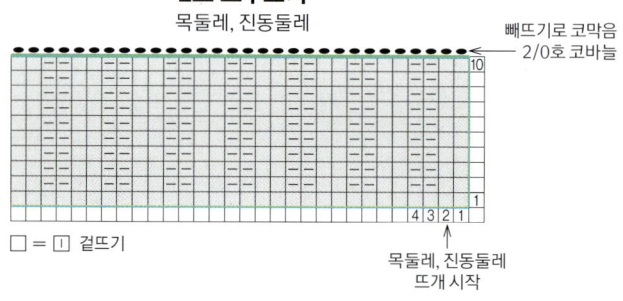

□ = ① 겉뜨기

빼뜨기로 코막음
2/0호 코바늘

목둘레, 진동둘레
뜨개 시작

배색과 사용량

	색 번호·영어명	색명	M 사용량	L 사용량	XL 사용량
	127·Pebble	밝은 그레이	80g/4볼	95g/4볼	105g/5볼
	770·Mint	연녹색	25g/1볼	30g/2볼	35g/2볼
	1010·Seabright	연한 초록빛 파란색	25g/1볼	25g/1볼	30g/2볼
	680·Lunar	잿빛 파란색	15g/1볼	15g/1볼	20g/1볼
	140·Rye	노란빛 그레이	10g/1볼	10g/1볼	15g/1볼
	1300·Aubretia	파란빛 보라색	10g/1볼	10g/1볼	15g/1볼
	792·Emerald	에메랄드그린	10g/1볼	10g/1볼	15g/1볼
	616·Anemone	보라색	10g/1볼	10g/1볼	15g/1볼
	790·Celtic	풀색	10g/1볼	10g/1볼	10g/1볼
	350·Lemon	레몬	소량/1볼	10g/1볼	10g/1볼
	390·Daffodil	노란색	소량/1볼	10g/1볼	10g/1볼

※무늬는 중심에서 대칭으로 배치, 앞뒤 몸판의 뜨개 시작은 같다.

[완성 크기]
가슴둘레 100cm, 어깨너비 35cm, 기장 60cm

※배색과 사용량 p.62

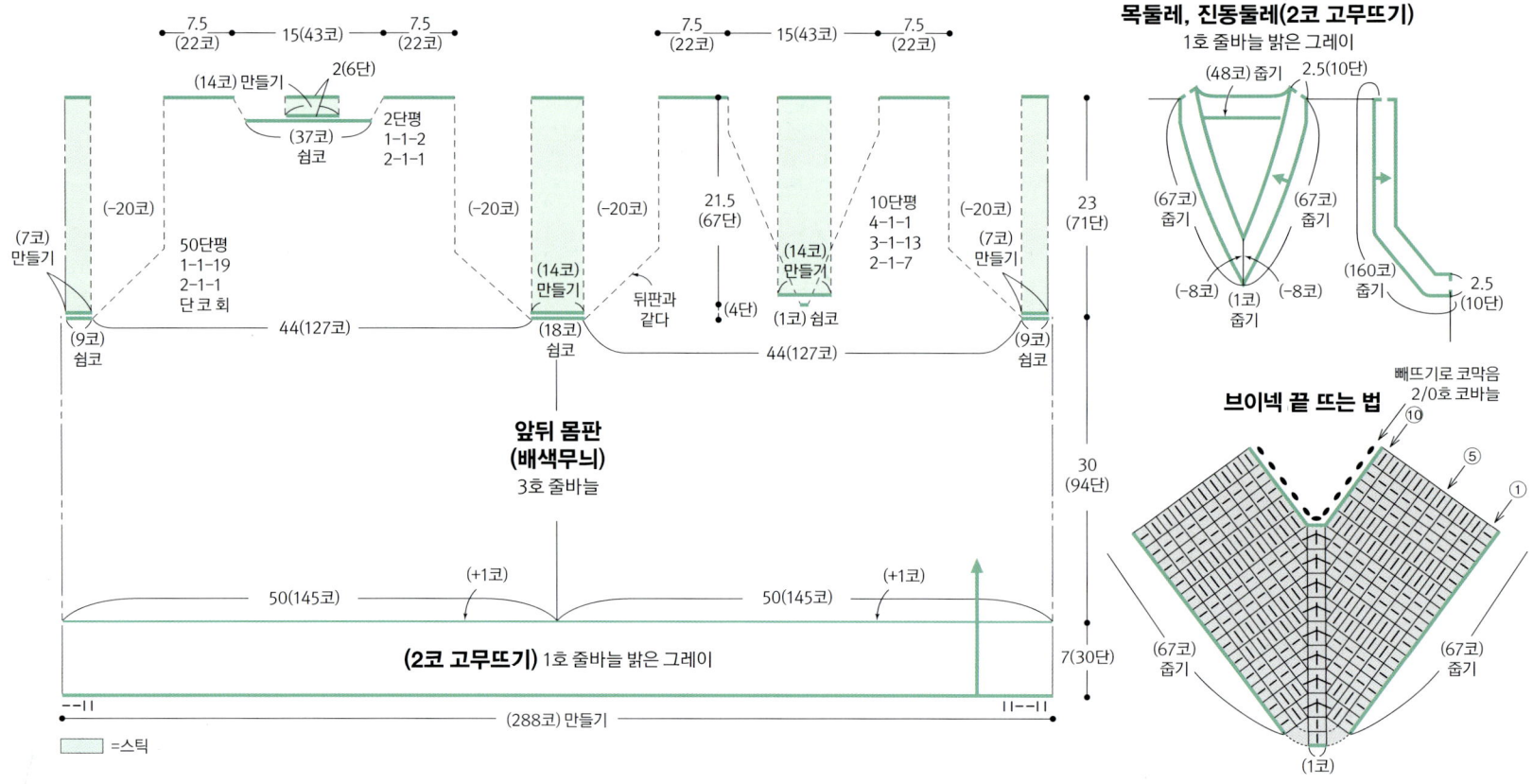

목둘레, 진동둘레(2코 고무뜨기)
1호 줄바늘 밝은 그레이

7.5
(22코)
15(43코)
7.5
(22코)
7.5
(22코)
15(43코)
7.5
(22코)

(14코) 만들기
2(6단)
(37코) 쉼코
2단평
1-1-2
2-1-1

(−20코)
(−20코)
(−20코)
21.5
(67단)
10단평
4-1-1
3-1-13
2-1-7
(−20코)
23
(71단)

(7코)
만들기
50단평
1-1-19
2-1-1
단코 회
(14코)
만들기
(18코)
쉼코
뒤판과
같다
(14코)
만들기
(1코) 쉼코
(7코)
만들기
(4단)

(9코)
쉼코
44(127코)
44(127코)
(9코)
쉼코

앞뒤 몸판
(배색무늬)
3호 줄바늘

30
(94단)

50(145코)
(+1코)
50(145코)
(+1코)

(2코 고무뜨기) 1호 줄바늘 밝은 그레이
7(30단)

(288코) 만들기

=스틱

(48코) 줍기
2.5(10단)
(67코)
줍기
(67코)
줍기
(−8코)
줍기
(1코)
줍기
(−8코)
줍기
(160코)
줍기
2.5
(10단)

브이넥 끝 뜨는 법
빼뜨기로 코막음
2/0호 코바늘
⑩
⑤
①
(67코)
줍기
(67코)
줍기
(1코)

[완성 크기]
가슴둘레 108cm, 어깨너비 39cm, 기장 64.5cm

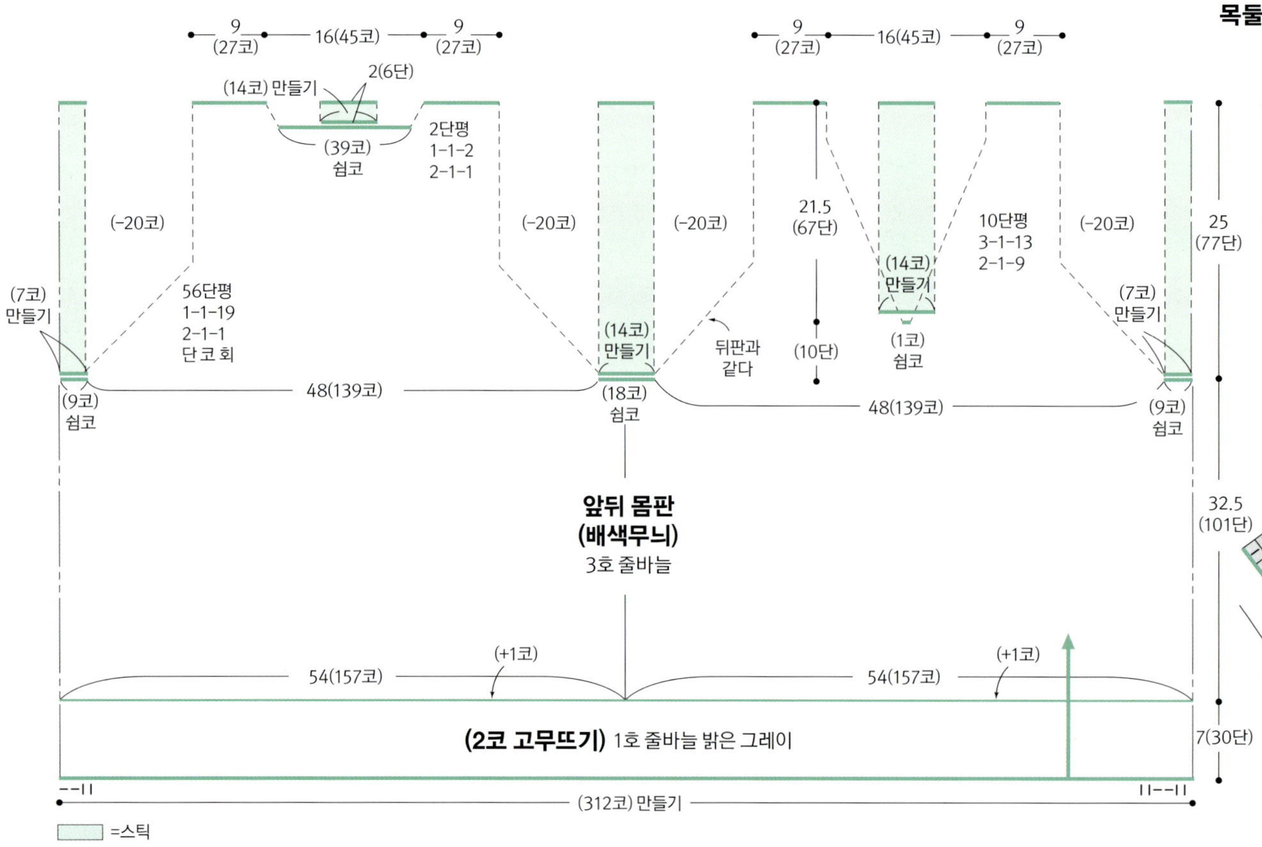

목둘레, 진동둘레(2코 고무뜨기)
1호 줄바늘 밝은 그레이

9
(27코)
16(45코)
9
(27코)
9
(27코)
16(45코)
9
(27코)

(14코) 만들기
2(6단)
(39코) 쉼코
2단평
1-1-2
2-1-1

(−20코)
(−20코)
(−20코)
21.5
(67단)
10단평
3-1-13
2-1-9
(−20코)
25
(77단)

(7코)
만들기
56단평
1-1-19
2-1-1
단코 회
(14코)
만들기
(18코)
쉼코
뒤판과
같다
(14코)
만들기
(1코)
쉼코
(7코)
만들기
(10단)

(9코)
쉼코
48(139코)
48(139코)
(9코)
쉼코

앞뒤 몸판
(배색무늬)
3호 줄바늘

32.5
(101단)

54(157코)
(+1코)
54(157코)
(+1코)

(2코 고무뜨기) 1호 줄바늘 밝은 그레이
7(30단)

(312코) 만들기

=스틱

(50코) 줍기
2.5(10단)
(66코)
줍기
(66코)
줍기
(−8코)
줍기
(1코)
줍기
(−8코)
줍기
(172코)
줍기
2.5
(10단)

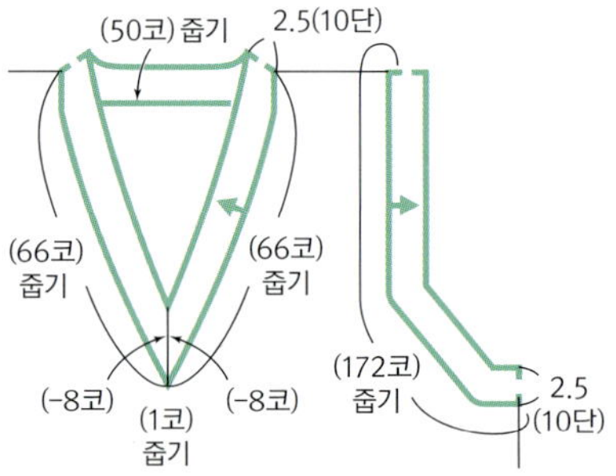

브이넥 끝 뜨는 법
빼뜨기로 코막음
2/0호 코바늘
⑩
⑤
①
(66코)
줍기
(66코)
줍기
(1코)

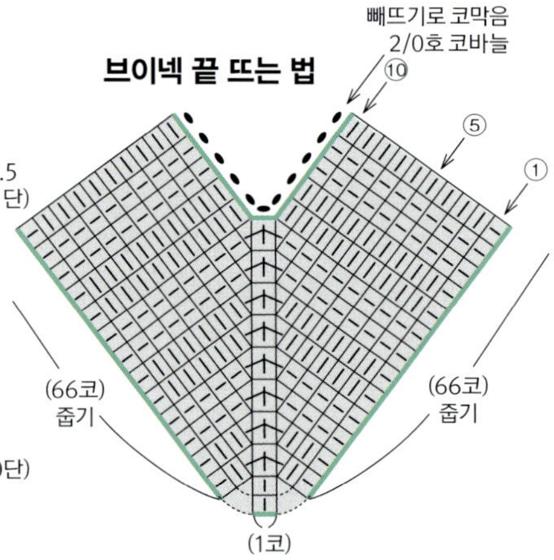

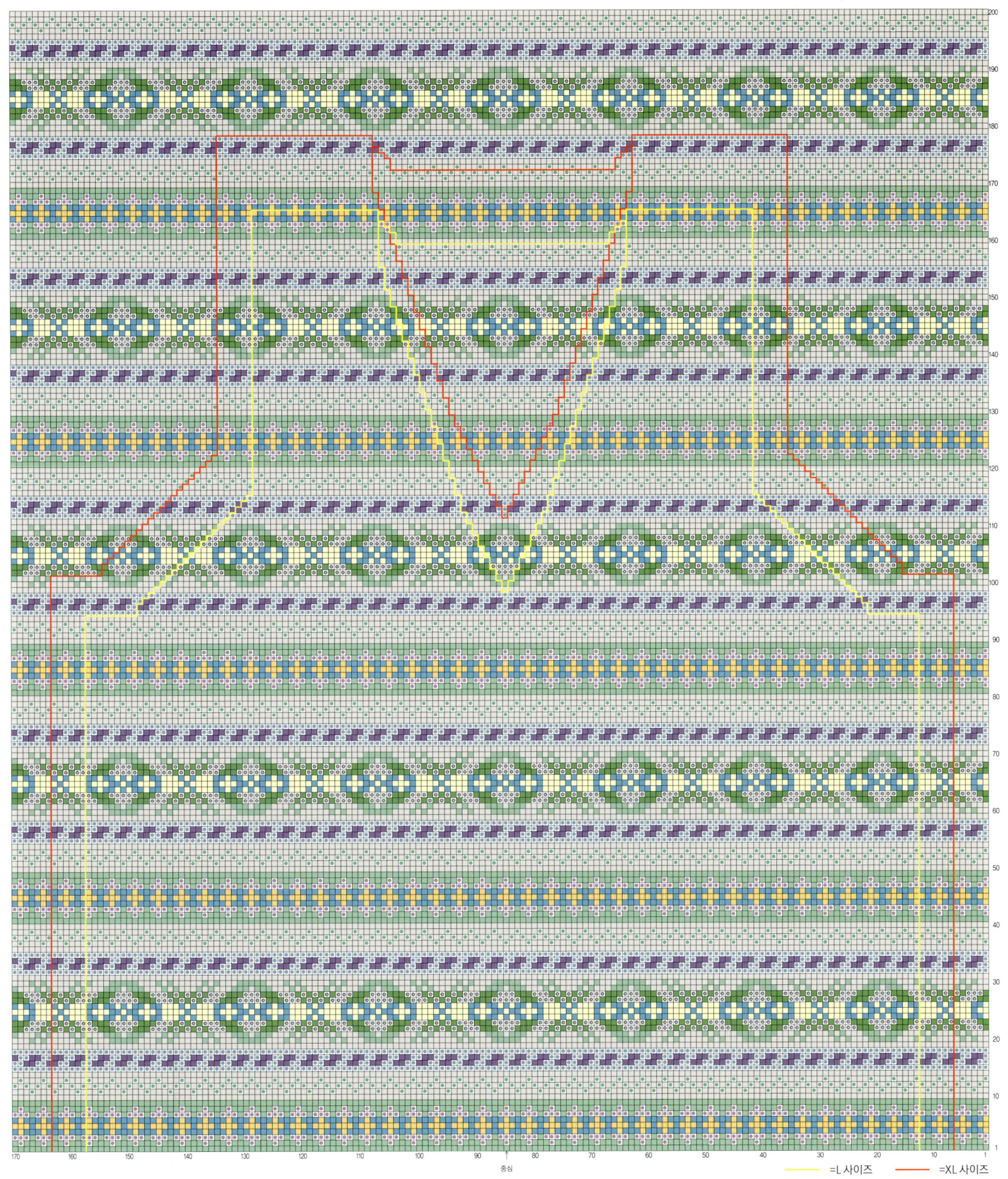

※무늬는 중심에서 대칭으로 배치, 앞뒤 몸판의 뜨개 시작은 같다.

=L 사이즈   =XL 사이즈

10 ― M ● Picture on p.15

[재료와 도구]
실…제이미슨즈 셰틀랜드 스핀드리프트
색 번호·색명·사용량은 표 참고
부재료…지름 15mm 단추 8개
바늘…줄바늘 3호(80cm)·1호(80cm), 코바늘 3/0호

[완성 크기]
가슴둘레 94cm, 어깨너비 39cm, 기장 61.5cm, 소매 기장 55cm

[게이지 (10×10cm)]
배색무늬 29코×31단

[뜨는 법 포인트]
※줄바늘은 코를 주울 때는 1호, 그 외에는 3호로 뜬다.
1. 스틱 14코를 더해 기초코를 만든다. →p.67
2. 원통으로 만들어 스틱 7코부터 뜨기 시작해 고무뜨기를 뜨고, 스틱 7코를 떠서 끝낸다. →p.67

3. 1단에서 코를 늘리고, 스틱을 뜨면서 배색무늬를 뜬다. →p.70
4. 스틱을 뜨면서 목둘레의 코를 줄인다. →p.40
5. 진동둘레의 코를 쉬게 하고 스틱을 만들어 계속 뜬다. →p.36
6. 어깨는 코바늘을 사용해 빼뜨기로 잇기를 한다. →p.41
7. 진동둘레의 스틱을 자른다. →p.71
8. 진동둘레에서 코를 줍고 도중까지 스틱을 뜨면서 소매를 뜬다. →p.73
9. 앞판 가장자리·목둘레의 스틱을 자른다. →p.76
10. 목둘레·앞단을 왕복뜨기로 뜨고 도중에 단춧구멍을 만든다. →p.76
11. 뜨개 끝의 코바늘을 사용해 빼뜨기로 코막음을 한다. →p.44
12. 실과 스틱을 정리한다. →p.78
13. 스팀다리미로 다려 마무리한다. →p.78
14. 마지막에 단추를 단다.

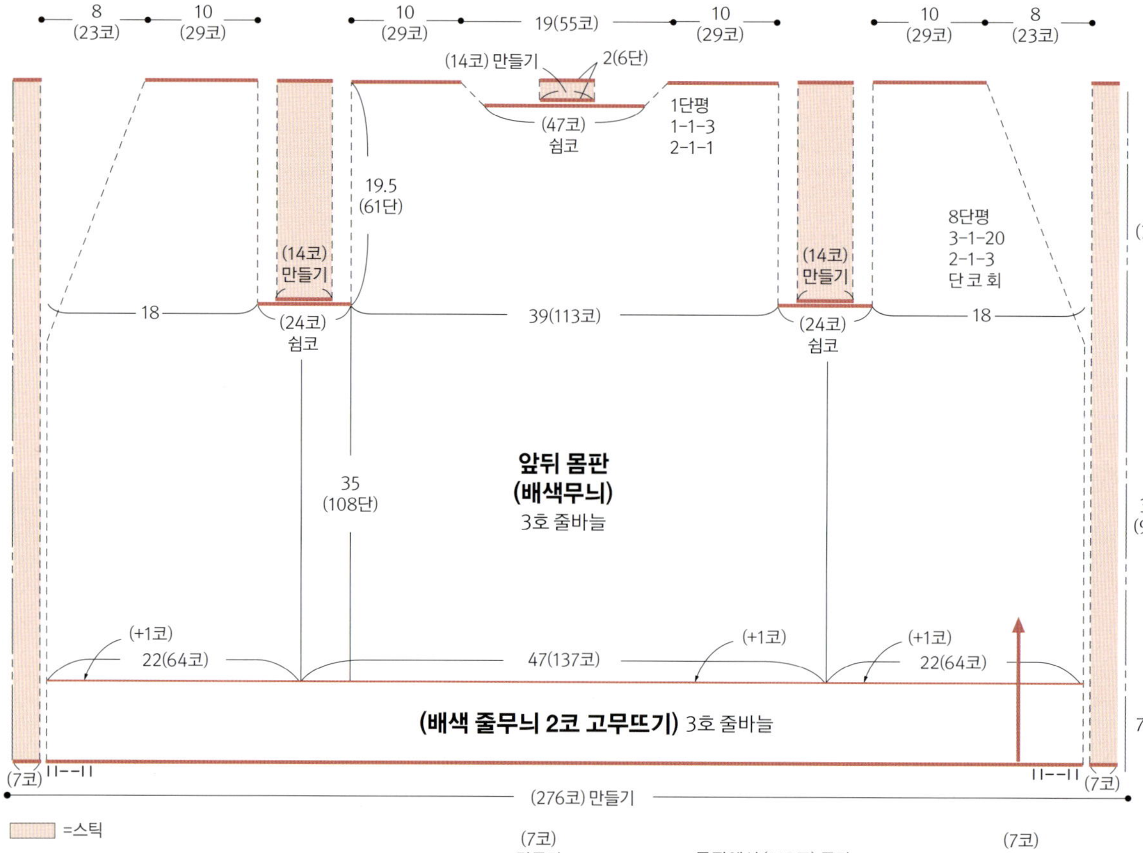

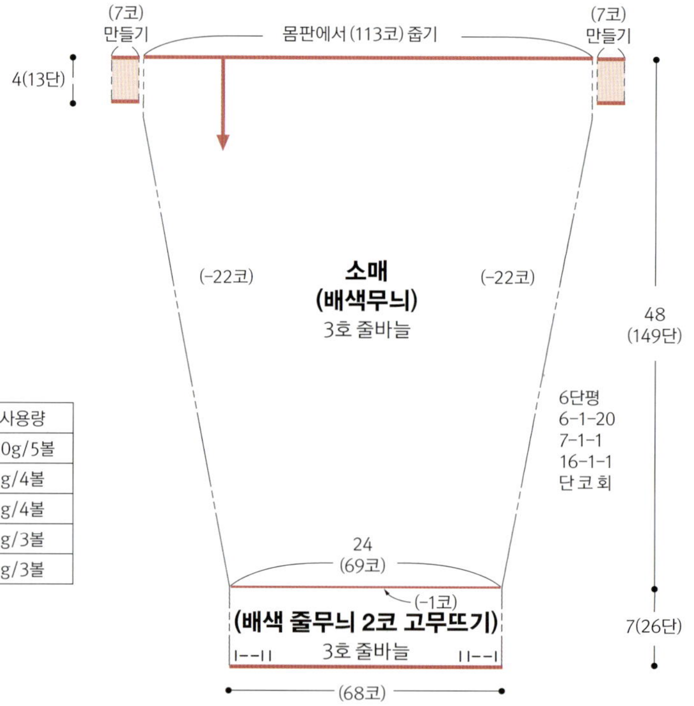

8(23코) 10(29코)   10(29코) 19(55코) 10(29코)   10(29코) 8(23코)

(14코) 만들기 2(6단)

(47코) 쉼코 1단평 1-1-3 2-1-1

19.5(61단)

(14코) 만들기   (14코) 만들기

8단평 3-1-20 2-1-3 단 코 회

18   (24코) 쉼코   39(113코)   (24코) 쉼코   18

24(74단)

**앞뒤 몸판
(배색무늬)**
3호 줄바늘

35(108단)

30.5(95단)

(+1코) 22(64코)   47(137코)   (+1코) (+1코) 22(64코)

(배색 줄무늬 2코 고무뜨기) 3호 줄바늘

7(27단)

(7코) ‖--‖   ‖--‖ (7코)

(276코) 만들기

◻ =스틱

(7코) 만들기   몸판에서 (113코) 줍기   (7코) 만들기

4(13단)

**소매
(배색무늬)**
3호 줄바늘

(-22코)   (-22코)

48(149단)

6단평 6-1-20 7-1-1 16-1-1 단 코 회

24(69코)

(-1코)

(배색 줄무늬 2코 고무뜨기)
3호 줄바늘

‖--‖   ‖--‖

7(26단)

(68코)

배색과 사용량

	색 번호·영어명	색명	사용량
	727·Admiral Navy	남색	110g/5볼
	587·Madder	어두운 황적색	95g/4볼
	289·Gold	골드	85g/4볼
	343·Ivory	아이보리	55g/3볼
	108·Moorit	밤색	55g/3볼

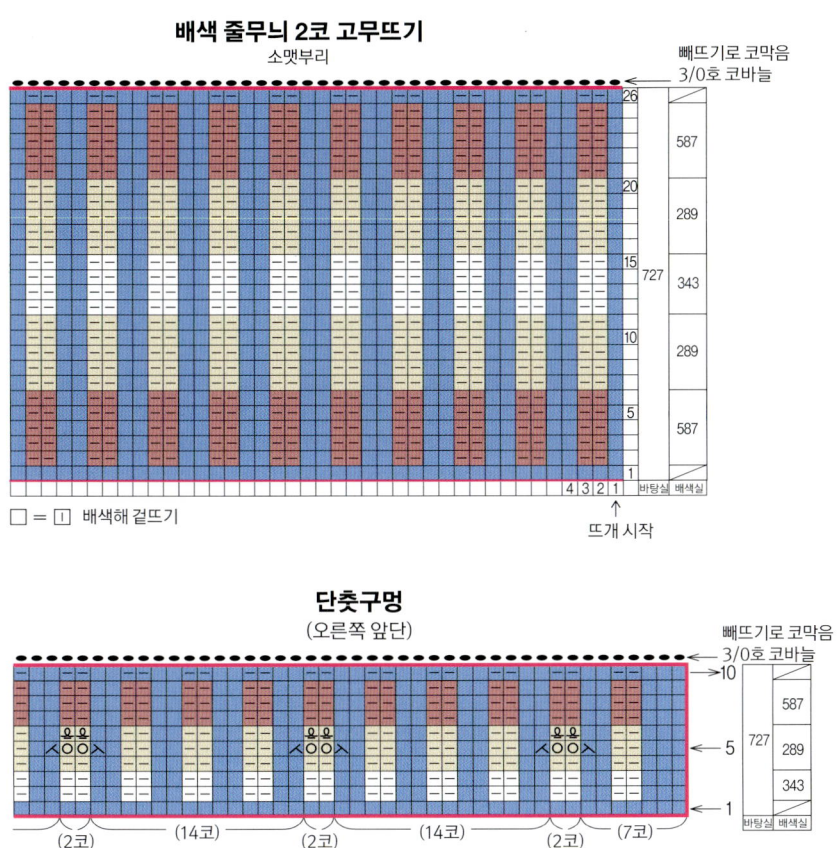

배색 줄무늬 2코 고무뜨기
소맷부리

빼뜨기로 코막음
3/0호 코바늘

			26	
				587
			20	289
727			15	343
			10	289
			5	587
	4 3 2 1		1	바탕실 배색실

뜨개 시작

□ = ① 배색해 겉뜨기

단춧구멍
(오른쪽 앞단)

빼뜨기로 코막음
3/0호 코바늘

→10

727

	587
5	289
1	343

바탕실 배색실

(2코) (14코) (2코) (14코) (2코) (7코)

□ = ① 배색해 겉뜨기

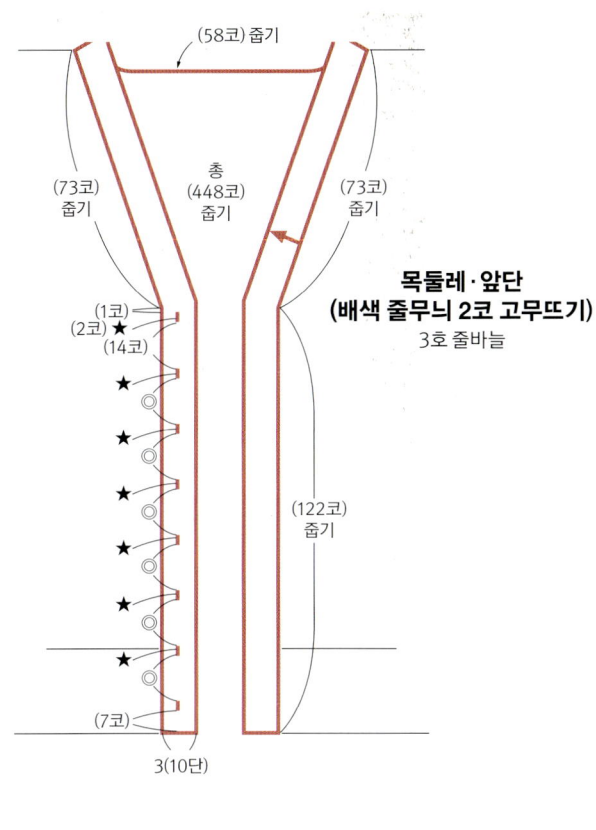

(58코) 줍기

(73코) 줍기 · 총 (448코) 줍기 · (73코) 줍기

목둘레·앞단
(배색 줄무늬 2코 고무뜨기)
3호 줄바늘

(1코)
(2코) ★
(14코)

★
★
★
★
★
★
★

(122코) 줍기

(7코)

3(10단)

앞트임 타입은 밑단부터 스틱을 넣어 뜬다

앞트임 타입은 앞판 가장자리 부분에 스틱을 만들면서 뜹니다.

1단

1. 실꼬리는 편물 너비의 약 3배인 290cm 정도를 남겨서 3호 대바늘 1개로 손가락에 실을 걸어 기초코를 만듭니다. 276코를 만들고 40코 간격으로 마커를 걸어둡니다.

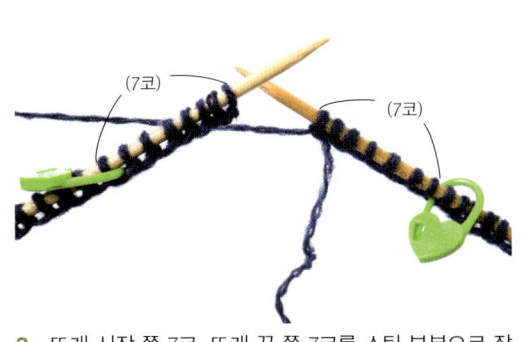

(7코) (7코)

2. 뜨개 시작 쪽 7코, 뜨개 끝 쪽 7코를 스틱 부분으로 잡아 마커를 겁니다.

2단

뜨개 시작
(앞중심)

3. 뜨개 시작(앞중심) 위치에도 마커를 걸고 스틱 7코는 겉뜨기로 뜹니다.

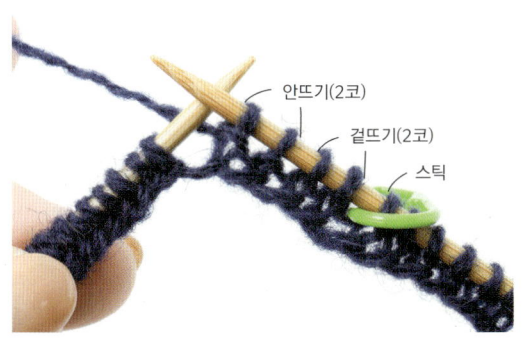

안뜨기(2코)
겉뜨기(2코)
스틱

4. 밑단 고무뜨기는 겉뜨기 2코, 안뜨기 2코를 번갈아 뜹니다.

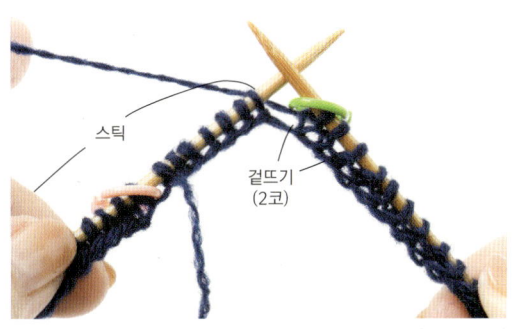

스틱
겉뜨기 (2코)

5. 뜨개 끝 쪽 스틱 앞까지 겉뜨기 2코, 안뜨기 2코를 반복해 겉뜨기 2코로 끝냅니다.

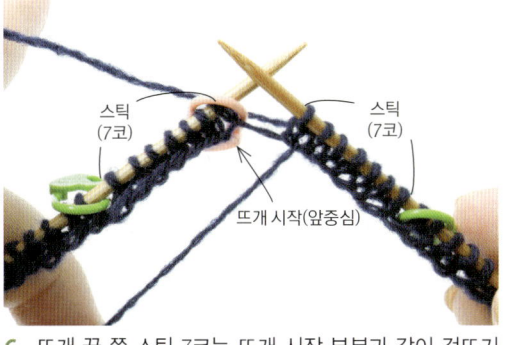

스틱 (7코)
스틱 (7코)
뜨개 시작(앞중심)

6. 뜨개 끝 쪽 스틱 7코는 뜨개 시작 부분과 같이 겉뜨기로 뜹니다. 2단을 떴습니다.

왼쪽 앞판

□ = □ 배색해 걸뜨기

| | 727·Admiral Navy | 남색 | | 343·Ivory | 아이보리 | | 587·Madder | 어두운 황적색 | | 289·Gold | 골드 | | 108·Moorit | 밤색 |

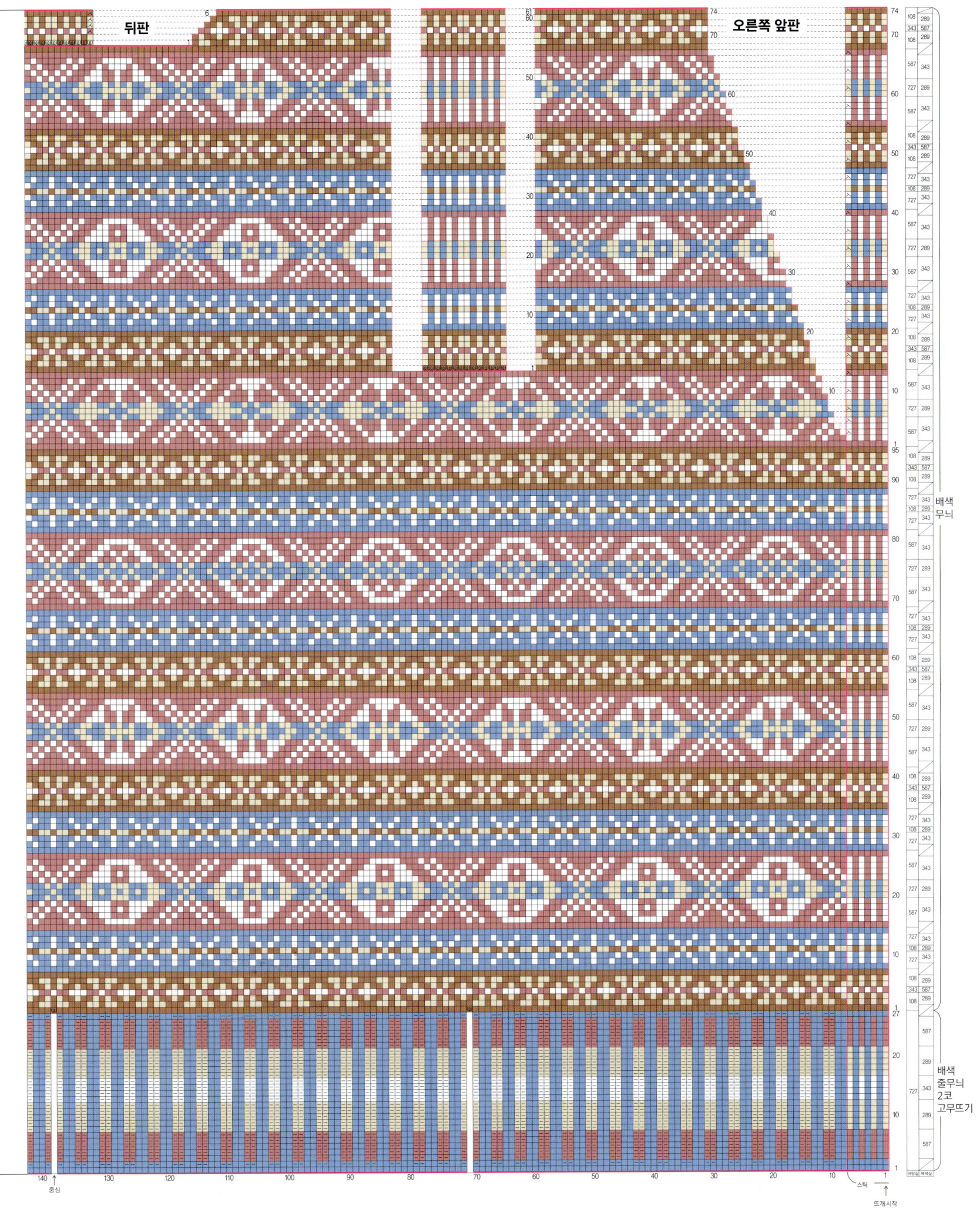

3단

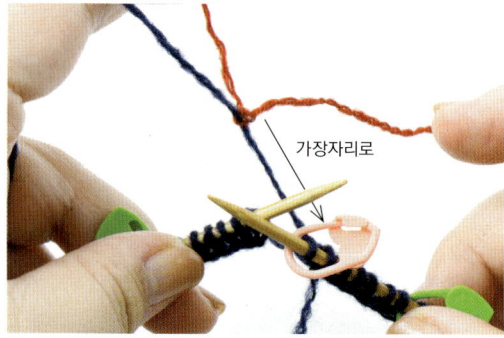

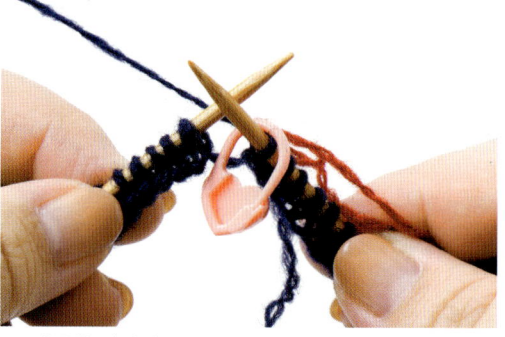

7. 3단부터는 배색하면서 뜹니다. 배색실 끝을 바탕실에 느슨하게 묶습니다.

8. 매듭을 바탕실 가장자리로 옮깁니다. 뜨개 시작 위치에는 마커를 잊지 말고 넣어둡니다.

9. 스틱 7코는 '배색실→바탕실→배색실→바탕실→배색실→바탕실→배색실' 순으로 번갈아 7코를 뜹니다.

10. 밑단 고무뜨기는 '바탕실로 겉뜨기 2코, 배색실로 안뜨기 2코'를 반복해 뜹니다.

11. 뜨개 끝 쪽 스틱 앞 2코는 겉뜨기가 됩니다.

12. 뜨개 끝 쪽 스틱 7코는 '배색실→바탕실→배색실→바탕실→배색실→바탕실→배색실' 순으로 뜨며, 이렇게 하면 중앙 2코는 배색실이 됩니다. 4단 이후에도 배색해 밑단을 뜹니다.

배색무늬 1단에서 코를 늘린다

무늬의 콧수에 따라서는 고무뜨기에서 배색무늬를 뜨는 첫 단에서 코를 늘리는 경우가 있습니다.

1. 안뜨기와 겉뜨기 경계에서 검지에 실을 걸고 바늘을 넣습니다.

2. 손가락을 빼서 감아코로 코를 늘립니다.

3. 거의 눈에 띄지 않게 코를 늘렸습니다. 이 작품에서는 3곳에서 감아코로 코를 늘립니다.

소매의 스틱을 자른다

먼저 소매를 뜰 준비를 합니다.

앞

뒤

1. 몸판은 베스트와 거의 같은 요령. 편물을 뒤집은 뒤 어깨를 코바늘을 사용해 빼뜨기로 잇기를 합니다(※p.41 참고).

2. 어깨를 이은 모습. 실꼬리는 그대로 둡니다.

3. 진동둘레의 스틱을 자릅니다. 스틱 중앙의 배색실 2코 사이를 기준으로 절개합니다.

4. 중앙의 2코 사이에 가위집을 냅니다. 잘 잘리는 가위를 사용하세요.

5. 가위를 쥔 손의 반대쪽 손을 몸판 안쪽에 넣어 조금씩 자릅니다.

6. 관계없는 곳까지 자르지 않도록 주의!

7. 어깨를 이은 곳 가장자리까지 자릅니다. 어깨를 이은 실을 자를까 봐 걱정된다면 마지막 단에 마커를 걸어둡니다(※p.45 참고).

■	727·Admiral Navy	남색
□	343·Ivory	아이보리
■	587·Madder	어두운 황적색
■	289·Gold	골드
■	108·Moorit	밤색

소매

빼뜨기로 코막음 3/0호 코바늘

□ = ⊺ 배색해 걸뜨기

코를 주워 소매를 뜬다

소매는 스틱을 만들고 진동둘레에서 코를 주워 어깨에서 소맷부리 쪽으로 뜹니다.

스틱이 없어지고 원통으로 뜨는 배색무늬는 뜨개 시작과 끝부분은 바탕실로 뜹니다.

소매 밑선

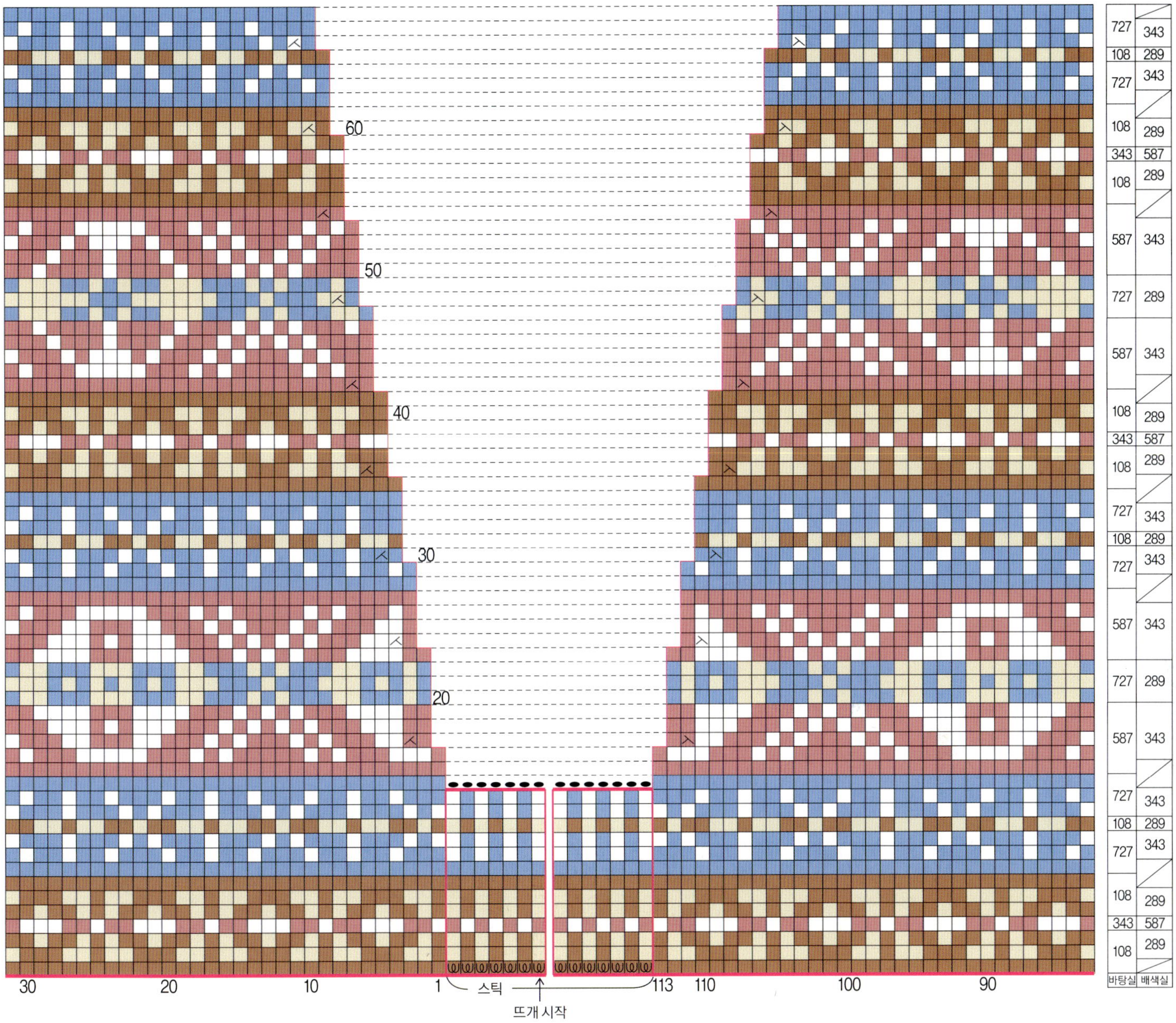

60
50
40
30
20
30
20
10
1
스틱
뜨개 시작
113
110
100
90
727 343
108 289
727 343
108 289
343 587
108 289
587 343
727 289
587 343
108 289
343 587
108 289
727 343
108 289
727 343
587 343
727 289
587 343
727 343
108 289
727 343
108 289
343 587
108 289
바탕실
배색실

(7코)

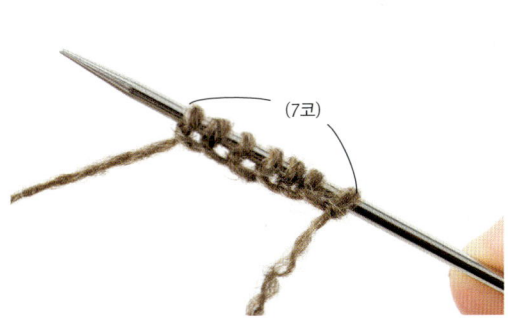

1. 뜨개 시작과 끝 쪽에 총 14코의 스틱을 만듭니다. 1호 줄바늘로 감아코를 7코 만듭니다.

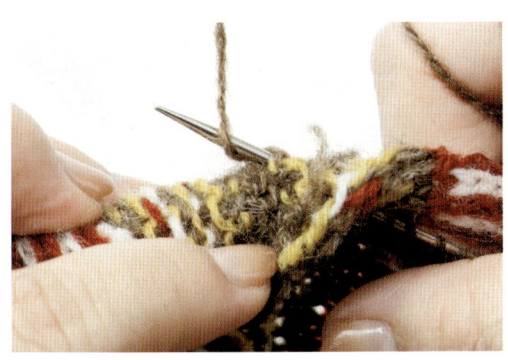

2. 스틱과 몸판의 코 사이에 겉에서 바늘을 넣고 스틱 부분을 앞으로 눕힙니다. 바늘에 실을 걸어 겉으로 빼냅니다.

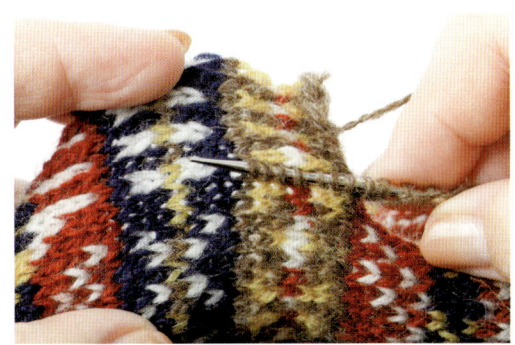

3. 1단에서 1코씩 코를 주운 뒤 소매의 콧수가 되도록 바늘에서 코를 뺍니다(※p.43 참고).

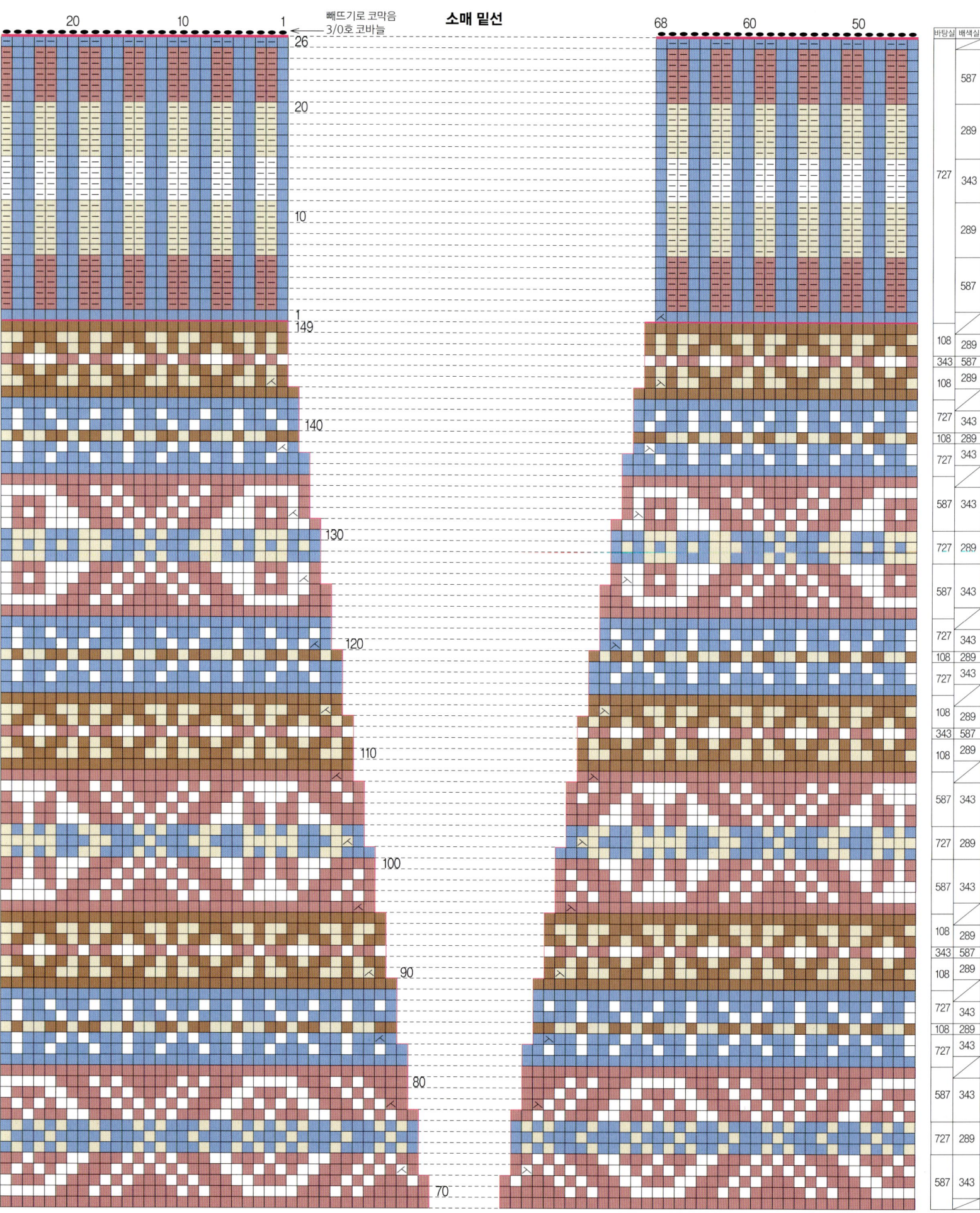

소매 밑선

4. 어깨를 이은 위치는 건너뛰고 코를 줍습니다.

5. 몸판 겨드랑이의 쉼코 앞까지 코를 주운 다음 뜨개 끝 쪽 스틱의 코를 감아코로 7코 만듭니다. 2단부터는 3호 줄바늘로 바꿉니다.

6. 진동둘레의 코를 주운 모습. 2단 이후 스틱 부분은 중앙 2코가 배색실이 되게 뜨개 시작은 '배색실→바탕실→배색실→바탕실→배색실→바탕실→배색실', 뜨개 끝 쪽 7코는 '배색실→바탕실→배색실→바탕실→배색실→바탕실→배색실' 순으로 배치합니다. 13단까지 스틱 14코를 더해 증감 없이 배색무늬를 뜹니다.

14단 뜨개 시작

7. 13단을 뜬 스틱을 덮어씌워 코막음합니다. 먼저 뜨개 시작 쪽 2코를 겉뜨기로 뜨고 왼바늘로 오른쪽 코를 덮어씌웁니다(코바늘을 사용해 빼뜨기로 코막음해도 좋다).

8. '겉뜨기를 1코 뜨고 오른쪽 코를 덮어씌우기'를 반복해 7코를 덮어씌웁니다. 이어서 기호도를 참고해 배색무늬를 뜹니다.

14단 뜨개 끝

9. 뜨개 끝 쪽 스틱 앞까지 뜹니다.

10. 스틱 부분의 2코를 겉뜨기로 뜨고 왼바늘로 오른쪽 코를 덮어씌웁니다.

11. 1코 덮어씌운 모습.

12. 같은 요령으로 7코를 덮어씌우고 실을 자릅니다.

15단 이후

1. 여기서부터 스틱이 없어지고 소매를 원통으로 뜹니다. 실을 바꾸고 뜨개 시작 위치를 알 수 있게 마커를 겁니다.

2. 15단을 뜬 모습. 이어서 16단을 뜹니다.

3. 17단부터 코를 줄입니다. 뜨개 시작은 바탕실로 겉뜨기를 1코 뜨고 2번째와 3번째 코를 왼코 겹쳐 2코 모아뜨기로 뜹니다.

4. 뜨개 끝에서 2번째와 3번째 코는 오른코 겹쳐 2코 모아뜨기, 마지막 코는 바탕실로 겉뜨기를 뜹니다. 이 요령으로 코를 줄이며 소매를 뜹니다.

5. 소매를 뜬 모습. 뜨개 끝은 빼뜨기로 코막음을 합니다 (※p.44 참고).

앞단을 왕복뜨기로 뜬다

아래에서 위로 이어지는 스틱을 자르는 작업은 소소한 쾌감을 줍니다. 앞단을 뜬 뒤,
약간 남은 실과 스틱을 정리하면 이제 곧 완성입니다.

스틱을 자른다

1. 중앙의 배색실 2코 사이를 기준으로 밑단에서 자릅니다. 다른 곳을 자르지 않도록 안쪽에 손을 받칩니다.

2. 뒤목둘레까지 일직선! 익숙해질 때까지 조금씩 잘라갑니다.

3. 단숨에 카디건 형태가 되었습니다.

앞단을 뜬다 1단(코 줍기)

1. 1호 줄바늘로 오른쪽 앞판 가장자리에서 코를 줍습니다. 스틱과 몸판의 코 사이에서 1단마다 1코씩 줍습니다.

2. 앞단에서 목둘레가 되는 경계에 마커를 넣어둡니다. 목둘레의 2코 모아뜨기한 곳은 겹쳐진 2코의 아래쪽 코에 바늘을 넣어 코를 줍습니다(※p.42 참고).

2단

3. 앞단은 스틱을 사용하는 작품 중에서 유일하게 왕복뜨기하는 곳입니다. 안면에서 고무뜨기를 뜹니다. 도안의 코 줍기 콧수가 되게 2단에서 조정합니다(※p.43 참고).

5단(단춧구멍)

4. 지정한 곳까지 오면 오른코 겹쳐 2코 모아뜨기를 합니다.

5. 오른바늘에 배색실로 2코 걸기코를 합니다.

6. 바탕실로 바꿔 2코를 왼코 겹쳐 2코 모아뜨기를 합니다.

6단

7. 안에서 뜨는 6단에서 2코 걸기코를 겉뜨기 돌려뜨기로 뜹니다.

8. 겉에서 본 모습. 안뜨기 2코가 됩니다.

9. 중간까지 뜬 모습. 뜨개 끝은 코바늘을 사용해 빼뜨기로 코막음을 합니다(※p.44 참고).

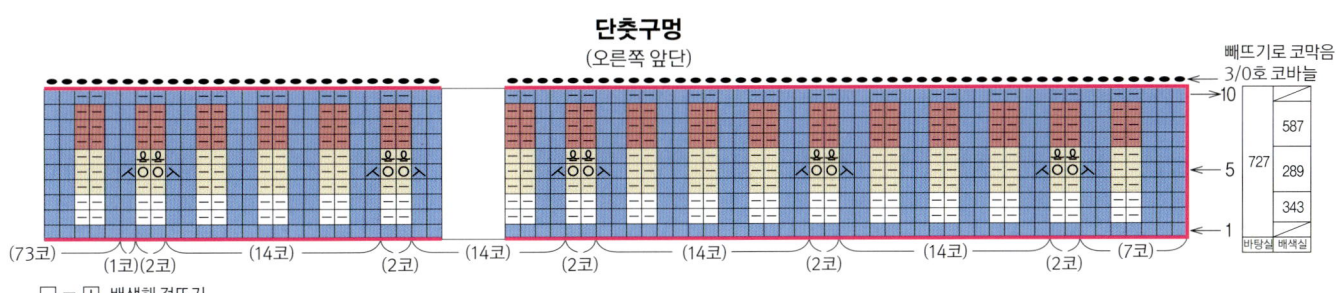

단춧구멍
(오른쪽 앞단)

빼뜨기로 코막음
3/0호 코바늘

	바탕실	배색실
		587
	727	289
		343

(73코) (1코)(2코) (14코) (2코) (14코) (2코) (14코) (2코) (14코) (2코) (14코) (2코) (7코)

□ = Ⅰ 배색해 겉뜨기

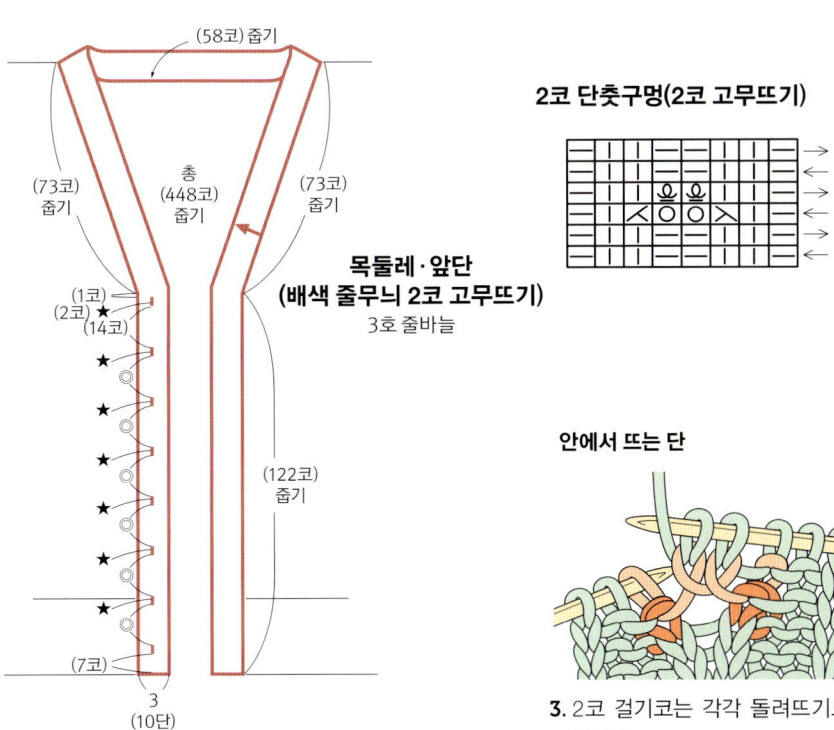

(58코) 줄기

(73코) 줄기

총 (448코) 줄기

(73코) 줄기

(1코)
(2코)★
(14코)

★
★
★
★
★

목둘레·앞단
(배색 줄무늬 2코 고무뜨기)
3호 줄바늘

(122코) 줄기

(7코)

3
(10단)

2코 단춧구멍(2코 고무뜨기)

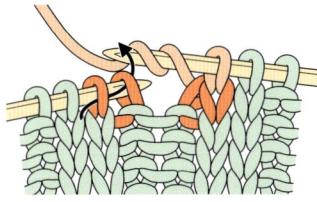

안에서 뜨는 단

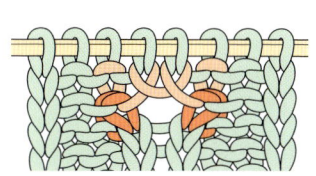

3. 2코 걸기코는 각각 돌려뜨기로 뜹니다.

4. 다음 코는 안뜨기로 뜹니다.

겉에서 뜨는 단

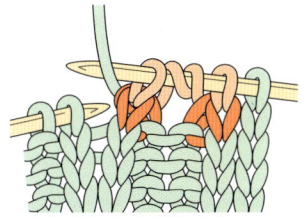

1. 2코 걸기코는 그림처럼 오른바늘에 실을 겁니다.

2. 오른코 겹쳐 2코 모아뜨기, 걸기코 2코, 왼코 겹쳐 2코 모아뜨기를 떴습니다.

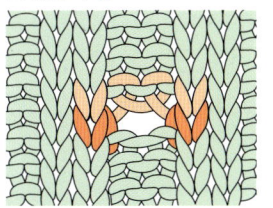

5. 겉에서 본 모습.

각 부분을 정리하면 완성

겨드랑이를 잇고 스틱을 정리하면 드디어 완성입니다.

스틱 정리

1. 스틱 가장자리를 자르기 전에 중점적으로 스팀을 쐐주면 좋습니다.

2. 스틱 가장자리를 5코 남겨서 자릅니다. 스틱을 절개할 때와 마찬가지로 잘 잘리는 가위를 사용하세요.

3. 가장자리 2코를 안으로 접은 뒤 시침핀으로 고정합니다. 안으로 접은 가장자리 코의 반 코와 3번째 코의 반 코의 실 2가닥과 몸판의 걸쳐진 실을 감칩니다.

겨드랑이를 잇는다

1. 몸판의 쉼코를 줄바늘에 옮깁니다.

2. 소매의 스틱을 절개합니다.

3. 스틱과 몸판의 코 사이와 쉼코를 코와 단 잇기를 합니다.

4. 이은 실은 당겨져서 보이지 않게 되지만, 눈에 띄지 않는 색으로 합니다.

5. 다 이은 모습.

6. 안면에서 소매의 스틱을 앞판 가장자리처럼 정리합니다.

코와 단 잇기

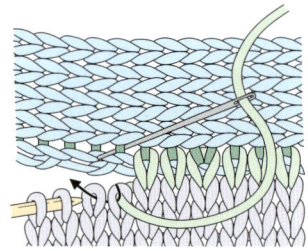

1. 단은 1단을 뜨고 앞쪽 코는 화살표와 같이 2코에 돗바늘을 넣습니다.

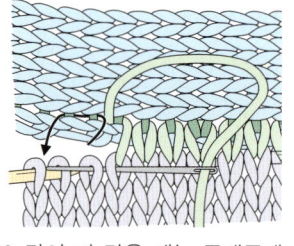

2. 단이 더 많을 때는 군데군데 2단을 한꺼번에 떠서 조정합니다.

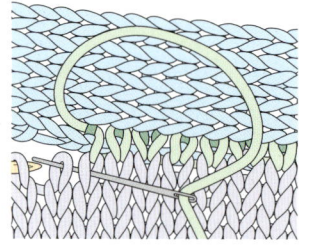

3. 코와 단에 번갈아 바늘을 넣습니다. 이은 실은 보이지 않도록 당깁니다.

7. 완성했습니다.

10 — L ● Picture on p.15

[재료와 도구]
실…제이미슨즈 셰틀랜드 스핀드리프트
색 번호·색명·사용량은 표 참고(p.80)
부재료…지름 15mm 단추 7개
바늘…줄바늘 3호(80cm)·1호(80cm), 코바늘 3/0호

[완성 크기]
가슴둘레 107cm, 어깨너비 45cm, 기장 66cm, 소매 기장 59cm

[게이지 (10×10㎝)]
배색무늬 29코×31단

[뜨는 법 포인트]
※줄바늘은 코를 주울 때는 1호, 그 외에는 3호로 뜬다.
1. 스틱 14코를 더해 기초코를 만든다. →p.67
2. 원통으로 만들어 스틱 7코부터 뜨기 시작해 고무뜨기를 뜨고, 스틱 7코를 떠서 끝낸다. →p.67

3. 1단에서 코를 늘리고, 스틱을 뜨면서 배색무늬를 뜬다. →p.70
4. 스틱을 뜨면서 목둘레의 코를 줄인다. →p.40
5. 진동둘레의 코를 쉬게 하고 스틱을 만들어 계속 뜬다. →p.36
6. 어깨는 코바늘을 사용해 빼뜨기로 잇기를 한다. →p.41
7. 진동둘레의 스틱을 자른다. →p.71
8. 진동둘레에서 코를 줍고 도중까지 스틱을 뜨면서 소매를 뜬다. →p.73
9. 앞판 가장자리·목둘레의 스틱을 자른다. →p.76
10. 목둘레·앞단을 왕복뜨기로 뜨고 도중에 단춧구멍을 만든다. →p.76
11. 뜨개 끝은 코바늘을 사용해 빼뜨기로 코막음을 한다. →p.44
12. 실과 스틱을 정리한다. →p.78
13. 스팀다리미로 다려 마무리한다. →p.78
14. 마지막에 단추를 단다.

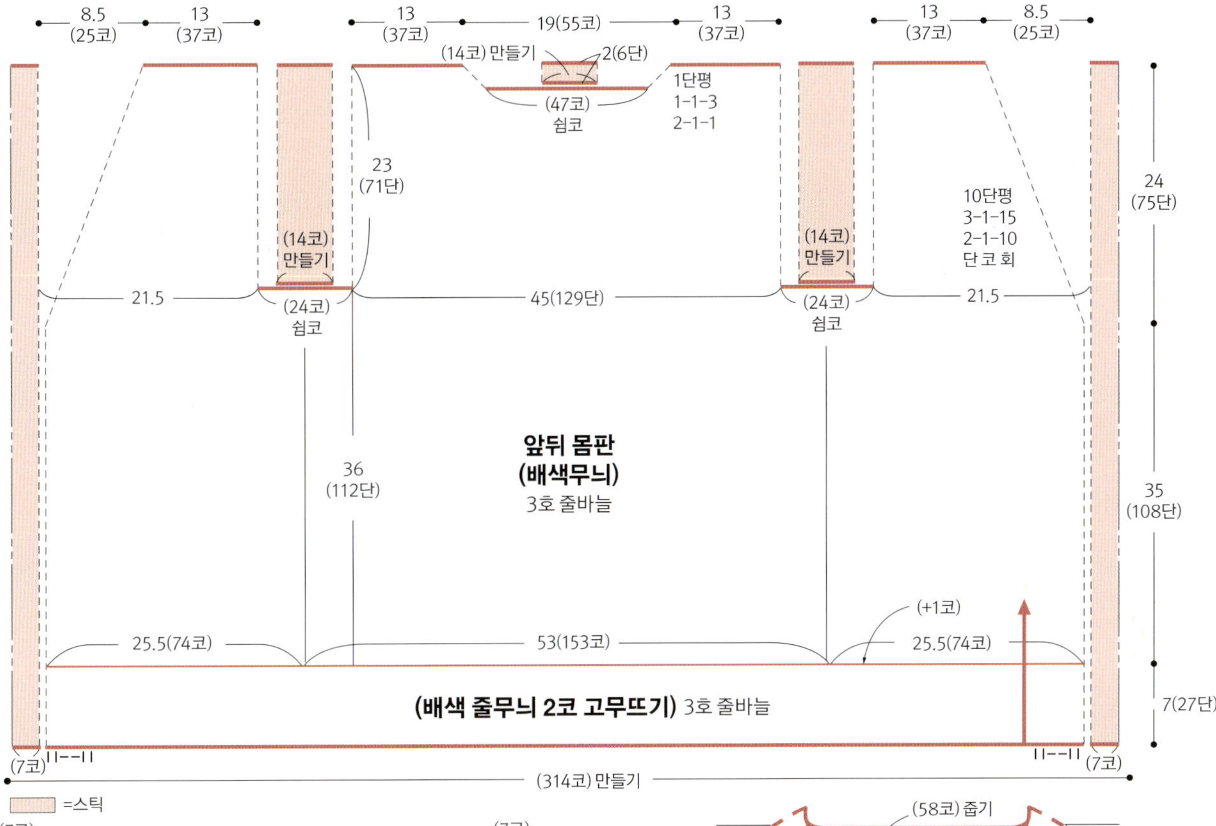

8.5 (25코)　13 (37코)　13 (37코)　19(55코)　13 (37코)　13 (37코)　8.5 (25코)

(14코) 만들기　2(6단)
(47코) 쉼코
1단평
1-1-3
2-1-1

23 (71단)

(14코) 만들기
(24코) 쉼코
45(129단)
(14코) 만들기
(24코) 쉼코

10단평
3-1-15
2-1-10
단코 회

21.5　21.5

24 (75단)

앞뒤 몸판 (배색무늬)
3호 줄바늘

36 (112단)

35 (108단)

25.5(74코)　53(153코)　(+1코)　25.5(74코)

(배색 줄무늬 2코 고무뜨기) 3호 줄바늘

7 (27단)

(7코)　ll--ll　ll--ll　(7코)
(314코) 만들기

▨ =스틱

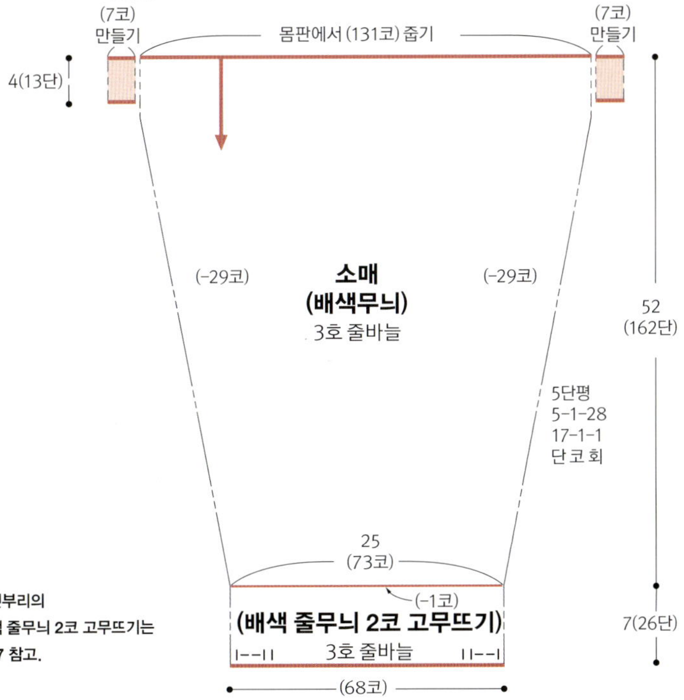

(7코) 만들기　몸판에서 (131코) 줍기　(7코) 만들기

4(13단)

소매 (배색무늬)
3호 줄바늘

(−29코)　(−29코)

52 (162단)

5단평
5-1-28
17-1-1
단코 회

25 (73코)
(−1코)

(배색 줄무늬 2코 고무뜨기)
ll--ll　3호 줄바늘　ll--ll
(68코)

7(26단)

※소맷부리의 배색 줄무늬 2코 고무뜨기는 p.67 참고.

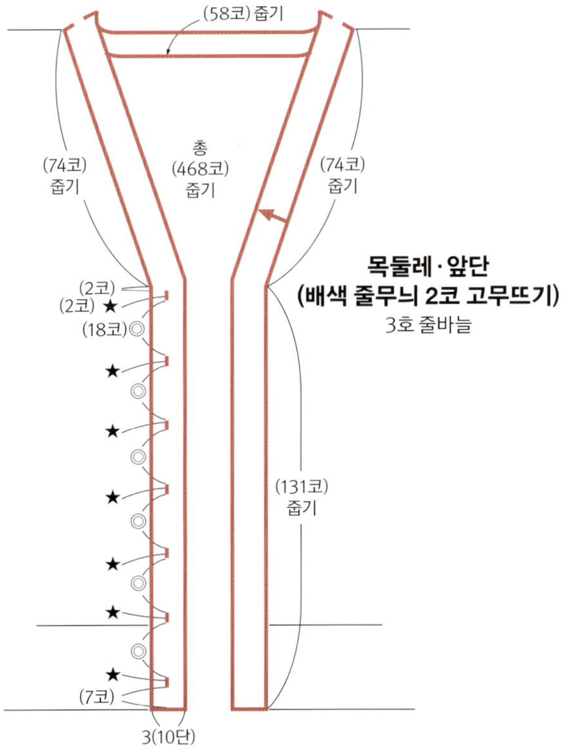

(58코) 줍기

(74코) 줍기　총 (468코) 줍기　(74코) 줍기

(2코)
(2코) ★
(18코) ★
★
★
★
★
★
(7코)

목둘레·앞단 (배색 줄무늬 2코 고무뜨기)
3호 줄바늘

(131코) 줍기

3(10단)

※밑단의 배색 줄무늬 2코 고무뜨기는 p.68·69 참고.

배색과 사용량

	색 번호·영어명	색명	사용량
■	727·Admiral Navy	남색	125g/5볼
■	587·Madder	어두운 황적색	110g/5볼
☐	289·Gold	골드	100g/4볼
□	343·Ivory	아이보리	65g/3볼
■	108·Moorit	밤색	65g/3볼

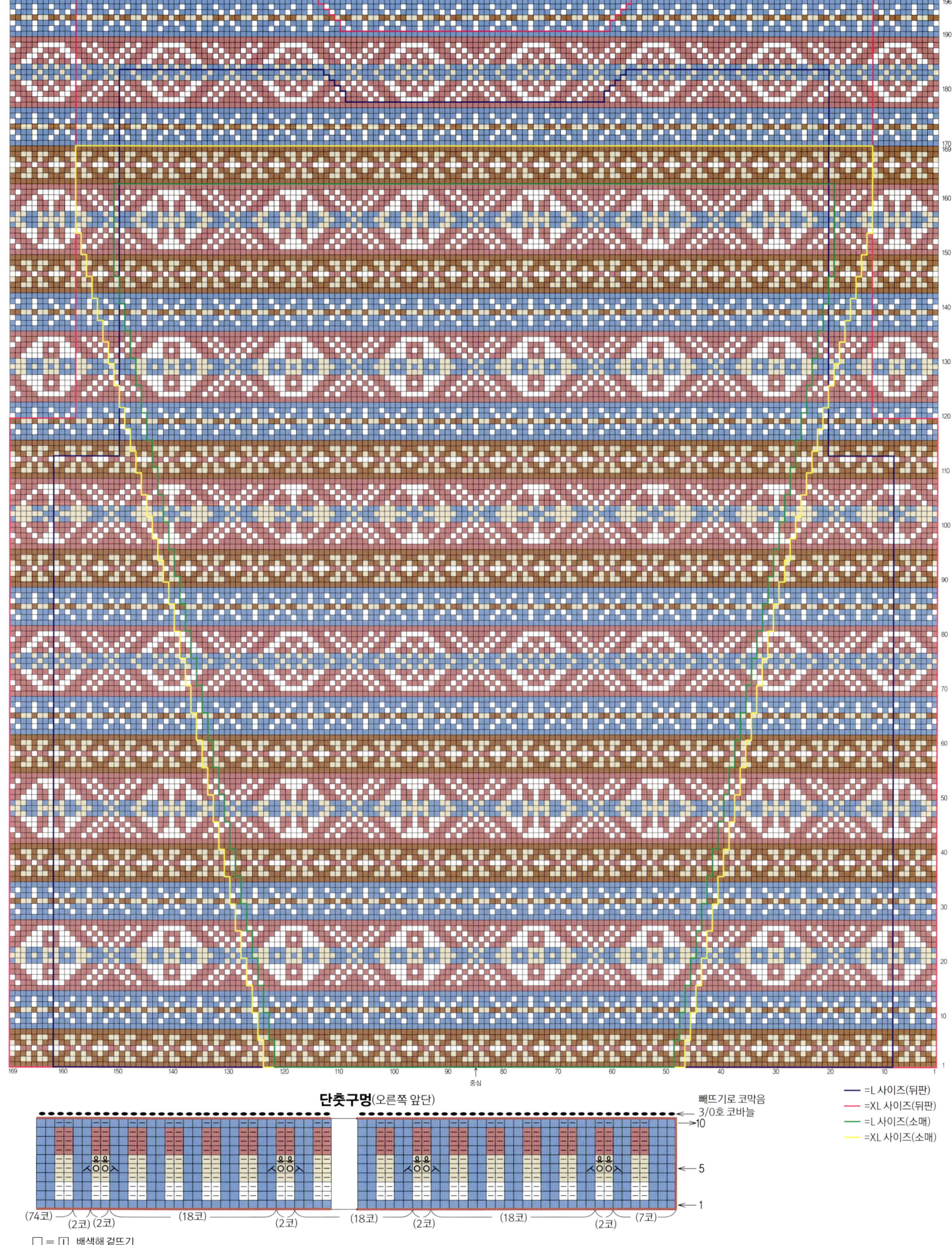

단춧구멍(오른쪽 앞단)

빼뜨기로 코막음
3/0호 코바늘

=L 사이즈(뒤판)
=XL 사이즈(뒤판)
=L 사이즈(소매)
=XL 사이즈(소매)

(74코) (2코)(2코) (18코) (2코) (18코) (2코)(2코) (18코) (2코)(7코)

□ = ① 배색해 겉뜨기

10 — XL ● Picture on p.15

[재료와 도구]
실…제이미슨즈 셰틀랜드 스핀드리프트
색 번호·색명·사용량은 표 참고
부재료…지름 15mm 단추 8개
바늘…줄바늘 3호(80cm)·1호(80cm), 코바늘 3/0호

[완성 크기]
가슴둘레 116cm, 어깨너비 50cm, 기장 70cm, 소매 기장 61.5cm

[게이지(10×10cm)]
배색무늬 29코×31단

[뜨는 법 포인트]
※줄바늘은 코를 주울 때는 1호, 그 외에는 3호로 뜬다.
1. 스틱 14코를 더해 기초코를 만든다. →p.67
2. 원통으로 만들어 스틱 7코부터 뜨기 시작해 고무뜨기를 뜨고, 스틱 7코를 떠서 끝낸다. →p.67

3. 1단에서 코를 늘리고, 스틱을 뜨면서 배색무늬를 뜬다. →p.70
4. 스틱을 뜨면서 목둘레의 코를 줄인다. →p.40
5. 진동둘레의 코를 쉬게 하고 스틱을 만들어 계속 뜬다. →p.36
6. 어깨는 코바늘을 사용해 빼뜨기로 잇기를 한다. →p.41
7. 진동둘레의 스틱을 자른다. →p.71
8. 진동둘레에서 코를 줍고 도중까지 스틱을 뜨면서 소매를 뜬다. →p.73
9. 앞판 가장자리·목둘레의 스틱을 자른다. →p.76
10. 목둘레·앞단을 왕복뜨기로 뜨고 도중에 단춧구멍을 만든다. →p.76
11. 뜨개 끝은 코바늘을 사용해 빼뜨기로 코막음을 한다. →p.44
12. 실과 스틱을 정리한다. →p.78
13. 스팀다리미로 다려 마무리한다. →p.78
14. 마지막에 단추를 단다.

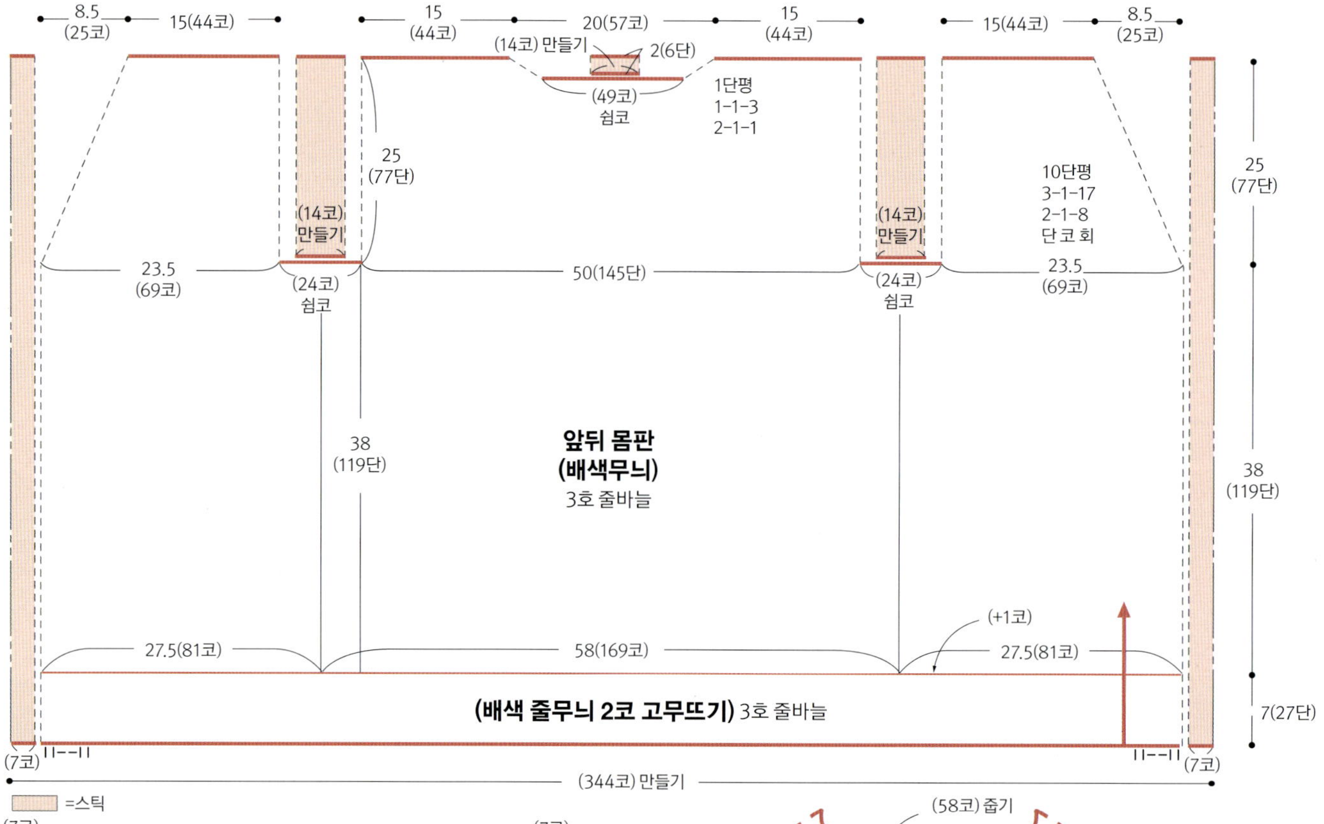

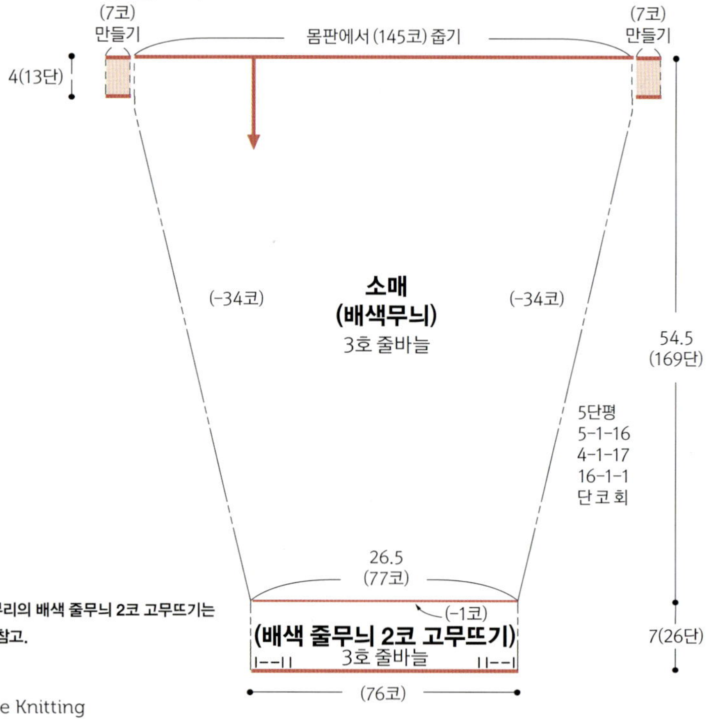

앞뒤 몸판 (배색무늬) 3호 줄바늘

8.5 (25코) — 15(44코) — 15 (44코) — 20(57코) (14코) 만들기 — 2(6단) — 15 (44코) — 15(44코) — 8.5 (25코)

(49코) 쉼코
1단평 1-1-3 2-1-1
25 (77단)
(14코)만들기
(24코) 쉼코
50(145단)
(14코)만들기
(24코) 쉼코
10단평 3-1-17 2-1-8 단코 회
23.5 (69코)
23.5 (69코)
25 (77단)
38 (119단)
38 (119단)
(+1코)
27.5(81코) — 58(169코) — 27.5(81코)
(배색 줄무늬 2코 고무뜨기) 3호 줄바늘
7(27단)
(7코) — (344코) 만들기 — (7코)

■=스틱

소매 (배색무늬) 3호 줄바늘

(7코) 만들기 — 몸판에서 (145코) 줍기 — (7코) 만들기
4(13단)
(−34코) — (−34코)
54.5 (169단)
5단평 5-1-16 4-1-17 16-1-1 단코 회
26.5 (77단)
(−1코)
(배색 줄무늬 2코 고무뜨기) 3호 줄바늘
7(26단)
(76코)

※소맷부리의 배색 줄무늬 2코 고무뜨기는 p.67 참고.

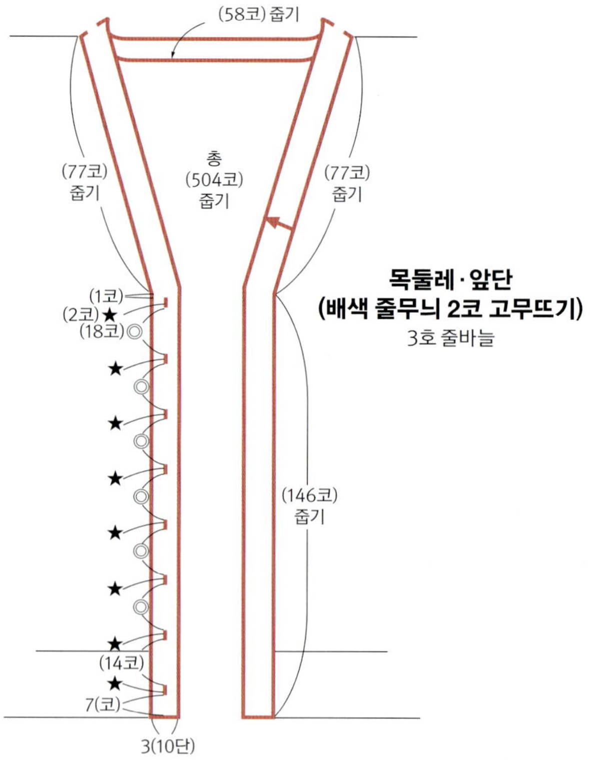

목둘레·앞단 (배색 줄무늬 2코 고무뜨기) 3호 줄바늘

(58코) 줍기
(77코) 줍기 — (77코) 줍기
총 (504코) 줍기
(1코)
(2코) ★
(18코) ○
★
★
★
★
★
(146코) 줍기
(14코) ★
(7코)
3(10단)

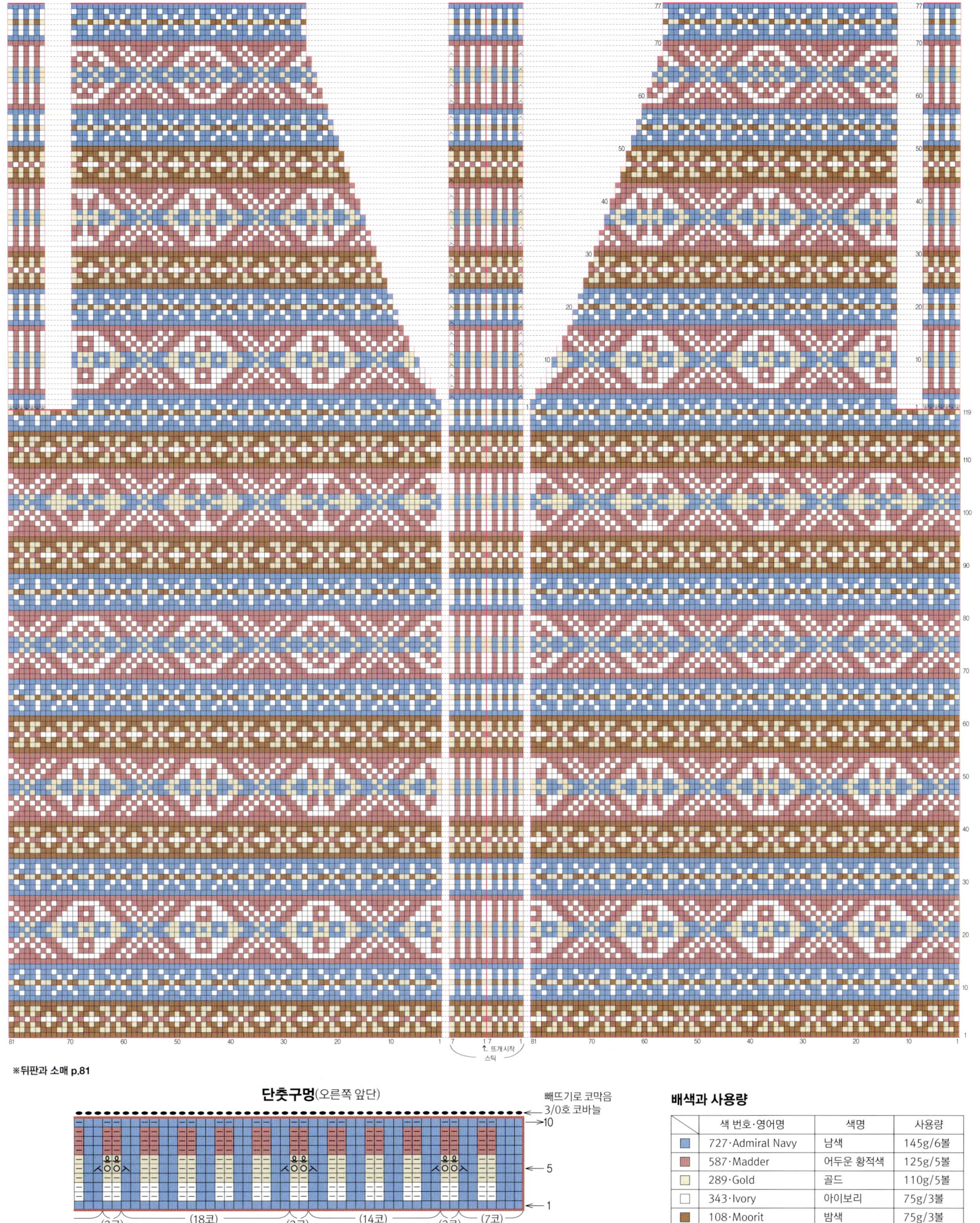

※뒤판과 소매 p.81

단춧구멍(오른쪽 앞단)

빼뜨기로 코막음
3/0호 코바늘
← 10
← 5
← 1

(2코) (18코) (2코) (14코) (2코) (7코)

□ = □ 배색해 겉뜨기

배색과 사용량

	색 번호·영어명	색명	사용량
	727·Admiral Navy	남색	145g/6볼
	587·Madder	어두운 황적색	125g/5볼
	289·Gold	골드	110g/5볼
	343·Ivory	아이보리	75g/3볼
	108·Moorit	밤색	75g/3볼

6 — M ● Picture on p.12

[재료와 도구]
실…J&S(제이미슨&스미스) 2플라이
색 번호·색명·사용량은 표 참고
부재료…지름 18mm 단추 6개
바늘…줄바늘 3호(80cm)·1호(80cm), 코바늘 3/0호

[완성 크기]
가슴둘레 93cm, 어깨너비 38cm, 기장 58.5cm, 소매 기장 54cm

[게이지 (10×10cm)]
배색무늬 28코×30.5단

[뜨는 법 포인트]
※줄바늘은 코를 주울 때는 1호, 그 외에는 3호로 뜬다.
1. 스틱 14코를 더해 기초코를 만든다. →p.67
2. 원통으로 만들어 스틱 7코부터 뜨기 시작해 고무뜨기를 뜨고, 스틱 7코를 떠서 끝낸다. →p.67

3. 1단에서 코를 줄이고, 스틱을 뜨면서 배색무늬를 뜬다.
4. 스틱을 뜨면서 목둘레의 코를 줄인다. →p.40
5. 스틱을 뜨면서 진동둘레의 코를 줄인다. →p.36
6. 어깨는 코바늘을 사용해 빼뜨기로 잇기를 한다. →p.41
7. 진동둘레의 스틱을 자른다. →p.71
8. 진동둘레에서 코를 줍고 도중까지 스틱을 뜨면서 소매를 뜬다. →p.73
9. 앞판 가장자리·목둘레의 스틱을 자른다. →p.76
10. 앞단은 코를 주워 목둘레·앞단을 왕복뜨기로 뜨고 도중에 단춧구멍을 만든다. →p.76
11. 뜨개 끝은 코바늘을 사용해 빼뜨기로 코막음을 한다. →p.44
12. 실과 스틱을 정리한다. →p.78
13. 스팀다리미로 다려 마무리한다. →p.78
14. 마지막에 단추를 단다.

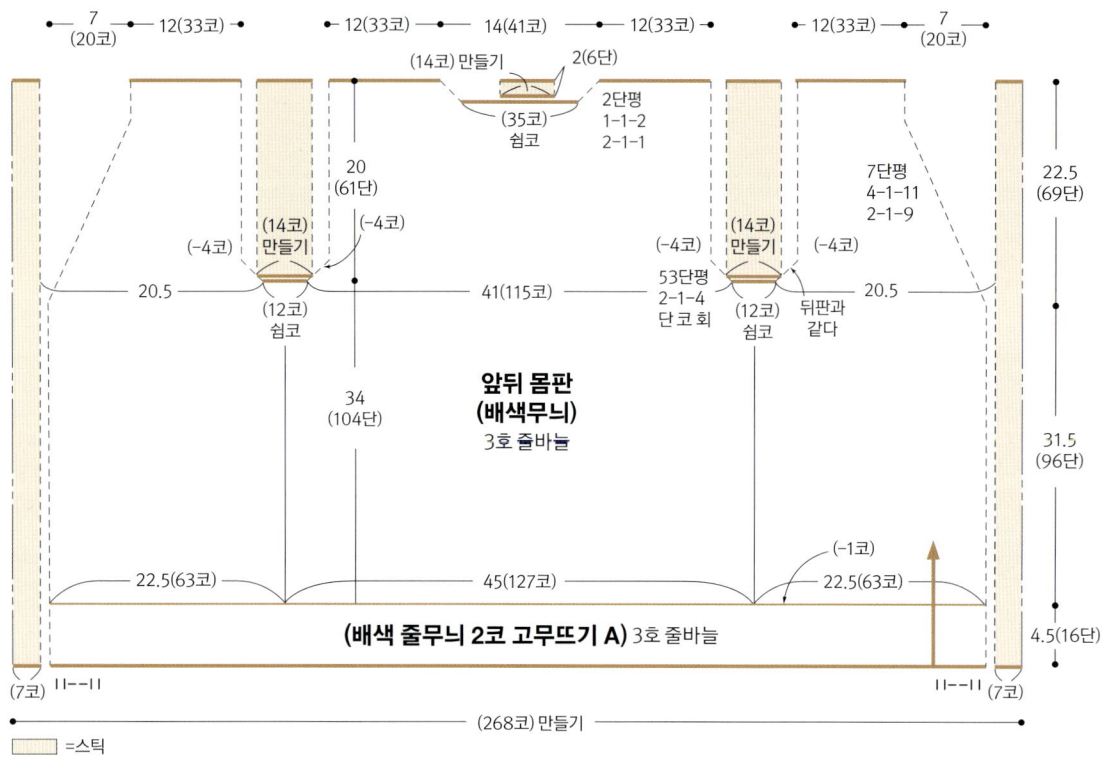

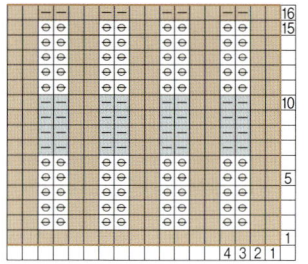

배색 줄무늬 2코 고무뜨기 A

□ = ① 배색해 겉뜨기

배색 줄무늬 2코 고무뜨기 A'

빼뜨기로 코막음
3/0호 코바늘

□ = ① 배색해 겉뜨기

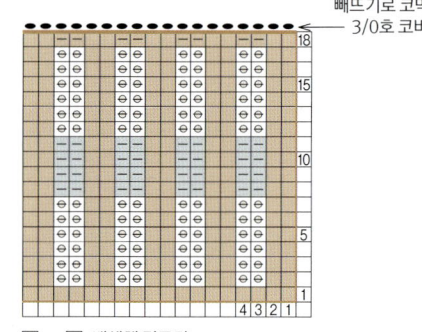

목둘레·앞단
(배색 줄무늬 2코 고무뜨기 B) 3호 줄바늘

배색 줄무늬 2코 고무뜨기 B
단춧구멍(오른쪽 앞단)

빼뜨기로 코막음
3/0호 코바늘

□ = ① 배색해 겉뜨기

소매
(배색무늬)
3호 줄바늘

(배색 줄무늬 2코 고무뜨기 A') 3호 줄바늘

배색과 사용량

	색 번호·색명	사용량
■	5·흑갈색	100g/4볼
▨	4·짙은 갈색	100g/4볼
⊡	202·잿빛 베이지	70g/3볼
▦	FC61·블루그레이	45g/2볼
▦	125·벽돌색	30g/2볼
◉	FC58·갈색	20g/1볼
■	142·코발트블루	소량/1볼
▢	121·노란색	소량/1볼

뜨개시작
스틱

※무늬는 중심에서 대칭으로 배치.

■ =M 사이즈(뒤판)
■ =XL 사이즈(뒤판)
■ =M 사이즈(소매)
■ =XL 사이즈(소매)

6 — L ● Picture on p.12

[재료와 도구]
실…J&S(제이미슨&스미스) 2플라이
색 번호·색명·사용량은 표 참고
부재료…지름 18mm 단추 7개
바늘…줄바늘 3호(80cm)·1호(80cm), 코바늘 3/0호

[완성 크기]
가슴둘레 106cm, 어깨너비 42cm, 기장 64.5cm, 소매 기장 59.5cm

[게이지(10×10cm)]
배색무늬 28코×30.5단

[뜨는 법 포인트]
※줄바늘은 코를 주울 때는 1호, 그 외에는 3호로 뜬다.
1. 스틱 14코를 더해 기초코를 만든다. →p.67
2. 원통으로 만들어 스틱 7코부터 뜨기 시작해 고무뜨기를 뜨고, 스틱 7코를 떠서 끝낸다. →p.67
3. 1단에서 코를 늘리고, 스틱을 뜨면서 배색무늬를 뜬다.→p.70
4. 스틱을 뜨면서 목둘레의 코를 줄인다. →p.40
5. 스틱을 뜨면서 진동둘레의 코를 줄인다. →p.36
6. 어깨는 코바늘을 사용해 빼뜨기로 잇기를 한다. →p.41
7. 진동둘레의 스틱을 자른다. →p.71
8. 진동둘레에서 코를 줍고 도중까지 스틱을 뜨면서 소매를 뜬다. →p.73
9. 앞판 가장자리·목둘레의 스틱을 자른다.
10. 앞단은 코를 주워 목둘레·앞단을 왕복뜨기로 뜨고 도중에 단춧구멍을 만든다. →p.76
11. 뜨개 끝은 코바늘을 사용해 빼뜨기로 코막음을 한다. →p.44
12. 실과 스틱을 정리한다. →p.78
13. 스팀다리미로 다려 마무리한다. →p.78
14. 마지막에 단추를 단다.

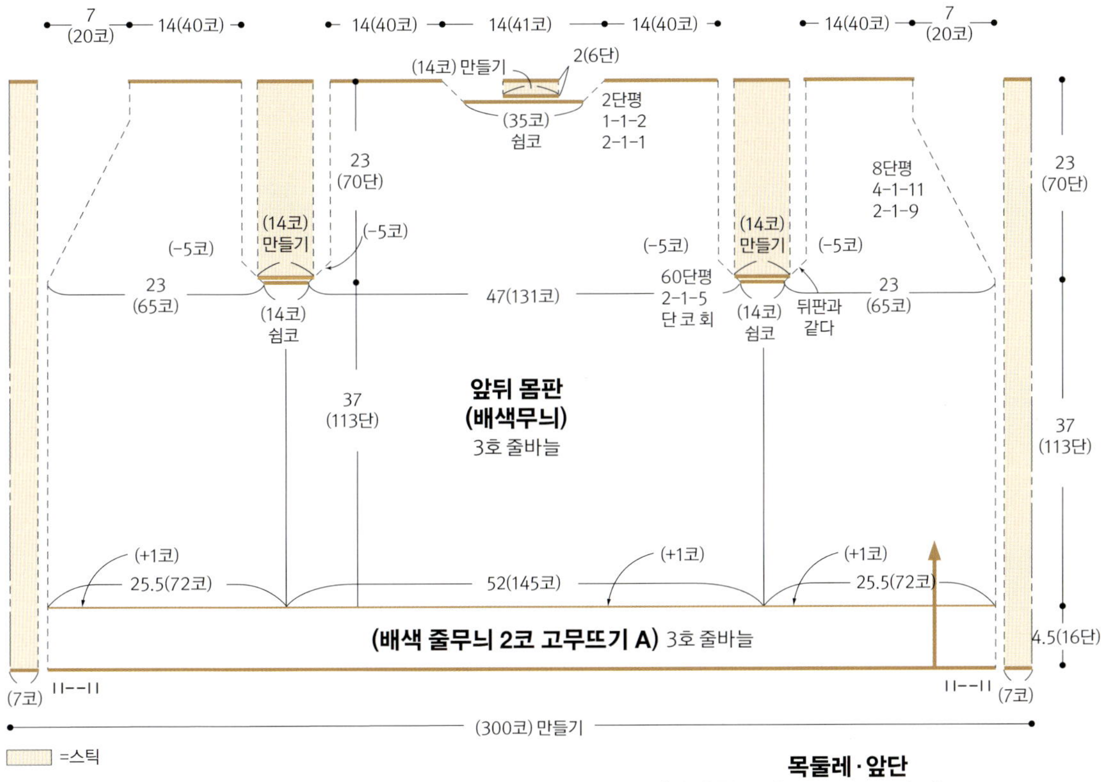

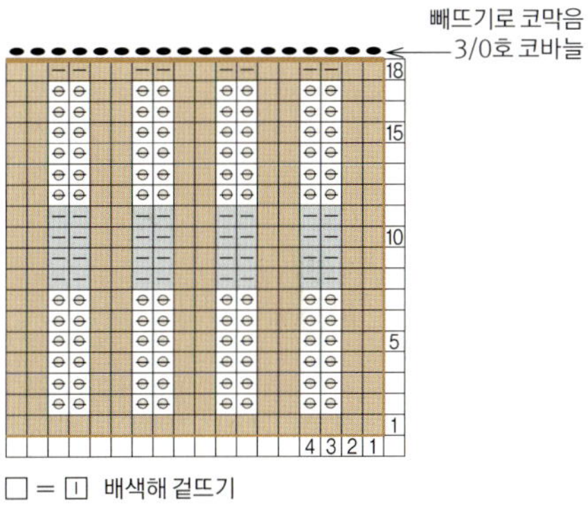

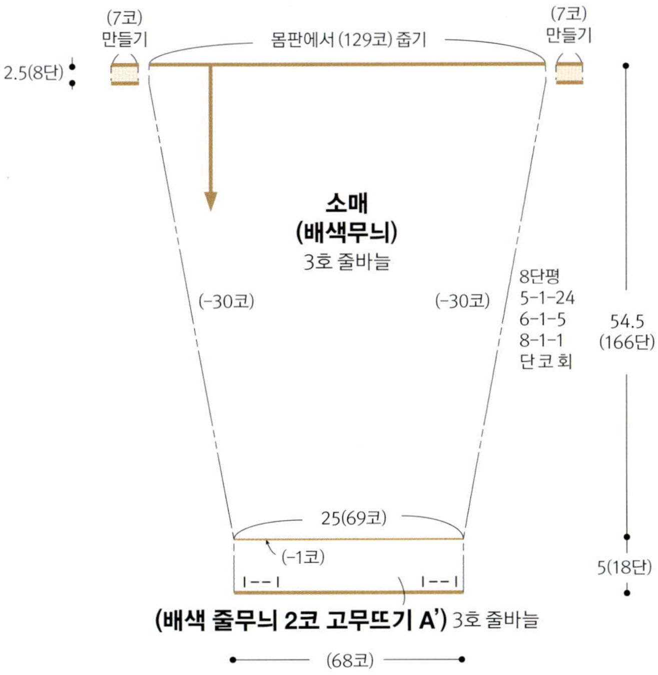

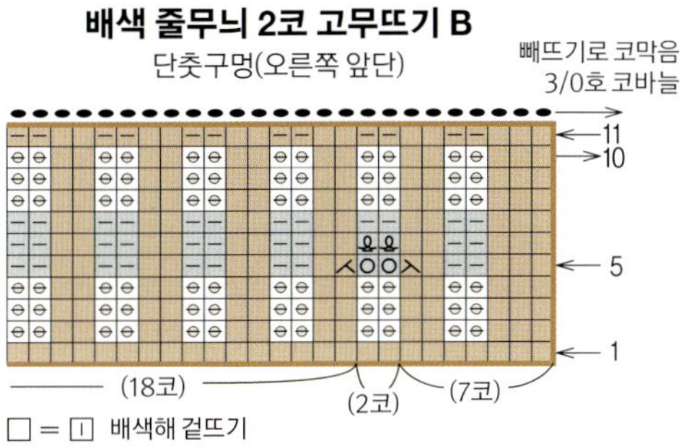

앞뒤 몸판 (배색무늬) 3호 줄바늘

7(20코) · 14(40코) · 14(40코) · 14(41코) · 14(40코) · 14(40코) · 7(20코)

(14코) 만들기
2(6단)
(35코) 쉼코
2단평 1-1-2 2-1-1

23(70단)
8단평 4-1-11 2-1-9

23(70단)

(14코) 만들기
(-5코)
(14코) 쉼코
47(131코)
60단평 2-1-5 단 코 회
(14코) 만들기
(-5코)
(14코) 쉼코
뒤판과 같다
23(65코)

23(65코)

37(113단)

37(113단)

(+1코)
25.5(72코)
52(145코)
(+1코)
(+1코)
25.5(72코)

4.5(16단)

(배색 줄무늬 2코 고무뜨기 A) 3호 줄바늘

(7코) ıı--ıı
ıı--ıı (7코)

(300코) 만들기

=스틱

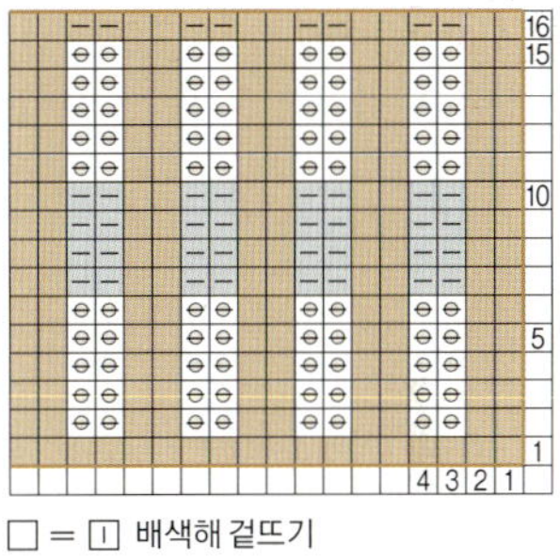

소매 (배색무늬) 3호 줄바늘

(7코) 만들기
몸판에서 (129코) 줍기
(7코) 만들기

2.5(8단)

(-30코)
(-30코)
8단평 5-1-24 6-1-5 8-1-1 단 코 회

54.5(166단)

25(69코)
(-1코)
ı--ı · ı--ı
(배색 줄무늬 2코 고무뜨기 A') 3호 줄바늘
(68코)

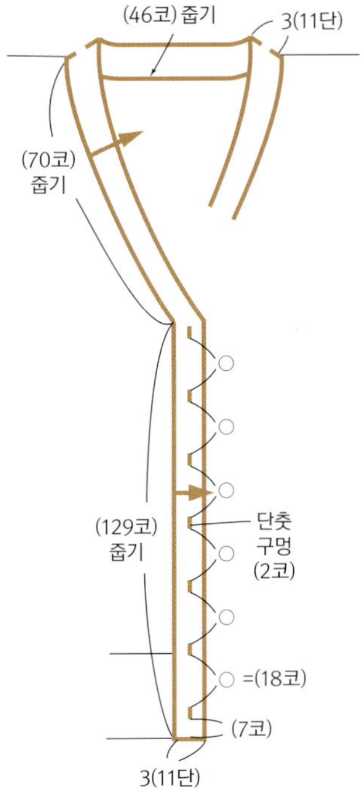

5(18단)

목둘레·앞단 (배색 줄무늬 2코 고무뜨기 B) 3호 줄바늘

(46코) 줍기
3(11단)

(70코) 줍기

(129코) 줍기
단춧 구멍 (2코)

=(18단)

(7코)

3(11단)

배색 줄무늬 2코 고무뜨기 A

16
15

10

5

4 3 2 1

□ = ㅣ 배색해 겉뜨기

배색 줄무늬 2코 고무뜨기 A'

빼뜨기로 코막음
3/0호 코바늘

18

15

10

5

1
4 3 2 1

□ = ㅣ 배색해 겉뜨기

배색 줄무늬 2코 고무뜨기 B
단춧구멍(오른쪽 앞단)

빼뜨기로 코막음
3/0호 코바늘

11
10

5

1
(18코) (2코) (7코)

□ = ㅣ 배색해 겉뜨기

배색과 사용량

	색 번호·색명	사용량
■	5·흑갈색	125g/5볼
□	4·짙은 갈색	125g/5볼
⊙	202·잿빛 베이지	90g/4볼
▨	FC61·블루그레이	60g/3볼
▨	125·벽돌색	40g/2볼
●	FC58·갈색	25g/1볼
■	142·코발트블루	소량/1볼
□	121·노란색	소량/1볼

뜨개시작
스틱

※무늬는 중심에서 대칭으로 배치.

6 — XL ● Picture on p.12

[재료와 도구]
실…J&S(제이미슨&스미스) 2플라이
색 번호·색명·사용량은 표 참고
부재료…지름 18mm 단추 8개
바늘…줄바늘 3호(80cm)·1호(80cm), 코바늘 3/0호

[완성 크기]
가슴둘레 119cm, 어깨너비 48cm, 기장 68.5cm, 소매 기장 61cm

[게이지 (10×10cm)]
배색무늬 28코×30.5단

[뜨는 법 포인트]
※줄바늘은 코를 주울 때는 1호, 그 외에는 3호로 뜬다.
1. 스틱 14코를 더해 기초코를 만든다. →p.67
2. 원통으로 만들어 스틱 7코부터 뜨기 시작해 고무뜨기를 뜨고, 스틱 7코를 떠서 끝낸다. →p.67

3. 1단에서 코를 늘리고, 스틱을 뜨면서 배색무늬를 뜬다. →p.70
4. 스틱을 뜨면서 목둘레의 코를 줄인다. →p.40
5. 스틱을 뜨면서 진동둘레의 코를 줄인다. →p.36
6. 어깨는 코바늘을 사용해 빼뜨기로 잇기를 한다. →p.41
7. 진동둘레의 스틱을 자른다. →p.71
8. 진동둘레에서 코를 줍고 도중까지 스틱을 뜨면서 소매를 뜬다. →p.73
9. 앞판 가장자리·목둘레의 스틱을 자른다.
10. 앞단은 감아코로 코를 늘리면서 코를 주워 목둘레·앞단을 왕복뜨기로 뜨고 도중에 단춧구멍을 만든다. →p.76
11. 뜨개 끝은 코바늘을 사용해 빼뜨기로 코막음을 한다. →p.44
12. 실과 스틱을 정리한다. →p.78
13. 스팀다리미로 다려 마무리한다. →p.78
14. 마지막에 단추를 단다.

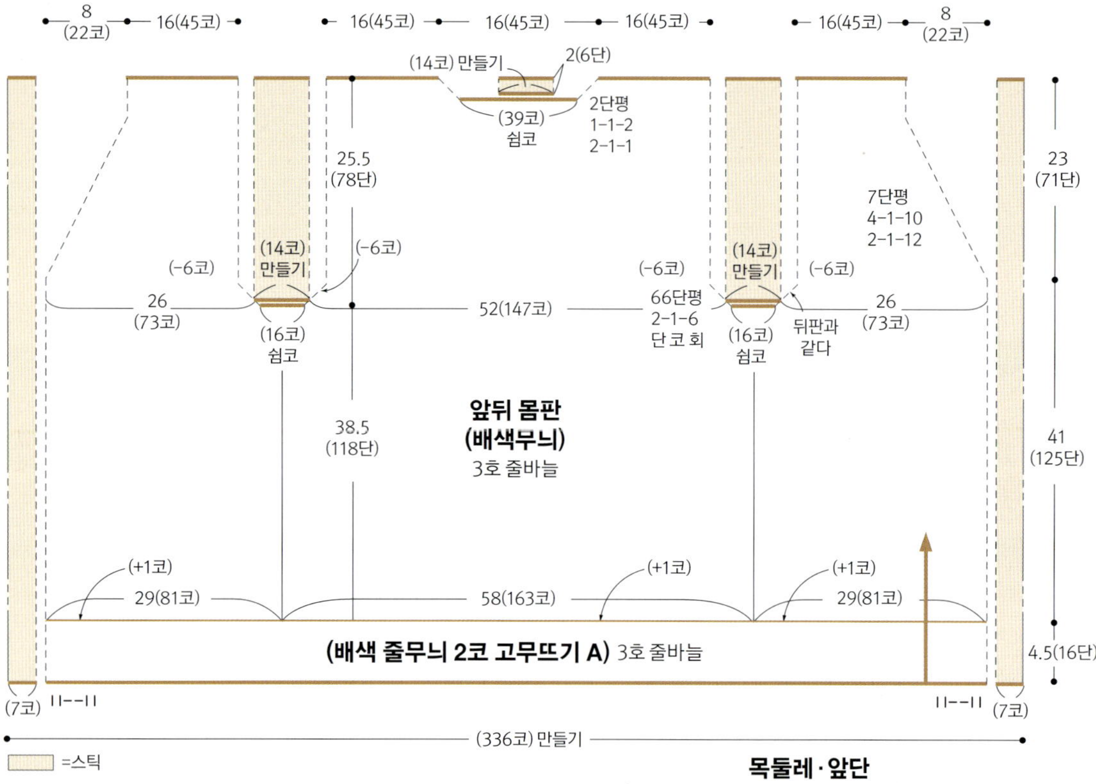

배색 줄무늬 2코 고무뜨기 A

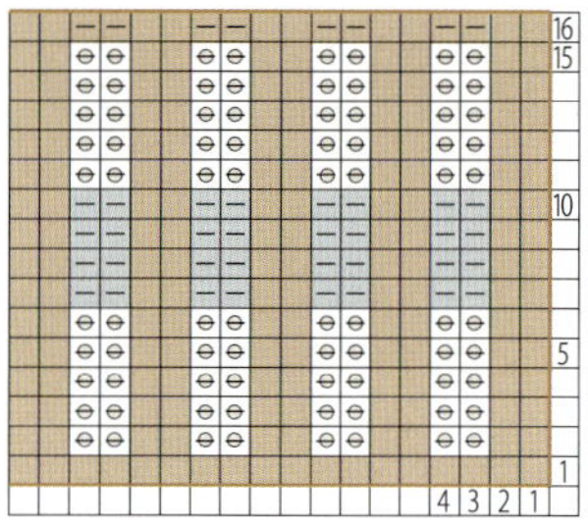

□ = 1 배색해 겉뜨기

배색 줄무늬 2코 고무뜨기 A' 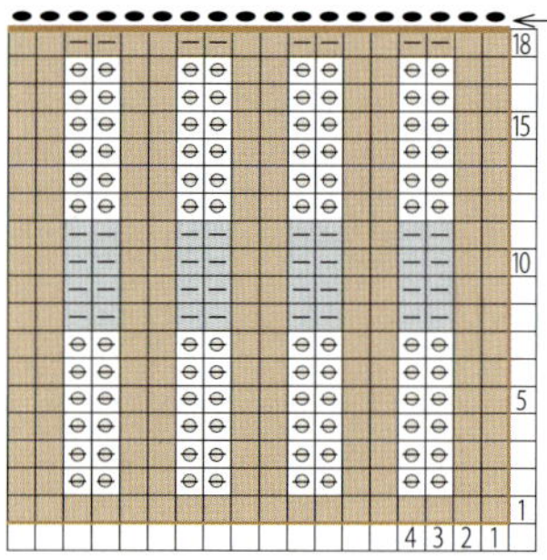
빼뜨기로 코막음
3/0호 코바늘

□ = 1 배색해 겉뜨기

배색 줄무늬 2코 고무뜨기 B
단춧구멍(오른쪽 앞단)
빼뜨기로 코막음
3/0호 코바늘

□ = 1 배색해 겉뜨기

앞뒤 몸판 (배색무늬) 3호 줄바늘

8 (22코) 16(45코) 16(45코) 16(45코) 16(45코) 16(45코) 8 (22코)

(14코) 만들기 2(6단)
2단평 1-1-2 2-1-1
(39코) 쉼코

25.5 (78단)

23 (71단)

7단평 4-1-10 2-1-12

(14코) 만들기 (−6코) (−6코) (14코) 만들기 (−6코)
26 (73코) (16코) 쉼코 52(147코) 66단평 2-1-6 단코 회 (16코) 쉼코 뒤판과 같다 26 (73코)

38.5 (118단)

41 (125단)

(+1코) (+1코) (+1코)
29(81코) 58(163코) 29(81코)

(배색 줄무늬 2코 고무뜨기 A) 3호 줄바늘

4.5(16코)

(7코) ||--|| ||--|| (7코)

=스틱

(336코) 만들기

소매 (배색무늬) 3호 줄바늘

(7코) 만들기 몸판에서 (143코) 줍기 (7코) 만들기
3(10단)

(−36코) (−36코)
8단평 4-1-22 5-1-13 10-1-1 단코 회

56 (171단)

25(71코)
(−3코)
I--I I--I

(배색 줄무늬 2코 고무뜨기 A') 3호 줄바늘

(68코)

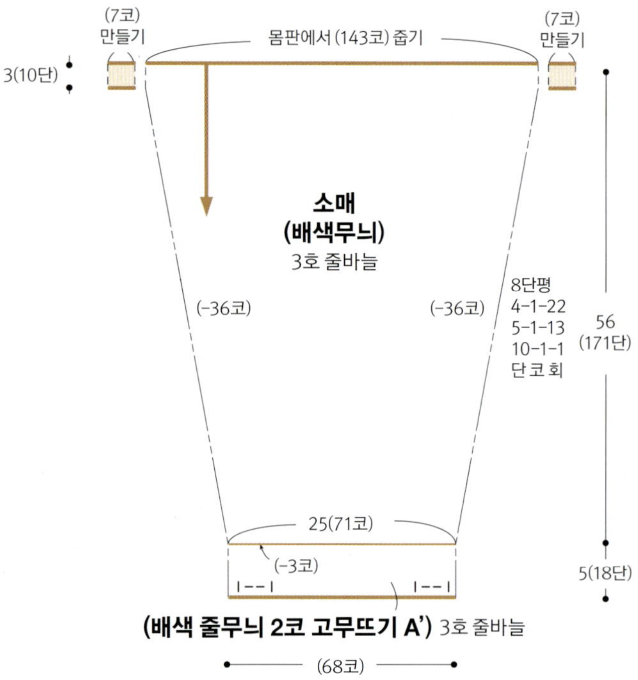

목둘레·앞단 (배색 줄무늬 2코 고무뜨기 B) 3호 줄바늘

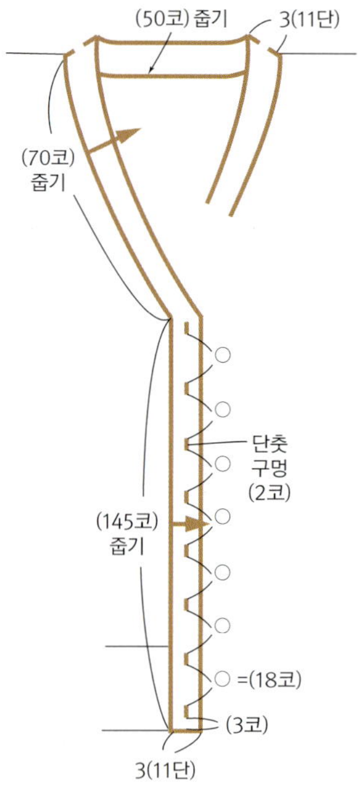

(50코) 줍기 3(11단)
(70코) 줍기

(145코) 줍기

단춧구멍 (2코)

5 (18단)

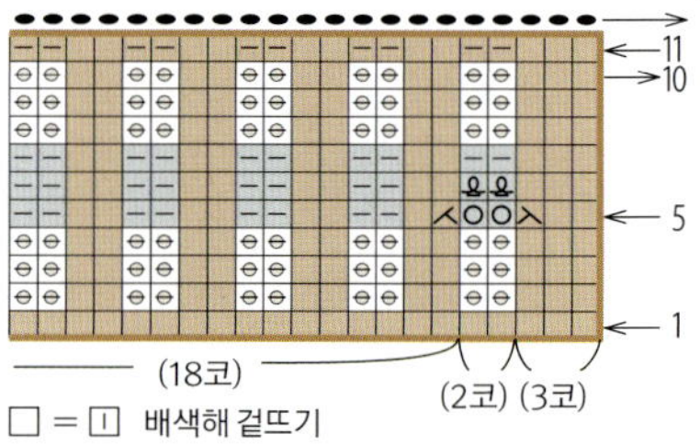

(18코)

(3코)

배색과 사용량

	색 번호·색명	사용량
■	5·흑갈색	150g/6볼
	4·짙은 갈색	150g/6볼
	202·잿빛 베이지	110g/5볼
	FC61·블루 그레이	65g/3볼
	125·벽돌색	45g/2볼
	FC58·갈색	30g/2볼
	142·코발트블루	소량/1볼
	121·노란색	소량/1볼

뜨개시작
스틱

※무늬는 중심에서 대칭으로 배치.

※뒤판과 소매 p.86

7 — M ● Picture on p.13

[재료와 도구]
실…제이미슨즈 셰틀랜드 스핀드리프트
색 번호·색명·사용량은 표 참고
부재료…지름 20mm 단추 7개
바늘…줄바늘 3호(80cm)·1호(80cm), 코바늘 3/0호

[완성 크기]
가슴둘레 90.5cm, 어깨너비 35cm, 기장 57cm, 소매 기장 55.5cm

[게이지 (10×10cm)]
배색무늬 31.5코×33단

[뜨는 법 포인트]
※줄바늘은 코를 주울 때는 1호, 그 외에는 3호로 뜬다.
1. 스틱 14코를 더해 기초코를 만든다. →p.67
2. 원통으로 만들어 스틱 7코부터 뜨기 시작해 고무뜨기를 뜨고, 스틱 7코를 떠서 끝낸다. →p.67
3. 1단에서 코를 늘리고, 스틱을 뜨면서 배색무늬를 뜬다. →p.70

4. 진동둘레의 코를 쉬게 하고 스틱을 만들어 계속 뜬다. →p.36
5. 스틱을 뜨면서 목둘레의 코를 줄인다. →p.40
6. 어깨는 코바늘을 사용해 빼뜨기로 잇기를 한다. →p.41
7. 진동둘레의 스틱을 자른다. →p.71
8. 진동둘레에서 코를 줍고 도중까지 스틱을 뜨면서 소매를 뜬다. →p.73
9. 앞판 가장자리·목둘레의 스틱을 자른다. →p.76
10. 목둘레를 왕복뜨기로 뜬다. →p.76
11. 앞단을 왕복뜨기로 뜨고 도중에 단춧구멍을 만든다. →p.76
12. 뜨개 끝은 코바늘을 사용해 빼뜨기로 코막음을 한다. →p.44
13. 실과 스틱을 정리한다. →p.78
14. 스팀다리미로 다려 마무리한다. →p.78
15. 마지막에 단추를 단다.

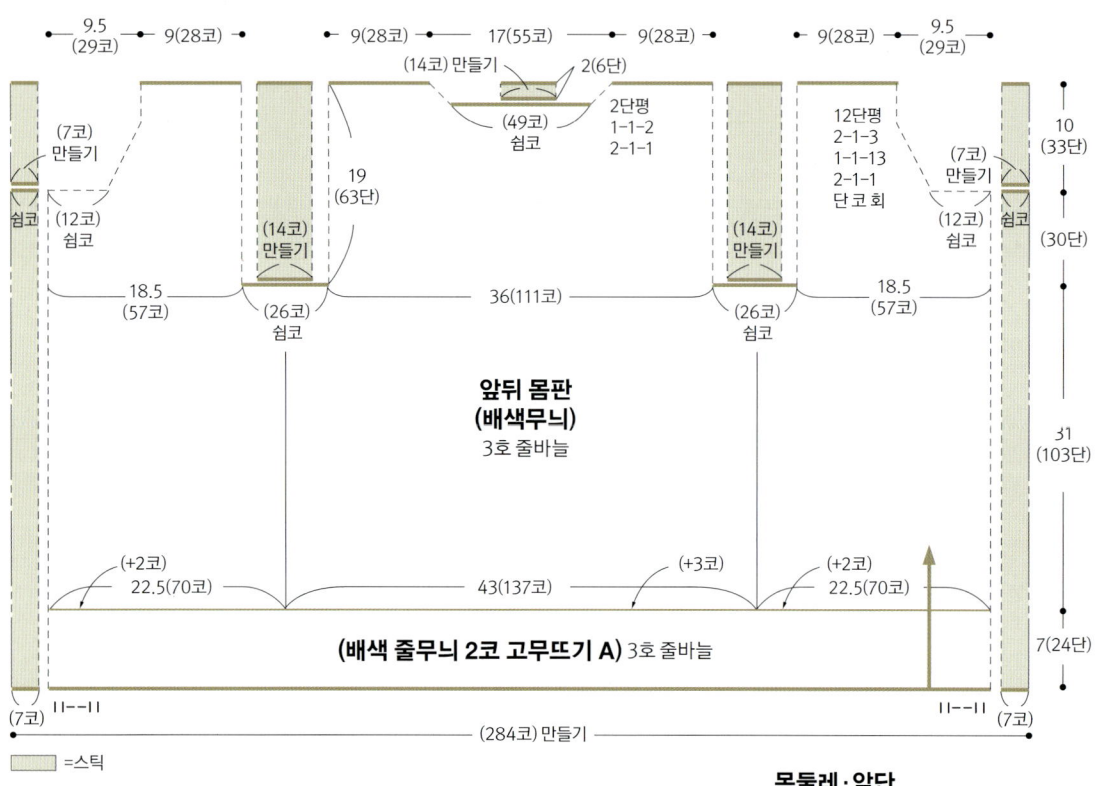

앞뒤 몸판
(배색무늬)
3호 줄바늘

(배색 줄무늬 2코 고무뜨기 A) 3호 줄바늘

=스틱

소매
(배색무늬)
3호 줄바늘

(배색 줄무늬 2코 고무뜨기 A') 3호 줄바늘

목둘레·앞단
(배색 줄무늬 2코 고무뜨기 B) 3호 줄바늘

단춧
구멍
(2코)

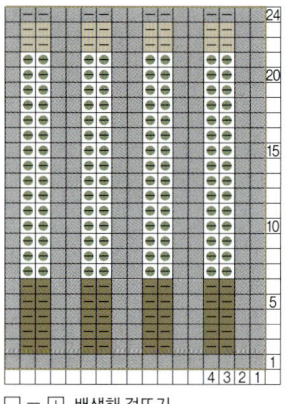

배색 줄무늬 2코 고무뜨기 A

□ = Ⅰ 배색해 겉뜨기

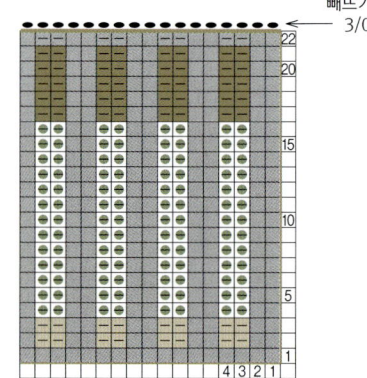

배색 줄무늬 2코 고무뜨기 A'

빼뜨기로 코막음
3/0호 코바늘

□ = Ⅰ 배색해 겉뜨기

배색과 사용량

	색 번호·영어명	색명	사용량
	103·Sholmit	그레이	100g/4볼
	1130·Lichen	초록빛 그레이	40g/2볼
	253·Seaweed	카키	40g/2볼
	168·Clyde blue	잿빛 파란색	35g/2볼
	580·Cherry	짙은 빨간색	30g/1볼
	861·Sandal wood	잿빛 오렌지	20g/1볼
	239·Purple Heather	와인 믹스	20g/1볼
	1300·Aubretia	파란빛 보라색	20g/1볼
	789·Marjoram	모스그린	20g/1볼
	578·Rust	짙은 황적색	15g/1볼
	140·Rye	노란빛 그레이	15g/1볼
	769·Willow	잿빛 황록색	소량/1볼
	595·Maroon	적갈색	소량/1볼
	350·Lemon	레몬	소량/1볼

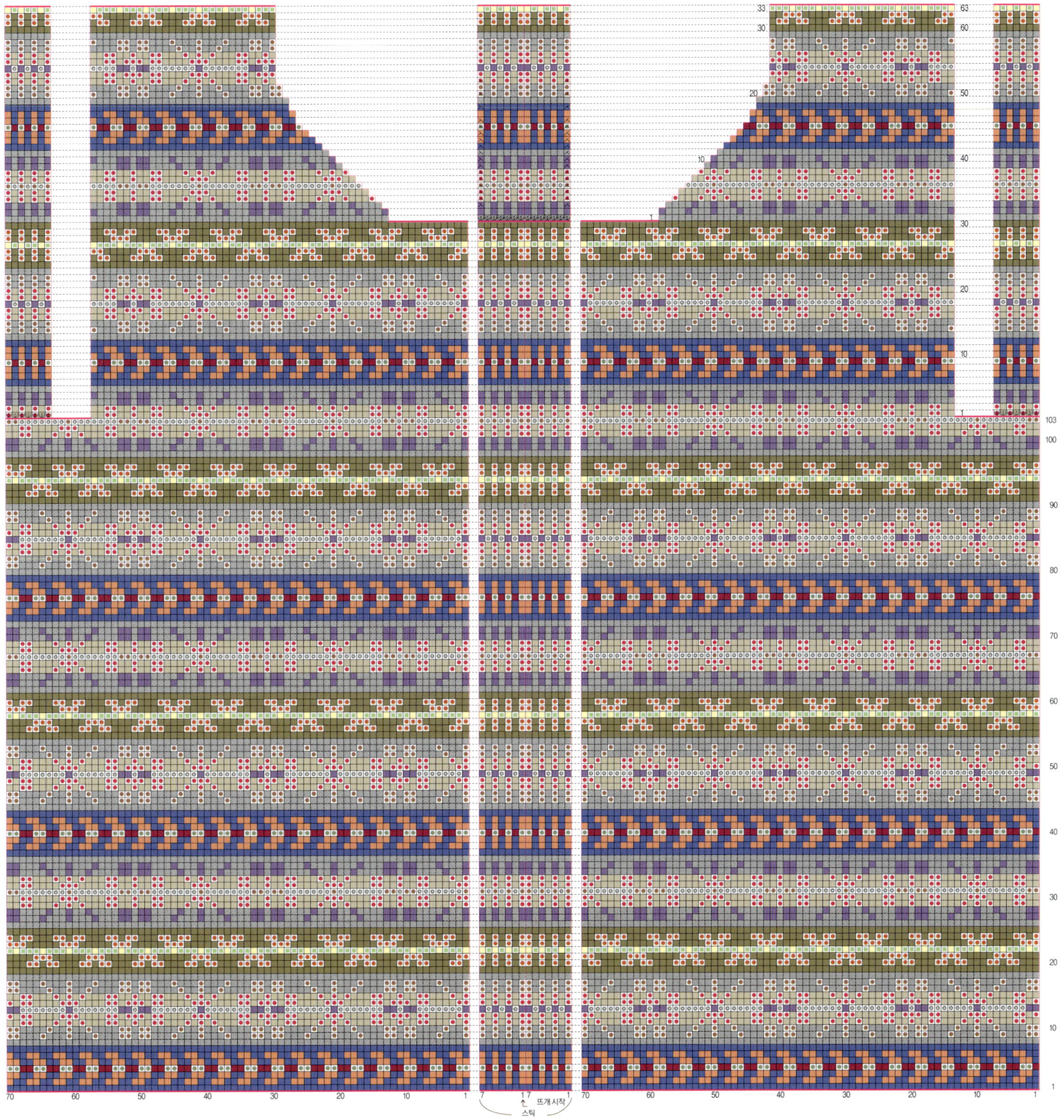

※무늬는 중심에서 대칭으로 배치.

배색 줄무늬 2코 고무뜨기 B 목둘레, 앞단

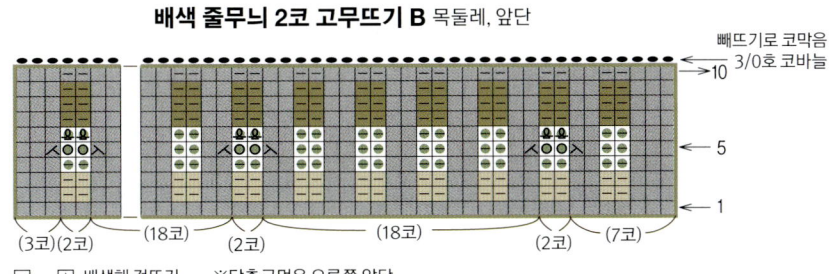

빼뜨기로 코막음
3/0호 코바늘

(3코)(2코)　(18코)　(2코)　(18코)　(2코)(7코)

□ = ① 배색해 겉뜨기　※단춧구멍은 오른쪽 앞단.

※무늬는 중심에서 대칭으로 배치.

7 — L ● Picture on p.13

[재료와 도구]
실…제이미슨즈 셰틀랜드 스핀드리프트
색 번호·색명·사용량은 표 참고
부재료…지름 20mm 단추 7개
바늘…줄바늘 3호(80cm)·1호(80cm), 코바늘 3/0호

[완성 크기]
가슴둘레 101.5cm, 어깨너비 41cm, 기장 62cm, 소매 기장 56.5cm

[게이지 (10×10cm)]
배색무늬 31.5코×33단

[뜨는 법 포인트]
※줄바늘은 코를 주울 때는 1호, 그 외에는 3호로 뜬다.
1. 스틱 14코를 더해 기초코를 만든다. →p.67
2. 원통으로 만들어 스틱 7코부터 뜨기 시작해 고무뜨기를 뜨고, 스틱 7코를 떠서 끝낸다. →p.67
3. 1단에서 코를 늘리고, 스틱을 뜨면서 배색무늬를 뜬다. →p.70

4. 진동둘레의 코를 쉬게 하고 스틱을 만들어 계속 뜬다. →p.36
5. 스틱을 뜨면서 목둘레의 코를 줄인다. →p.40
6. 어깨는 코바늘을 사용해 빼뜨기로 잇기를 한다. →p.41
7. 진동둘레의 스틱을 자른다. →p.71
8. 진동둘레에서 코를 줍고 도중까지 스틱을 뜨면서 소매를 뜬다. →p.73
9. 앞판 가장자리·목둘레의 스틱을 자른다. →p.76
10. 목둘레를 왕복뜨기로 뜬다. →p.76
11. 앞단을 왕복뜨기로 뜨고 도중에 단춧구멍을 만든다. →p.76
12. 뜨개 끝은 코바늘을 사용해 빼뜨기로 코막음을 한다. →p.44
13. 실과 스틱을 정리한다. →p.78
14. 스팀다리미로 다려 마무리한다. →p.78
15. 마지막에 단추를 단다.

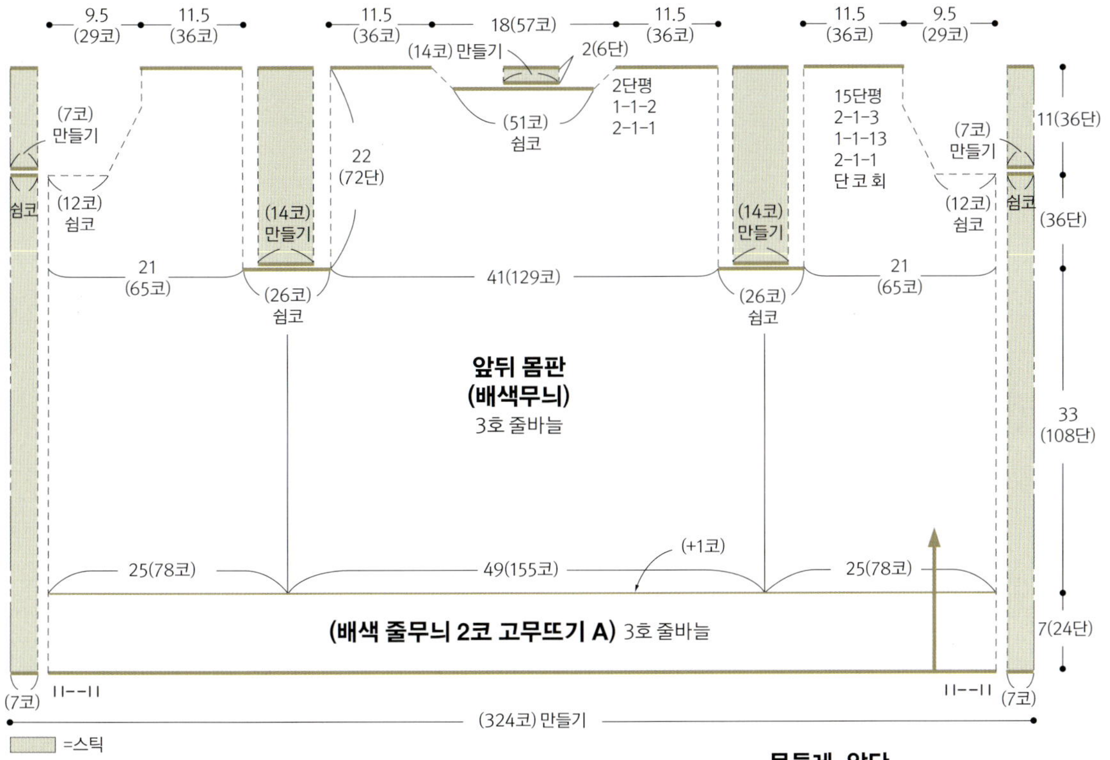

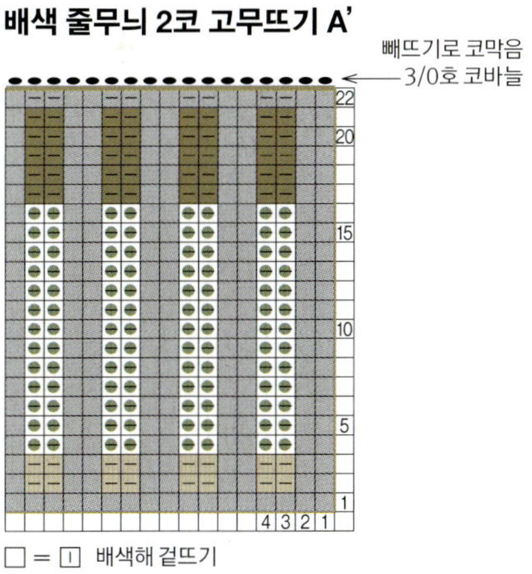

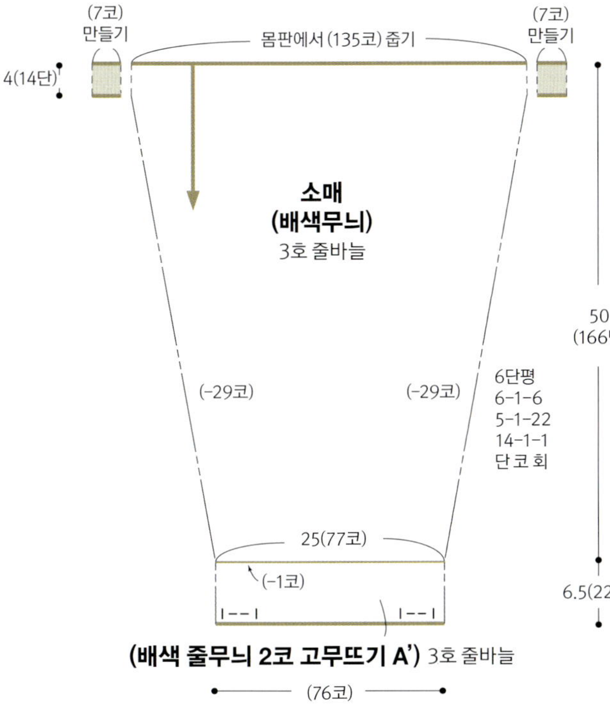

앞뒤 몸판 (배색무늬) 3호 줄바늘

9.5 (29코)　11.5 (36코)　11.5 (36코)　18(57코)　11.5 (36코)　11.5 (36코)　9.5 (29코)

(7코) 만들기　(14코) 만들기　2(6단)

쉼코

(12코) 쉼코　(14코) 만들기　2단평 1-1-2 2-1-1 (51코) 쉼코　15단평 2-1-3 1-1-13 2-1-1 단코 회　(14코) 만들기　(12코) 쉼코　쉼코

22 (72단)

21 (65코)　(26코) 쉼코　41(129코)　(26코) 쉼코　21 (65코)

11(36단)

(36단)

33 (108단)

25(78코)　49(155코)　(+1코)　25(78코)

7(24단)

(배색 줄무늬 2코 고무뜨기 A) 3호 줄바늘

(7코)　ll--ll　ll--ll　(7코)

(324코) 만들기

▢ =스틱

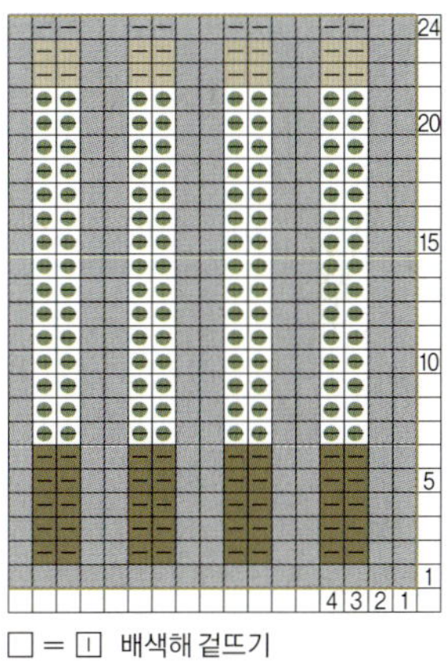

소매 (배색무늬) 3호 줄바늘

(7코) 만들기　몸판에서 (135코) 줍기　(7코) 만들기

4(14단)

(-29코)　(-29코)　6단평 6-1-6 5-1-22 14-1-1 단코 회

50 (166단)

25(77코)　(-1코)

6.5(22단)

I--I　I--I

(배색 줄무늬 2코 고무뜨기 A') 3호 줄바늘

(76코)

목둘레·앞단 (배색 줄무늬 2코 고무뜨기 B) 3호 줄바늘

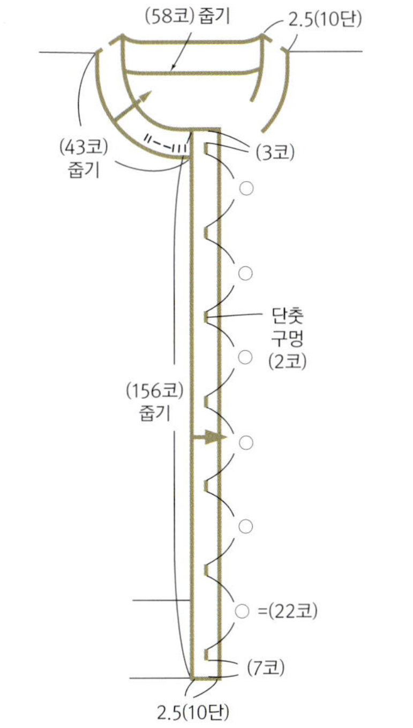

(58코) 줍기　2.5 (10단)

(43코) 줍기　ll--ll　(3코)

단춧 구멍 (2코)

(156코) 줍기

=(22코)

(7코)

2.5(10단)

배색 줄무늬 2코 고무뜨기 A

24　20　15　10　5　1

4 3 2 1

▢ = ⊡ 배색해 겉뜨기

배색 줄무늬 2코 고무뜨기 A'

빼뜨기로 코막음
3/0호 코바늘

22　20　15　10　5　1

4 3 2 1

▢ = ⊡ 배색해 겉뜨기

배색과 사용량

	색 번호·영어명	색명	색명
	103·Sholmit	그레이	120g/5볼
	1130·Lichen	초록빛 그레이	50g/2볼
	253·Seaweed	카키	50g/2볼
	168·Clyde blue	잿빛 파란색	45g/2볼
	580·Cherry	짙은 빨간색	35g/1볼
	861·Sandal wood	잿빛 오렌지	25g/1볼
	239·Purple Heather	와인 믹스	25g/1볼
	1300·Aubretia	파란빛 보라색	25g/1볼
	789·Marjoram	모스그린	25g/1볼
	578·Rust	짙은 황적색	20g/1볼
	140·Rye	노란빛 그레이	20g/1볼
	769·Willow	잿빛 황록색	10g/1볼
	595·Maroon	적갈색	소량/1볼
	350·Lemon	레몬	소량/1볼

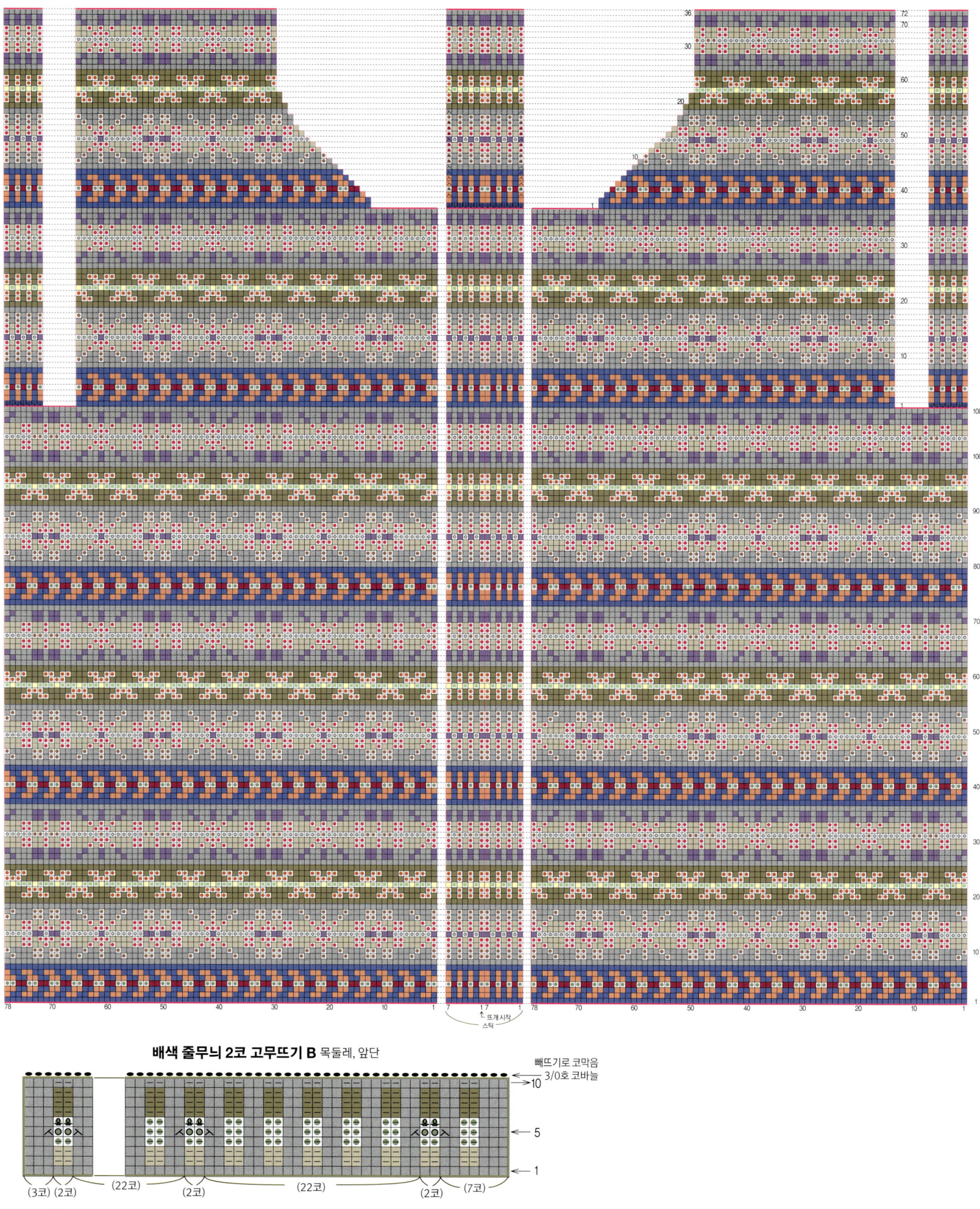

배색 줄무늬 2코 고무뜨기 B 목둘레, 앞단

빼뜨기로 코막음
3/0호 코바늘

(3코) (2코) (22코) (2코) (22코) (2코) (7코)

□ = 1 배색해 겉뜨기   ※단춧구멍은 오른쪽 앞단.

スヮッ뜨개시작

소매 뜨는 1색으로 줄한다▸

※무늬는 중심에서 대칭으로 배치.

8 ● Picture on p.14

9 ● Picture on p.14

[재료와 도구]
실…제이미슨즈 셰틀랜드 스핀드리프트
색 번호·색명·사용량은 표 참고
바늘…줄바늘 3호(80cm), 코바늘 3/0호

[완성 크기]
8 길이 40cm
9 머리둘레 51cm, 깊이 22.5cm

[게이지 (10×10cm)]
배색무늬 31.5코×33단

[뜨는 법 포인트]
※줄바늘은 모두 3호로 뜬다.
1. 기초코를 만든다. →p.32
2. 원통으로 만들어 고무뜨기를 뜬다. →p.32
3. 이어서 배색무늬를 뜬다. →p.70
4. 레그 워머의 뜨개 끝은 코바늘을 사용해 빼뜨기로 코막음을 한다. →p.44
5. 실을 정리한다. →p.46
6. 스팀다리미로 다려 마무리한다. →p.46

배색과 사용량

	색 번호·영어명	색명	레그 워머	모자
☐	103·Sholmit	그레이	30g/2볼	20g/1볼
☐	1130·Lichen	초록빛 그레이	15g/1볼	소량/1볼
☐	253·Seaweed	카키	10g/1볼	소량/1볼
☐	168·Clyde blue	잿빛 파란색	10g/1볼	소량/1볼
●	580·Cherry	짙은 빨간색	10g/1볼	소량/1볼
☐	861·Sandal wood	잿빛 오렌지	10g/1볼	소량/1볼
◉	239·Purple Heather	와인 믹스	5g/1볼	소량/1볼
☐	1300·Aubretia	파란빛 보라색	5g/1볼	소량/1볼
●	578·Rust	짙은 황적색	5g/1볼	소량/1볼
◉	789·Marjoram	모스그린	소량/1볼	소량/1볼
◎	140·Rye	노란빛 그레이	소량/1볼	소량/1볼
☐	769·Willow	잿빛 황록색	소량/1볼	소량/1볼
☐	595·Maroon	적갈색	소량/1볼	소량/1볼
☐	350·Lemon	레몬	소량/1볼	소량/1볼

모자

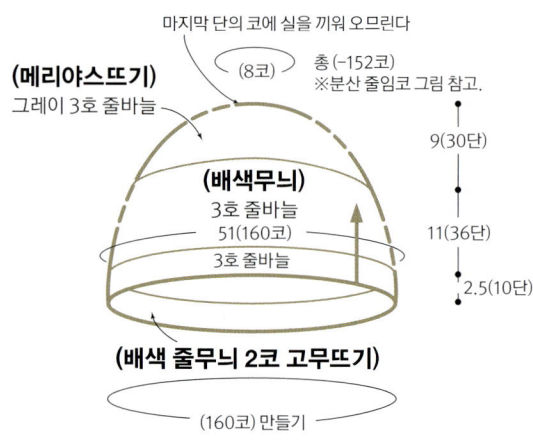

마지막 단의 코에 실을 끼워 오므린다

(8코)
총 (-152코)
※분산 줄임코 그림 참고.

(메리야스뜨기)
그레이 3호 줄바늘

9(30단)

(배색무늬)
3호 줄바늘
51(160코)
3호 줄바늘

11(36단)

2.5(10단)

(배색 줄무늬 2코 고무뜨기)

(160코) 만들기

모자의 분산 줄임코

20코 8회 반복

☐ = ☐ 배색해 겉뜨기

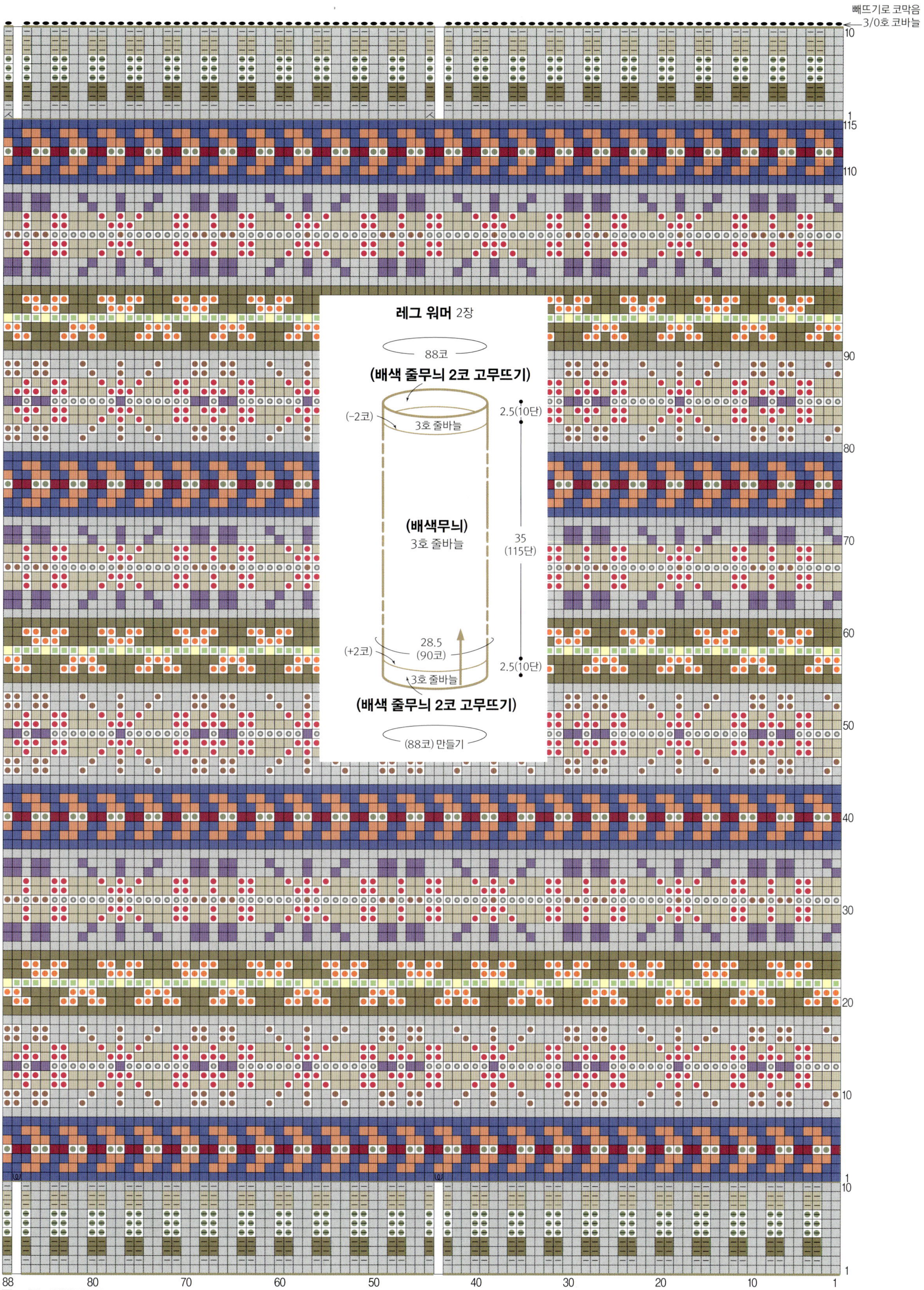

레그 워머 2장

88코

(배색 줄무늬 2코 고무뜨기)

(-2코)　3호 줄바늘

2.5(10단)

(배색무늬)
3호 줄바늘

35
(115단)

2.5(10단)

28.5
(90코)

(+2코)

3호 줄바늘

(배색 줄무늬 2코 고무뜨기)

(88코) 만들기

□ = Ⅰ 배색해 겉뜨기

11 — M ● Picture on p.16

[재료와 도구]
실…J&S(제이미슨&스미스) 2플라이
색 번호·색명·사용량은 표 참고
바늘…줄바늘 3호(80cm)·1호(80cm), 코바늘 3/0호

[완성 크기]
가슴둘레 94cm, 어깨너비 42cm, 기장 55.5cm, 소매 기장 53cm

[게이지(10×10cm)]
배색무늬 28코×32단

[뜨는 법 포인트]
※줄바늘은 코를 주울 때는 1호, 그 외에는 3호로 뜬다.
1. 기초코를 만든다. →p.32
2. 원통으로 만들어 고무뜨기를 뜬다. →p.32

3. 이어서 배색무늬를 뜬다. →p.70
4. 진동둘레에 스틱을 넣어 뜬다. →p.36
5. 스틱을 뜨면서 목둘레의 코를 줄인다. →p.40
6. 어깨는 코바늘을 사용해 빼뜨기로 잇기를 한다. →p.41
7. 진동둘레의 스틱을 자른다. →p.71
8. 진동둘레에서 코를 줍고 도중까지 스틱을 뜨면서 소매를 뜬다. →p.73
9. 뜨개 끝은 코바늘을 사용해 빼뜨기로 코막음을 한다. →p.44
10. 목둘레의 스틱을 자르고 목둘레를 뜬다. →p.42
11. 뜨개 끝은 코바늘을 사용해 빼뜨기로 코막음을 한다. →p.44
12. 실과 스틱을 정리한다. →p.78
13. 스팀다리미로 다려 마무리한다. →p.78

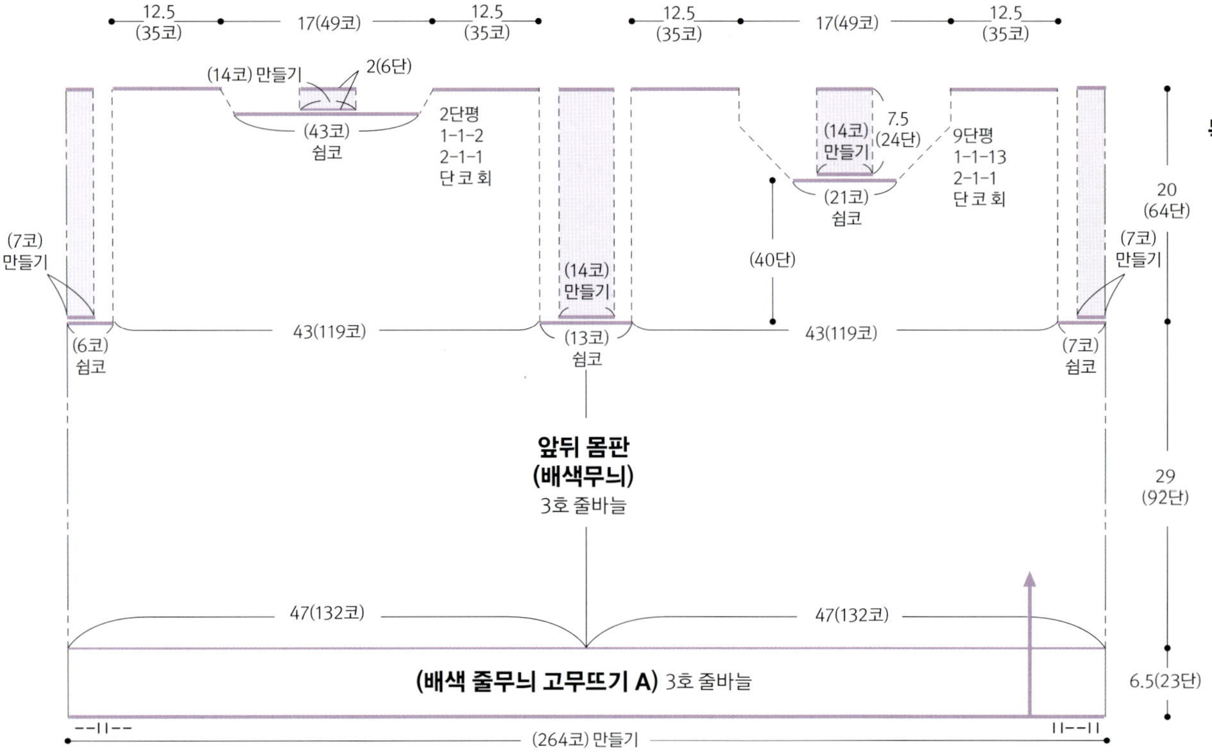

12.5 (35코) 17(49코) 12.5 (35코)　　12.5 (35코) 17(49코) 12.5 (35코)

(14코) 만들기　2(6단)
(43코) 쉼코
2단평 1-1-2 2-1-1 단코 회

(14코) 만들기　7.5(24단)
(21코) 쉼코
9단평 1-1-13 2-1-1 단코 회

20 (64단)

(7코) 만들기
(6코) 쉼코

(14코) 만들기
(13코) 쉼코

40단

(7코) 만들기
(7코) 쉼코

앞뒤 몸판 (배색무늬)
3호 줄바늘

43(119코)　　43(119코)

29 (92단)

47(132코)　　47(132코)

(배색 줄무늬 고무뜨기 A) 3호 줄바늘

6.5(23단)

(264코) 만들기

☐ =스틱

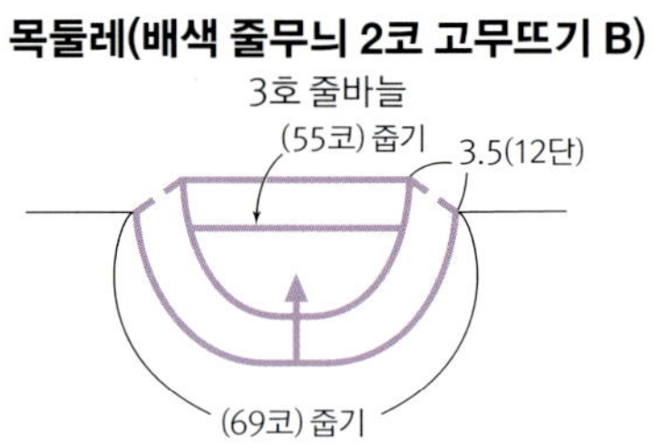

목둘레(배색 줄무늬 2코 고무뜨기 B) 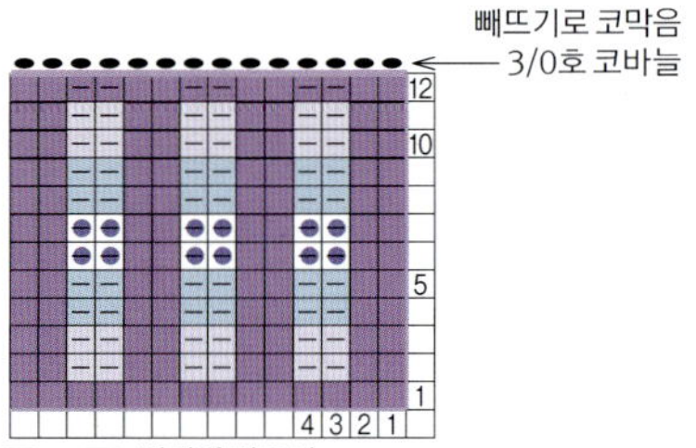
3호 줄바늘
(55코) 줍기　3.5(12단)
(69코) 줍기

배색 줄무늬 2코 고무뜨기 B
빼뜨기로 코막음
3/0호 코바늘
☐ = Ⅰ 배색해 겉뜨기

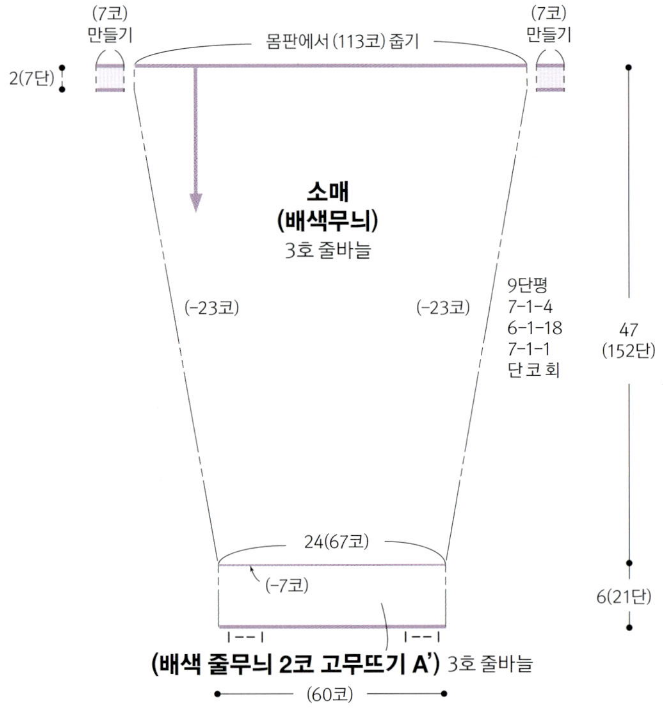

(7코) 만들기
몸판에서 (113코) 줍기
(7코) 만들기
2(7단)

소매 (배색무늬)
3호 줄바늘

(−23코)　　(−23코)
9단평 7-1-4 6-1-18 7-1-1 단코 회

47 (152단)

24(67코)
(−7코)

(배색 줄무늬 2코 고무뜨기 A') 3호 줄바늘
(60코)

6(21단)

배색 줄무늬 2코 고무뜨기 A 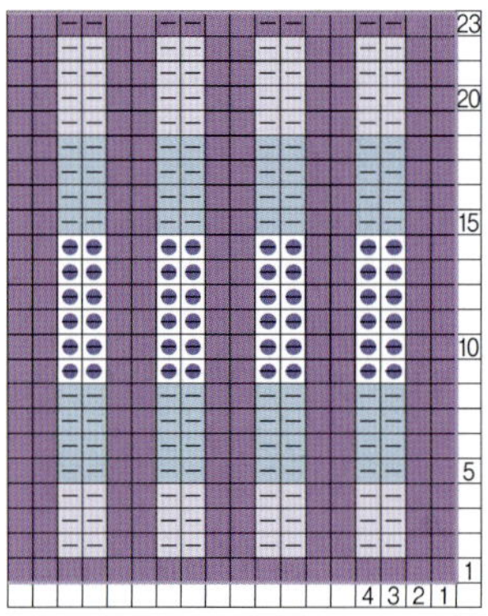
☐ = Ⅰ 배색해 겉뜨기

배색 줄무늬 2코 고무뜨기 A' 
빼뜨기로 코막음
3/0호 코바늘
☐ = Ⅰ 배색해 겉뜨기

배색과 사용량

	색 번호·색명	사용량
	133·붉은빛 보라색	85g/4볼
	5·흑갈색	50g/2볼
	FC15·잿빛 파란색	45g/2볼
	131·로열블루	45g/2볼
	FC51·라벤더	45g/2볼
	FC56·청자색	35g/2볼
	FC37·라이트블루	25g/1볼
	21·남색	15g/1볼
	FC43·베이지	10g/1볼

※무늬는 중심에서 대칭으로 배치, 앞뒤 몸판의 뜨개 시작은 같다.

11 — L ● Picture on p.16

[재료와 도구]
실…J&S(제이미슨&스미스) 2플라이
색 번호·색명·사용량은 표 참고
바늘…줄바늘 3호(80cm)·1호(80cm), 코바늘 3/0호

[완성 크기]
가슴둘레 103cm, 어깨너비 46cm, 기장 62.5cm, 소매 기장 58cm

[게이지(10×10cm)]
배색무늬 28코×32단

[뜨는 법 포인트]
※줄바늘은 코를 주울 때는 1호, 그 외에는 3호로 뜬다.
1. 기초코를 만든다. →p.32

2. 원통으로 만들어 고무뜨기를 뜬다. →p.32
3. 1단에서 코를 늘려서 배색무늬를 뜬다. →p.70
4. 진동둘레에 스틱을 넣어 뜬다. →p.36
5. 스틱을 뜨면서 목둘레의 코를 줄인다. →p.40
6. 어깨는 코바늘을 사용해 빼뜨기로 잇기를 한다. →p.41
7. 진동둘레의 스틱을 자른다. →p.71
8. 진동둘레에서 코를 줍고 도중까지 스틱을 뜨면서 소매를 뜬다. →p.73
9. 뜨개 끝은 코바늘을 사용해 빼뜨기로 코막음을 한다. →p.44
10. 목둘레의 스틱을 자르고 목둘레를 뜬다. →p.42
11. 뜨개 끝은 코바늘을 사용해 빼뜨기로 코막음을 한다. →p.44
12. 실과 스틱을 정리한다. →p.78
13. 스팀다리미로 다려 마무리한다. →p.78

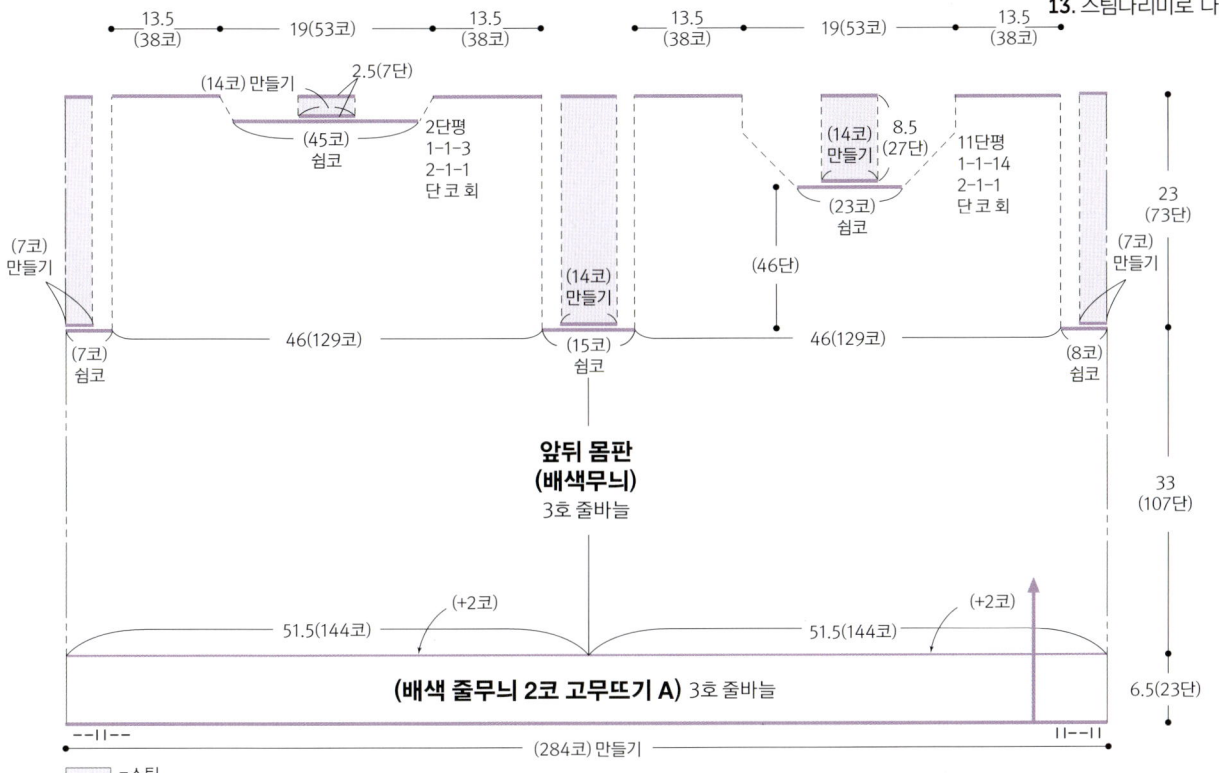

앞뒤 몸판
(배색무늬)
3호 줄바늘

(배색 줄무늬 2코 고무뜨기 A) 3호 줄바늘

=스틱

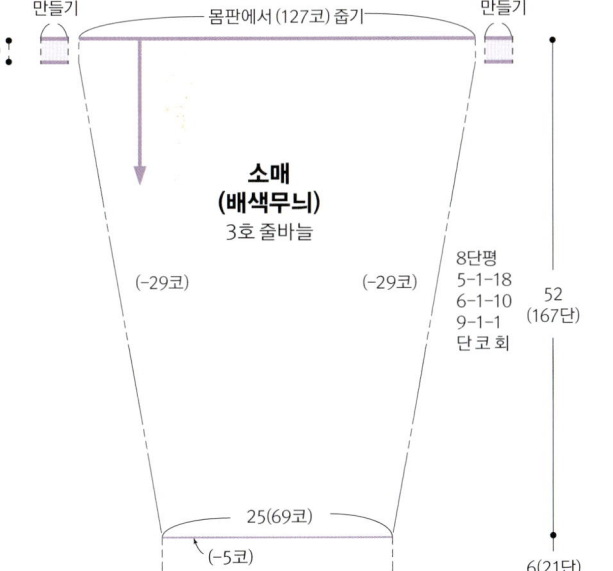

소매
(배색무늬)
3호 줄바늘

(배색 줄무늬 2코 고무뜨기 A') 3호 줄바늘

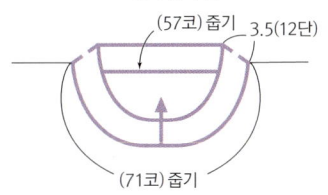

목둘레(배색 줄무늬 2코 고무뜨기 B)
3호 줄바늘

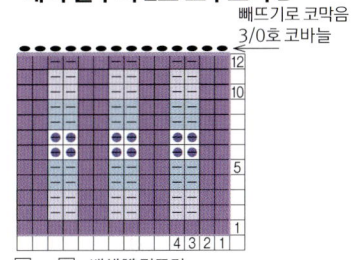

배색 줄무늬 2코 고무뜨기 B
빼뜨기로 코막음
3/0호 코바늘

□ = ① 배색해 겉뜨기

배색 줄무늬 2코 고무뜨기 A

□ = ① 배색해 겉뜨기

배색 줄무늬
2코 고무뜨기 A'
빼뜨기로 코막음
3/0호 코바늘

□ = ① 배색해 겉뜨기

배색과 사용량

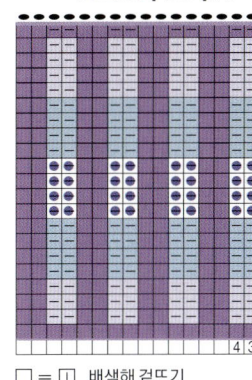

	색 번호·색명	사용량
	133·붉은빛 보라색	110g/5볼
	5·흑갈색	65g/3볼
	FC15·잿빛 파란색	60g/3볼
	131·로열블루	60g/3볼
	FC51·라벤더	60g/3볼
	FC56·청자색	45g/2볼
	FC37·라이트블루	35g/2볼
	21·남색	20g/1볼
	FC43·베이지	15g/1볼

※무늬는 중심에서 대칭으로 배치, 앞뒤 몸판의 뜨개 시작은 같다.

11 — XL ● Picture on p.16

[재료와 도구]
실…J&S(제이미슨&스미스) 2플라이
색 번호 · 색명 · 사용량은 표 참고
바늘…줄바늘 3호(80cm) · 1호(80cm), 코바늘 3/0호

[완성 크기]
가슴둘레 111cm, 어깨너비 49cm, 기장 68.5cm, 소매 기장 59.5cm

[게이지 (10×10cm)]
배색무늬 28코×32단

[뜨는 법 포인트]
※줄바늘은 코를 주울 때는 1호, 그 외에는 3호로 뜬다.
1. 기초코를 만든다. →p.32
2. 원통으로 만들어 고무뜨기를 뜬다. →p.32

3. 1단에서 코를 늘려서 배색무늬를 뜬다. →p.70
4. 진동둘레에 스틱을 넣어 뜬다. →p.36
5. 스틱을 뜨면서 목둘레의 코를 줄인다. →p.40
6. 어깨는 코바늘을 사용해 빼뜨기로 잇기를 한다. →p.41
7. 진동둘레의 스틱을 자른다. →p.71
8. 진동둘레에서 코를 줍고 도중까지 스틱을 뜨면서 소매를 뜬다. →p.73
9. 뜨개 끝은 코바늘을 사용해 빼뜨기로 코막음을 한다. →p.44
10. 목둘레의 스틱을 자르고 목둘레를 뜬다. →p.42
11. 뜨개 끝은 코바늘을 사용해 빼뜨기로 코막음을 한다. →p.44
12. 실과 스틱을 정리한다. →p.78
13. 스팀다리미로 다려 마무리한다. →p.78

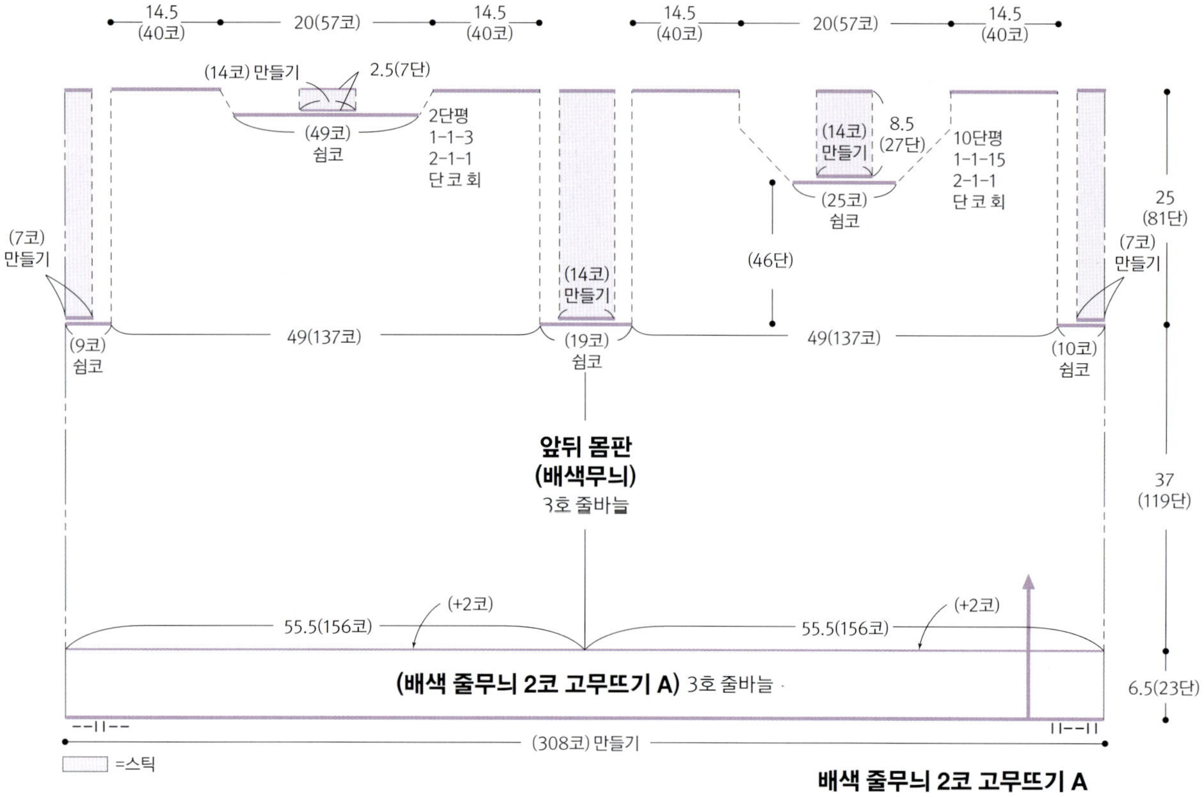

앞뒤 몸판 (배색무늬) 3호 줄바늘

14.5 (40코) 20(57코) 14.5 (40코) 14.5 (40코) 20(57코) 14.5 (40코)

(14코) 만들기 2.5(7단)
(49코) 쉼코 2단평 1-1-3 2-1-1 단코 회
(14코) 만들기 8.5(27단) 10단평 1-1-15 2-1-1 단코 회
(25코) 쉼코
25 (81코)
(7코) 만들기
(46단)
(7코) 만들기
(9코) 쉼코 49(137코) (19코) 쉼코 49(137코) (10코) 쉼코
37 (119단)
55.5(156코) (+2코) 55.5(156코) (+2코)
(배색 줄무늬 2코 고무뜨기 A) 3호 줄바늘
6.5(23단)
(308코) 만들기
☐ =스틱

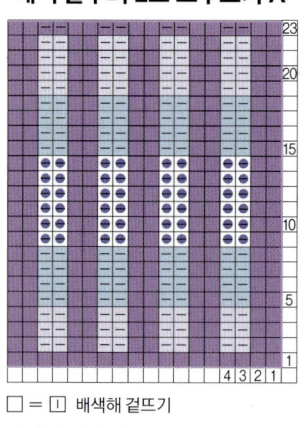

소매 (배색무늬) 3호 줄바늘

(7코) 만들기 몸판에서 (139코) 줍기 (7코) 만들기
3.5(12단)
(33코) (33코)
8단평 4-1-8 5-1-24 12-1-1 단코 회
53.5 (172단)
26(73코) (-5코)
(배색 줄무늬 2코 고무뜨기 A') 3호 줄바늘
(68코)
6(21단)

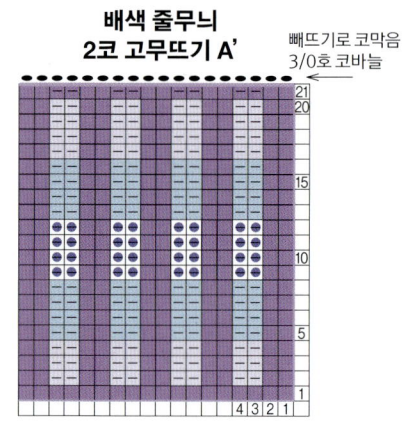

목둘레(배색 줄무늬 2코 고무뜨기 B) 3호 줄바늘
(61코) 줍기 3.5(12단)
(75코) 줍기

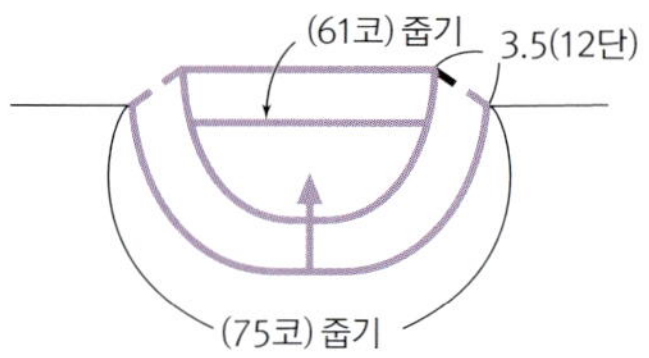

배색 줄무늬 2코 고무뜨기 B 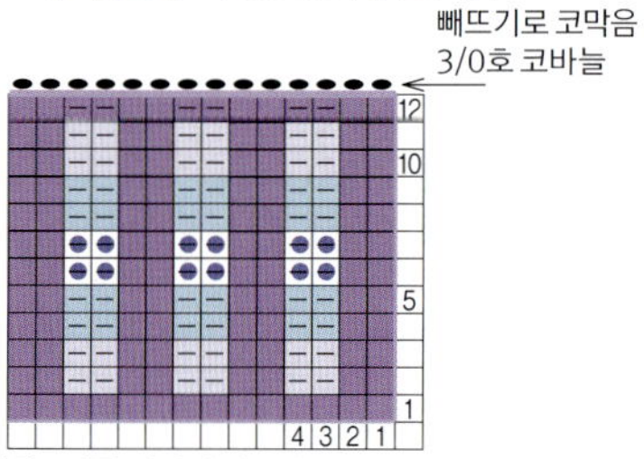
빼뜨기로 코막음
3/0호 코바늘
12 10 5
☐ = ① 배색해 겉뜨기

배색 줄무늬 2코 고무뜨기 A
23 20 15 10 5 1
4 3 2 1
☐ = ① 배색해 겉뜨기

배색 줄무늬 2코 고무뜨기 A'
빼뜨기로 코막음
3/0호 코바늘
21 20 15 10 5 1
4 3 2 1
☐ = ① 배색해 겉뜨기

배색과 사용량

	색 번호 · 색명	사용량
	133 · 붉은빛 보라색	125g / 5볼
	5 · 흑갈색	75g / 3볼
	FC15 · 잿빛 파란색	65g / 3볼
	131 · 로열블루	65g / 3볼
	FC51 · 라벤더	65g / 3볼
	FC56 · 청자색	50g / 2볼
	FC37 · 라이트블루	40g / 2볼
	21 · 남색	25g / 1볼
	FC43 · 베이지	15g / 1볼

※무늬는 중심에서 대칭으로 배치, 앞뒤 몸판의 뜨개 시작은 같다.

12 — M ● Picture on p.17

[재료와 도구]
실…제이미슨즈 셰틀랜드 스핀드리프트
색 번호·색명·사용량은 표 참고
바늘…줄바늘 3호(80cm)·1호(80cm), 코바늘 3/0호

[완성 크기]
가슴둘레 92cm, 어깨너비 38cm, 기장 57cm, 소매 기장 53.5cm

[게이지(10×10cm)]
배색무늬 30코×33단

[뜨는 법 포인트]
※줄바늘은 코를 주울 때는 1호, 그 외에는 3호로 뜬다.
1. 기초코를 만든다. →p.32
2. 원통으로 만들어 고무뜨기를 뜬다. →p.32

3. 1단에서 코를 늘려서 배색무늬를 뜬다. →p.70
4. 진동둘레에 스틱을 넣어 뜬다. →p.36
5. 스틱을 뜨면서 목둘레의 코를 줄인다. →p.40
6. 어깨는 코바늘을 사용해 빼뜨기로 잇기를 한다. →p.41
7. 진동둘레의 스틱을 자른다. →p.71
8. 진동둘레에서 코를 줍고 도중까지 스틱을 뜨면서 소매를 뜬다. →p.73
9. 뜨개 끝은 코바늘을 사용해 빼뜨기로 코막음을 한다. →p.44
10. 목둘레의 스틱을 자르고 목둘레를 뜬다. →p.42
11. 뜨개 끝은 코바늘을 사용해 빼뜨기로 코막음을 한다. →p.44
12. 실과 스틱을 정리한다. →p.78
13. 스팀다리미로 다려 마무리한다. →p.78

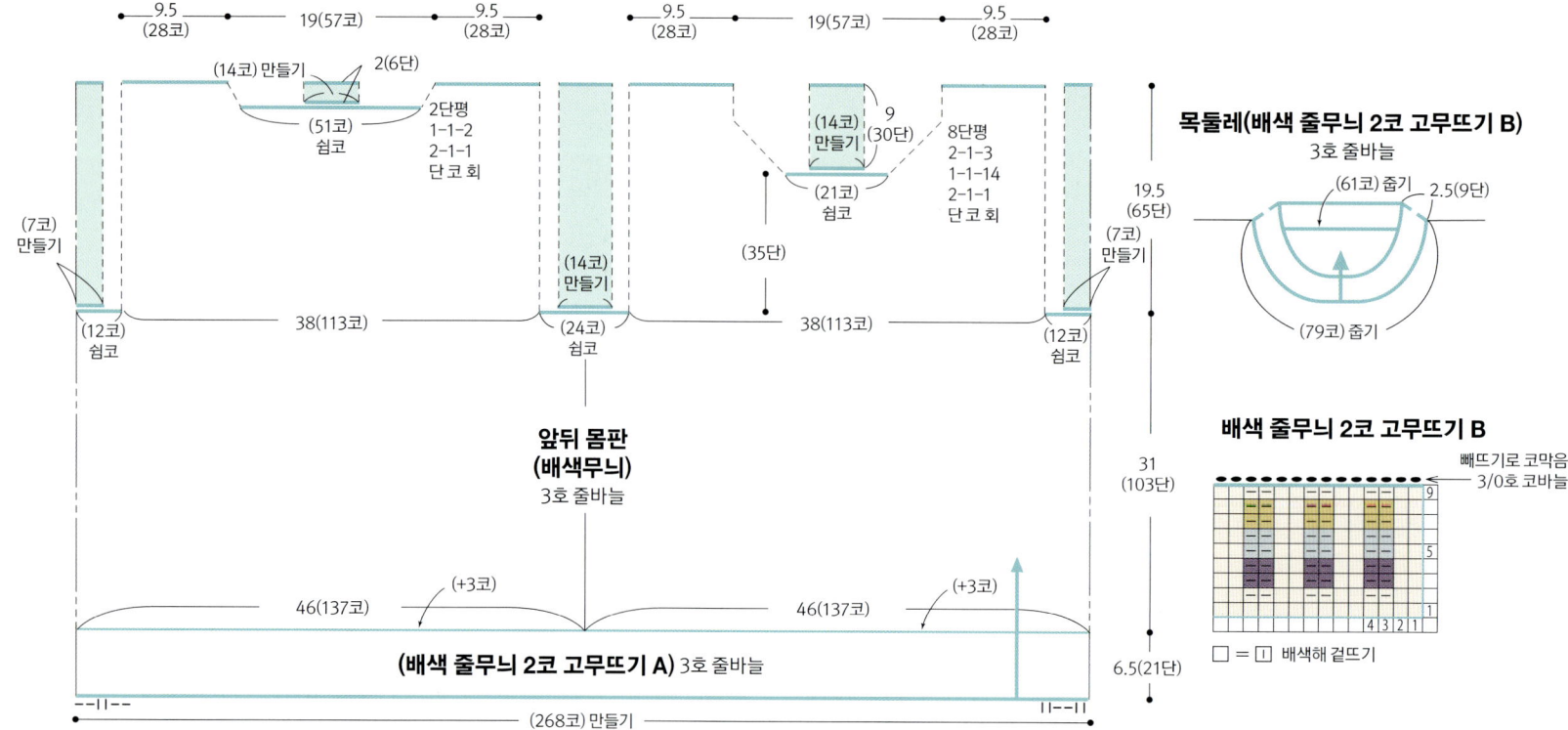

앞뒤 몸판 (배색무늬) 3호 줄바늘

=스틱

목둘레(배색 줄무늬 2코 고무뜨기 B) 3호 줄바늘

소매 (배색무늬) 3호 줄바늘

(배색 줄무늬 2코 고무뜨기 A') 3호 줄바늘

배색 줄무늬 2코 고무뜨기 A

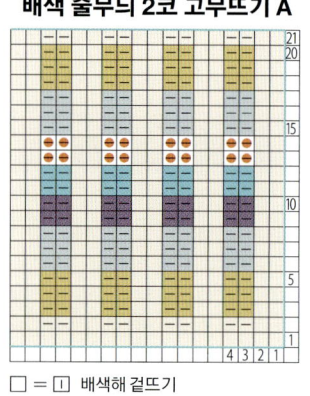

□ = ① 배색해 겉뜨기

배색 줄무늬 2코 고무뜨기 A'

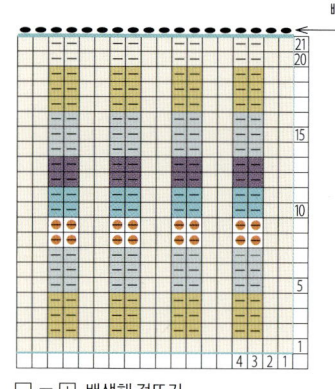

□ = ① 배색해 겉뜨기

배색 줄무늬 2코 고무뜨기 B

배색과 사용량

	색 번호·영어명	색명	사용량
	760·Caspian	터쿼이즈블루	75g/3볼
	120·Eesit/White	에크뤼 믹스	70g/3볼
	791·Pistachio	짙은 잿빛 황록색	50g/2볼
	478·Amber	칙칙한 오렌지	40g/2볼
	105·Eesit	연베이지	30g/2볼
	274·Green Mist	민트 믹스	25g/1볼
	525·Crimson	짙은 빨간색	20g/1볼
	524·Poppy	노란빛 빨간색	20g/1볼
	870·Cocoa	어두운 오렌지	20g/1볼
	165·Dusk	짙은 청자색 믹스	20g/1볼

※무늬는 중심에서 대칭으로 배치, 앞뒤 몸판의 뜨개 시작은 같다.

12 — L ● Picture on p.17

[재료와 도구]
실…제이미슨즈 셰틀랜드 스핀드리프트
색 번호·색명·사용량은 표 참고
바늘…줄바늘 3호(80㎝)·1호(80㎝), 코바늘 3/0호

[완성 크기]
가슴둘레 100㎝, 어깨너비 42㎝, 기장 63㎝, 소매 기장 61.5㎝

[게이지(10×10㎝)]
배색무늬 30코×33단

[뜨는 법 포인트]
※줄바늘은 코를 주울 때는 1호, 그 외에는 3호로 뜬다.

1. 기초코를 만든다. →p.32
2. 원통으로 만들어 고무뜨기를 뜬다. →p.32
3. 1단에서 코를 늘려서 배색무늬를 뜬다. →p.70
4. 진동둘레에 스틱을 넣어 뜬다. →p.36
5. 스틱을 뜨면서 목둘레의 코를 줄인다. →p.40
6. 어깨는 코바늘을 사용해 빼뜨기로 잇기를 한다. →p.41
7. 진동둘레의 스틱을 자른다. →p.71
8. 진동둘레에서 코를 줍고 도중까지 스틱을 뜨면서 소매를 뜬다. →p.73
9. 뜨개 끝은 코바늘을 사용해 빼뜨기로 코막음을 한다. →p.44
10. 목둘레의 스틱을 자르고 목둘레를 뜬다. →p.42
11. 뜨개 끝은 코바늘을 사용해 빼뜨기로 코막음을 한다. →p.44
12. 실과 스틱을 정리한다. →p.78
13. 스팀다리미로 다려 마무리한다. →p.78

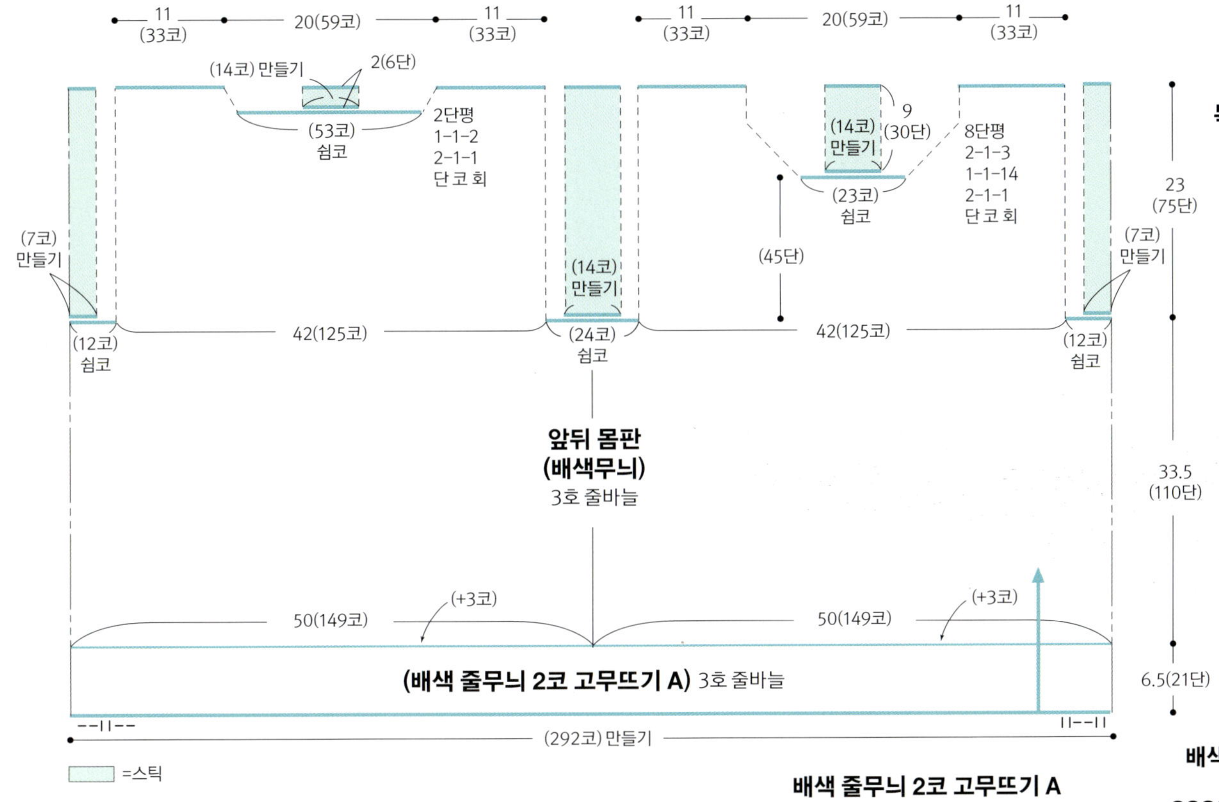

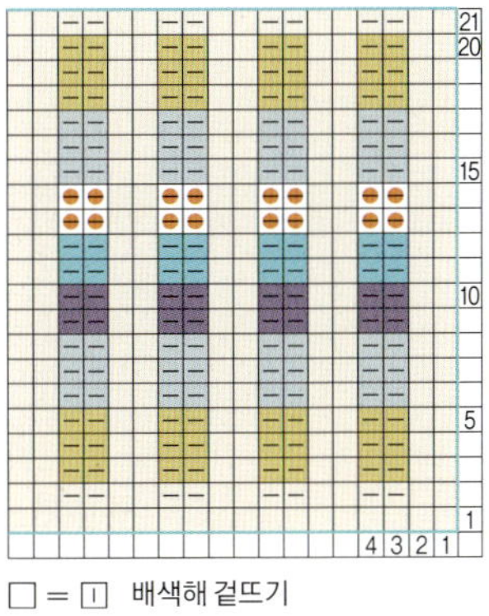

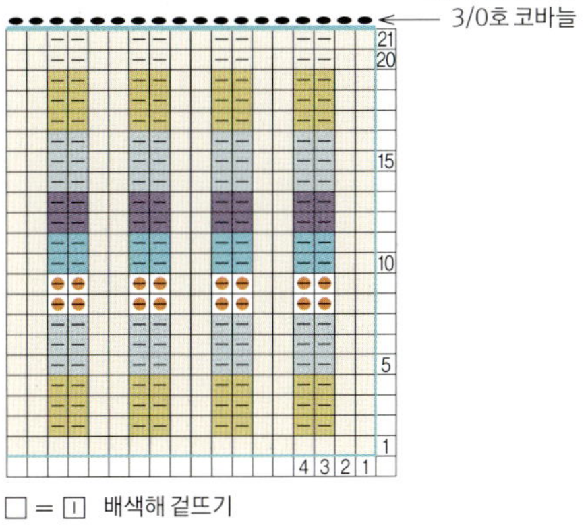

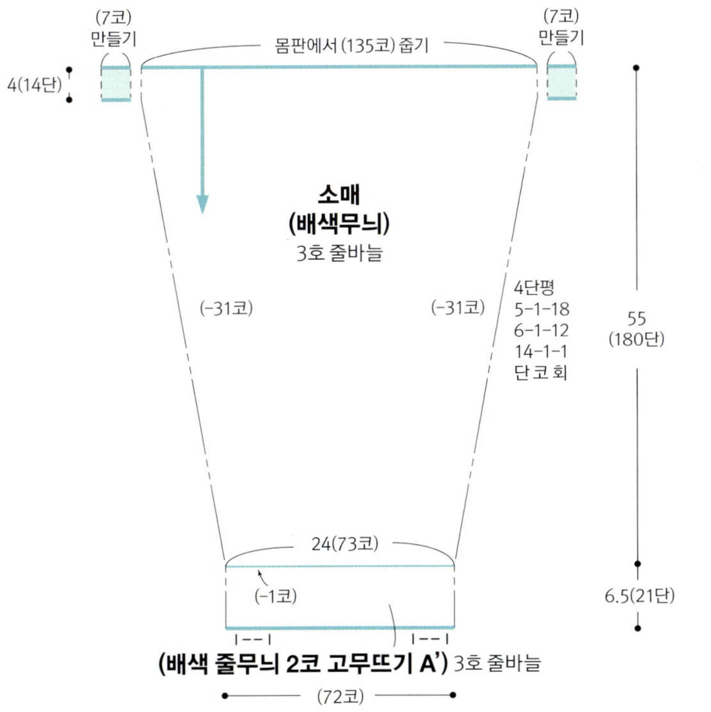

11
(33코) 20(59코) 11(33코) 11(33코) 20(59코) 11(33코)

(14코) 만들기 2(6단)

(53코)
2단평
1-1-2
2-1-1
단코회
쉼코

(14코) 만들기 9(30단)

(23코)
8단평
2-1-3
1-1-14
2-1-1
단코회
쉼코

23(75단)

(7코) 만들기

(12코) 쉼코

42(125코)

(14코) 만들기
(24코) 쉼코

(45단)

42(125코)

(7코) 만들기

(12코) 쉼코

**앞뒤 몸판
(배색무늬)**
3호 줄바늘

33.5(110단)

50(149코) (+3코) 50(149코) (+3코)

(배색 줄무늬 2코 고무뜨기 A) 3호 줄바늘

6.5(21단)

(292코) 만들기

=스틱

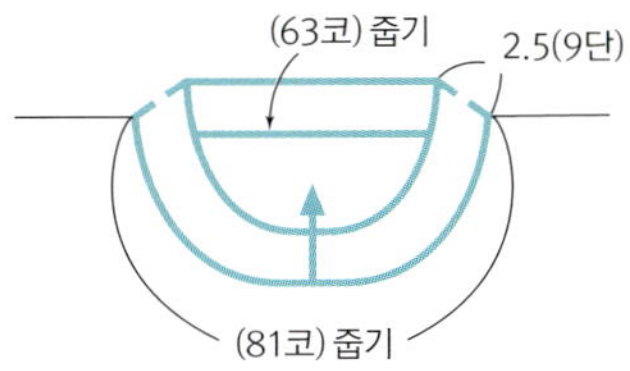

목둘레(배색 줄무늬 2코 고무뜨기 B)
3호 줄바늘

(63코) 줍기 2.5(9단)

(81코) 줍기

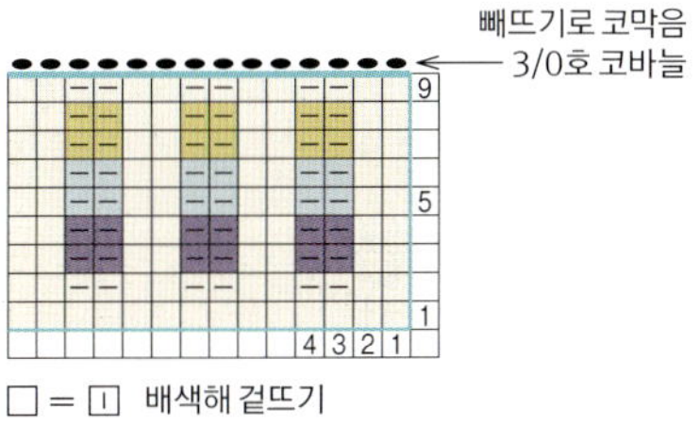

배색 줄무늬 2코 고무뜨기 B

빼뜨기로 코막음
3/0호 코바늘

9
5
1
4 3 2 1

□ = 1 배색해 겉뜨기

(7코) 만들기 몸판에서 (135코) 줍기 (7코) 만들기

4(14단)

**소매
(배색무늬)**
3호 줄바늘

(−31코) (−31코)

4단평
5-1-18
6-1-12
14-1-1
단코회

55(180단)

24(73코)

(−1코)

6.5(21단)

(배색 줄무늬 2코 고무뜨기 A') 3호 줄바늘

(72코)

배색 줄무늬 2코 고무뜨기 A

21
20
15
10
5
1
4 3 2 1

□ = 1 배색해 겉뜨기

배색 줄무늬 2코 고무뜨기 A'

빼뜨기로 코막음
3/0호 코바늘

21
20
15
10
5
1
4 3 2 1

□ = 1 배색해 겉뜨기

배색과 사용량

	색 번호·영어명	색명	사용량
	760·Caspian	터쿼이즈블루	90g/4볼
	120·Eesit/White	에크뤼 믹스	85g/4볼
	791·Pistachio	짙은 잿빛 황록색	60g/3볼
	478·Amber	칙칙한 오렌지	50g/2볼
	105·Eesit	연베이지	35g/2볼
	274·Green Mist	민트 믹스	30g/2볼
	525·Crimson	짙은 빨간색	소량/1볼
	524·Poppy	노란빛 빨간색	소량/1볼
	870·Cocoa	어두운 오렌지	소량/1볼
	165·Dusk	짙은 청자색 믹스	소량/1볼

※무늬는 중심에서 대칭으로 배치. 앞뒤 몸판의 뜨개 시작은 같다.

113

12 — XL ● Picture on p.17

[재료와 도구]
실…제이미슨즈 셰틀랜드 스핀드리프트
색 번호·색명·사용량은 표 참고
바늘…줄바늘 3호(80cm)·1호(80cm), 코바늘 3/0호

[완성 크기]
가슴둘레 109cm, 어깨너비 46cm, 기장 66.5cm, 소매 기장 63cm

[게이지 (10×10cm)]
배색무늬 30코×33단

[뜨는 법 포인트]
※줄바늘은 코를 주울 때는 1호, 그 외에는 3호로 뜬다.
1. 기초코를 만든다. →p.32
2. 원통으로 만들어 고무뜨기를 뜬다. →p.32

3. 1단에서 코를 늘려서 배색무늬를 뜬다. →p.70
4. 진동둘레에 스틱을 넣어 뜬다. →p.36
5. 스틱을 뜨면서 목둘레의 코를 줄인다. →p.40
6. 어깨는 코바늘을 사용해 빼뜨기로 잇기를 한다. →p.41
7. 진동둘레의 스틱을 자른다. →p.71
8. 진동둘레에서 코를 줍고 도중까지 스틱을 뜨면서 소매를 뜬다. →p.73
9. 뜨개 끝은 코바늘을 사용해 빼뜨기로 코막음을 한다. →p.44
10. 목둘레의 스틱을 자르고 목둘레를 뜬다. →p.42
11. 뜨개 끝은 코바늘을 사용해 빼뜨기로 코막음을 한다. →p.44
12. 실과 스틱을 정리한다. →p.78
13. 스팀다리미로 다려 마무리한다. →p.78

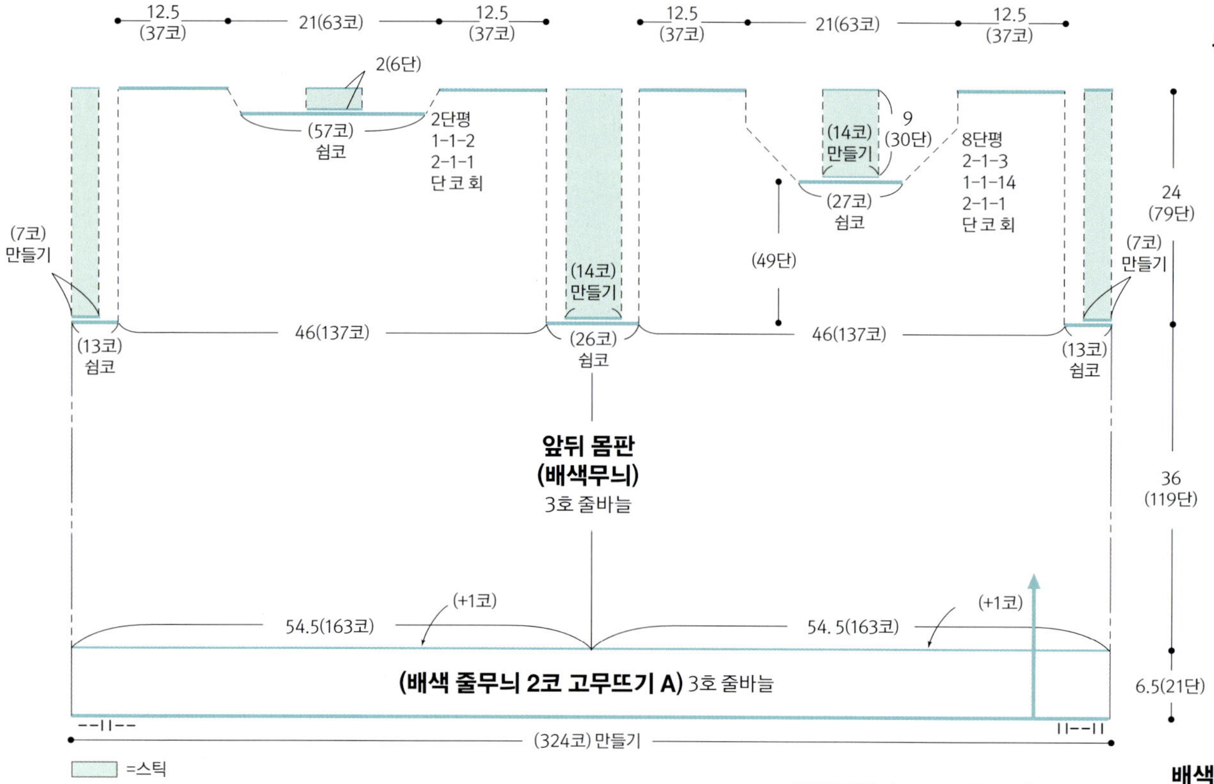

앞뒤 몸판
(배색무늬)
3호 줄바늘

12.5 (37코) 21 (63코) 12.5 (37코) 12.5 (37코) 21 (63코) 12.5 (37코)

2 (6단)

(57코) 쉼코
2단평
1-1-2
2-1-1
단 코 회

(7코) 만들기

(13코) 쉼코

46 (137코)

(14코) 만들기

(26코) 쉼코

(49단)

(14코) 만들기

9 (30단)

(27코) 쉼코
8단평
2-1-3
1-1-14
2-1-1
단 코 회

46 (137코)

(7코) 만들기

(13코) 쉼코

24 (79단)

36 (119단)

54.5 (163코) (+1코) 54.5 (163코) (+1코)

(배색 줄무늬 2코 고무뜨기 A) 3호 줄바늘

6.5 (21단)

(324코) 만들기

=스틱

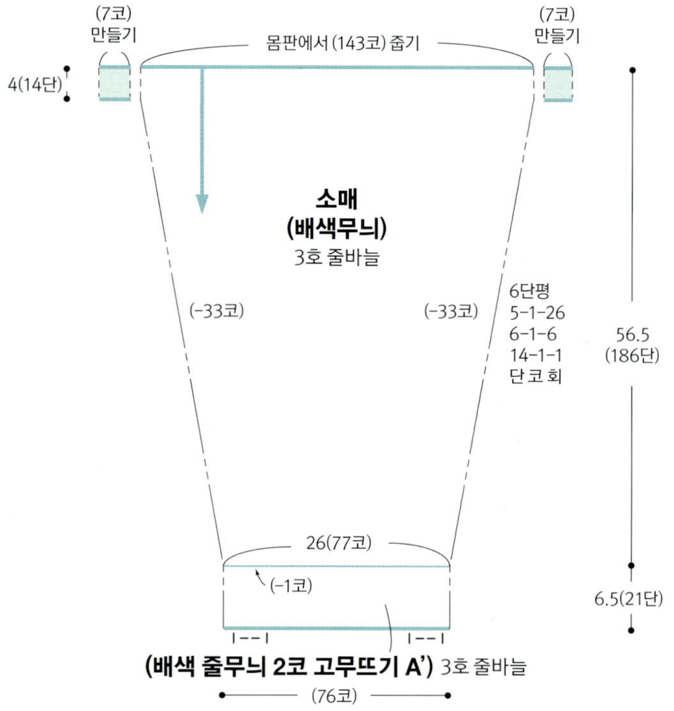

목둘레(배색 줄무늬 2코 고무뜨기 B)
3호 줄바늘
(67코) 줍기 2.5 (9단)
(85코) 줍기

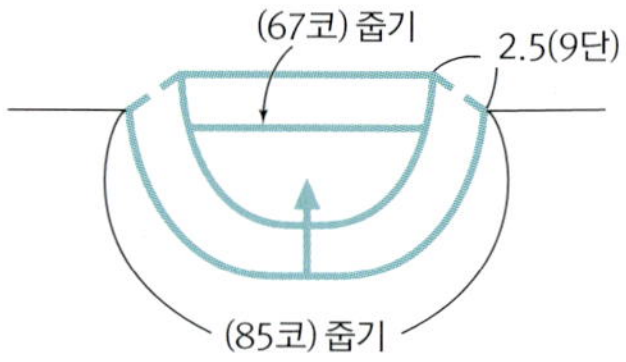

배색 줄무늬 2코 고무뜨기 B 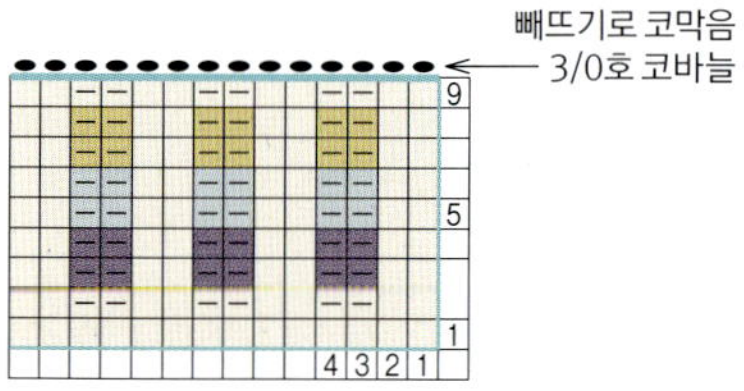
빼뜨기로 코막음
3/0호 코바늘
9
5
1
4 3 2 1
□ = ① 배색해 겉뜨기

소매
(배색무늬)
3호 줄바늘

(7코) 만들기 몸판에서 (143코) 줍기 (7코) 만들기

4 (14단)

6단평
5-1-26
6-1-6
14-1-1
단 코 회

56.5 (186단)

(-33코) (-33코)

26 (77코)
(-1코)
6.5 (21단)

(배색 줄무늬 2코 고무뜨기 A') 3호 줄바늘
(76코)

배색 줄무늬 2코 고무뜨기 A
21
20
15
10
5
1
4 3 2 1
□ = ① 배색해 겉뜨기

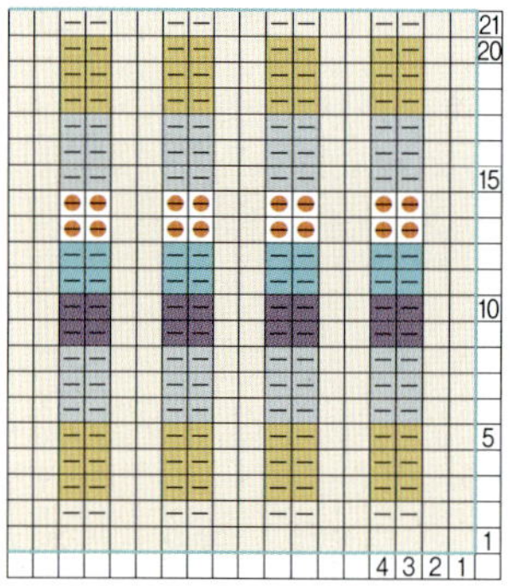

배색 줄무늬 2코 고무뜨기 A' 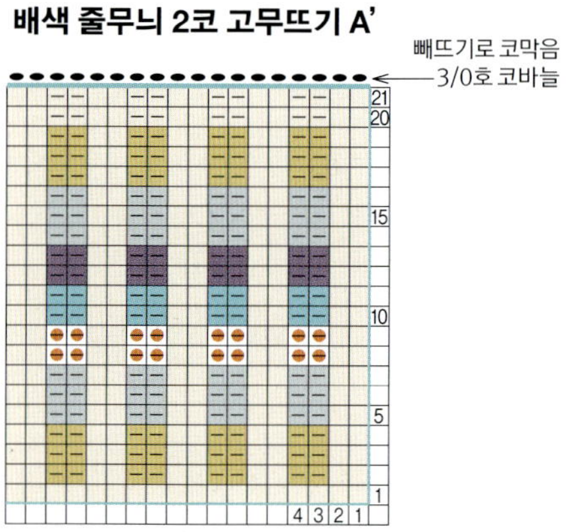
빼뜨기로 코막음
3/0호 코바늘
21
20
15
10
5
1
4 3 2 1
□ = ① 배색해 겉뜨기

배색과 사용량

	색 번호·영어명	색명	사용량
	760·Caspian	터쿼이즈블루	100g/4볼
	120·Eesit/White	에크뤼 믹스	95g/4볼
	791·Pistachio	짙은 잿빛 황록색	70g/3볼
	478·Amber	칙칙한 오렌지	55g/3볼
	105·Eesit	연베이지	40g/2볼
	274·Green Mist	민트 믹스	35g/2볼
	525·Crimson	짙은 빨간색	30g/2볼
	524·Poppy	노란빛 빨간색	30g/2볼
	870·Cocoa	어두운 오렌지	30g/2볼
	165·Dusk	짙은 청자색 믹스	30g/2볼

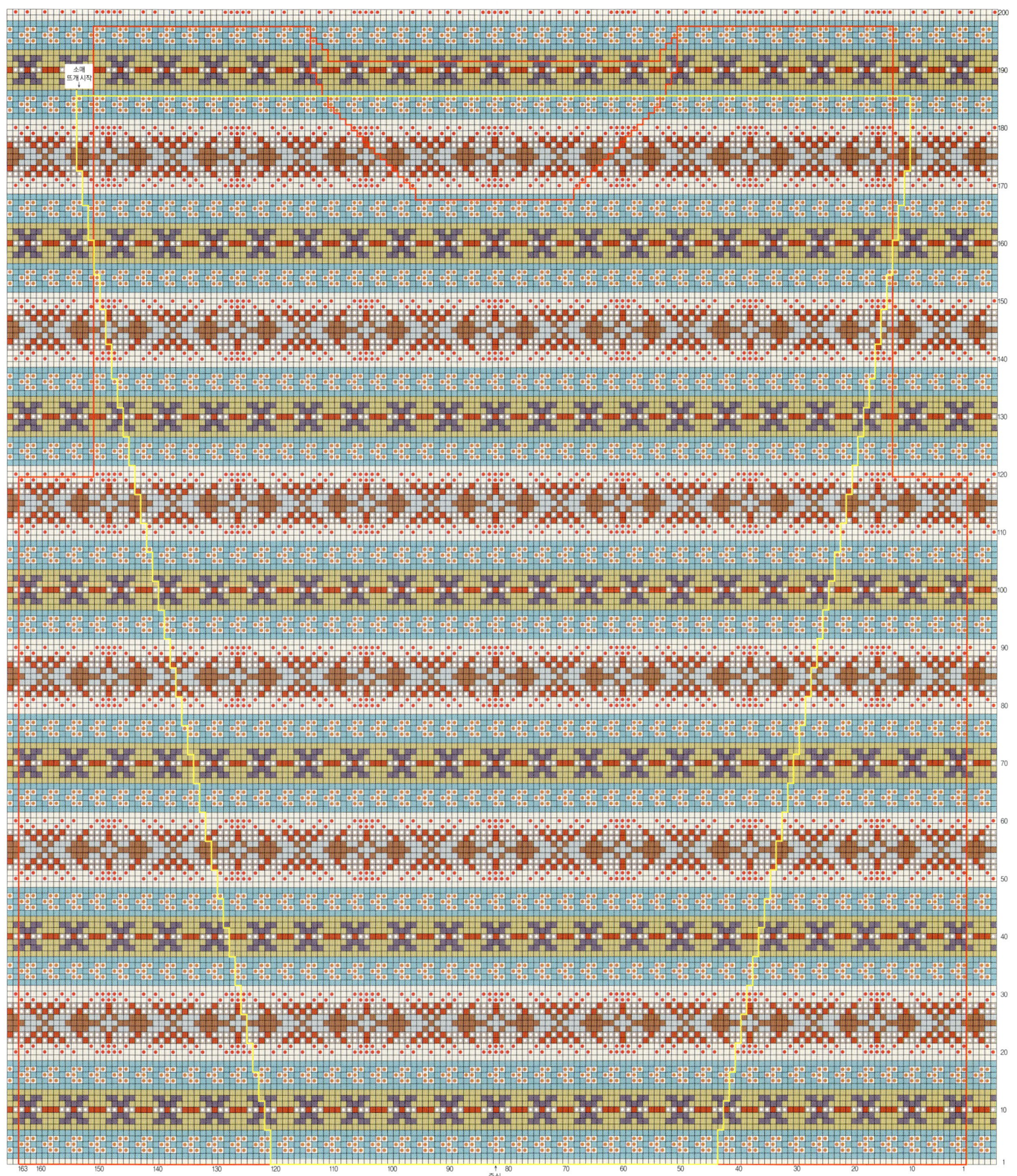

※무늬는 중심에서 대칭으로 배치, 앞뒤 몸판의 뜨개 시작은 같다.

13 — M ● Picture on p.18

[재료와 도구]

실…J&S(제이미슨&스미스) 2플라이

색 번호·색명·사용량은 표 참고

바늘…줄바늘 3호(80㎝)·1호(80㎝), 코바늘 2/0호

[완성 크기]

가슴둘레 90㎝, 어깨너비 37㎝, 기장 58㎝, 소매 기장 52.5㎝

[게이지(10×10㎝)]

배색무늬 26.5코×32단

[뜨는 법 포인트]

※줄바늘은 1코 고무뜨기와 코를 주울 때는 1호, 그 외에는 3호로 뜬다.

1. 기초코를 만든다. →p.32

2. 원통으로 만들어 고무뜨기를 뜬다. →p.32

3. 이어서 배색무늬를 뜬다.

4. 진동둘레에 스틱을 넣어 뜬다. →p.36

5. 스틱을 뜨면서 목둘레의 코를 줄인다. →p.40

6. 어깨는 코바늘을 사용해 빼뜨기로 잇기를 한다. →p.41

7. 진동둘레의 스틱을 자른다. →p.71

8. 진동둘레에서 코를 줍고 도중까지 스틱을 뜨면서 소매를 뜬다. →p.73

9. 뜨개 끝은 코바늘을 사용해 빼뜨기로 코막음을 한다. →p.44

10. 목둘레의 스틱을 자르고 목둘레를 뜬다. →p.42

11. 뜨개 끝은 코바늘을 사용해 빼뜨기로 코막음을 한다. →p.44

12. 실과 스틱을 정리한다. →p.78

13. 스팀다리미로 다려 마무리한다. →p.78

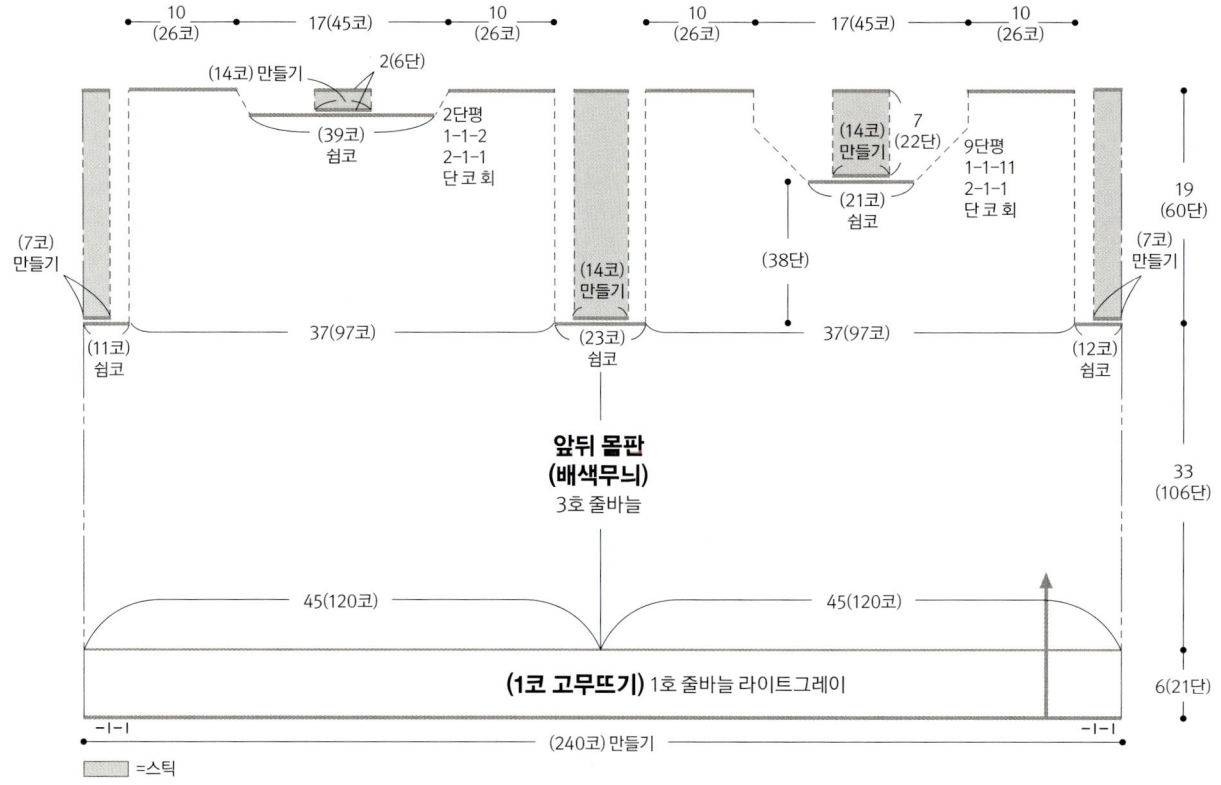

앞뒤 몸판
(배색무늬)
3호 줄바늘

= 스틱

소매
(배색무늬)
3호 줄바늘

(1코 고무뜨기) 1호 줄바늘 라이트그레이

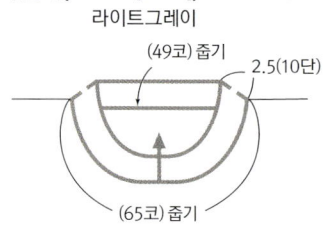

목둘레(1코 고무뜨기) 1호 줄바늘
라이트그레이

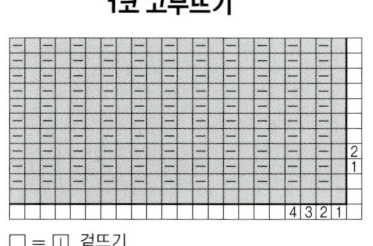

1코 고무뜨기

□ = ① 겉뜨기

배색과 사용량

	색 번호·색명	사용량
	203 · 라이트그레이	130g/6볼
	FC52 · 그레이 믹스	70g/3볼
	FC58 · 갈색	25g/1볼
	121 · 노란색	25g/1볼
	FC43 · 베이지	25g/1볼
	131 · 로열블루	20g/1볼
	FC37 · 라이트블루	20g/1볼
	FC15 · 잿빛 파란색	20g/1볼

※무늬는 중심에서 대칭으로 배치, 앞뒤 몸판의 뜨개 시작은 같다.

117

13 — L ● Picture on p.18

[재료와 도구]
실…J&S(제이미슨&스미스) 2플라이
색 번호·색명·사용량은 표 참고
바늘…줄바늘 3호(80㎝)·1호(80㎝), 코바늘 2/0호

[완성 크기]
가슴둘레 104㎝, 어깨너비 43㎝, 기장 64㎝, 소매 기장 61㎝

[게이지 (10×10㎝)]
배색무늬 26.5코×32단

[뜨는 법 포인트]
※줄바늘은 1코 고무뜨기와 코를 주울 때는 1호, 그 외에는 3호로 뜬다.
1. 기초코를 만든다. →p.32
2. 원통으로 만들어 고무뜨기를 뜬다. →p.32

3. 이어서 배색무늬를 뜬다.
4. 진동둘레에 스틱을 넣어 뜬다. →p.36
5. 스틱을 뜨면서 목둘레의 코를 줄인다. →p.40
6. 어깨는 코바늘을 사용해 빼뜨기로 잇기를 한다. →p.41
7. 진동둘레의 스틱을 자른다. →p.71
8. 진동둘레에서 코를 줍고 도중까지 스틱을 뜨면서 소매를 뜬다. →p.73
9. 뜨개 끝은 코바늘을 사용해 빼뜨기로 코막음을 한다. →p.44
10. 목둘레의 스틱을 자르고 목둘레를 뜬다. →p.42
11. 뜨개 끝은 코바늘을 사용해 빼뜨기로 코막음을 한다. →p.44
12. 실과 스틱을 정리한다. →p.78
13. 스팀다리미로 다려 마무리한다. →p.78

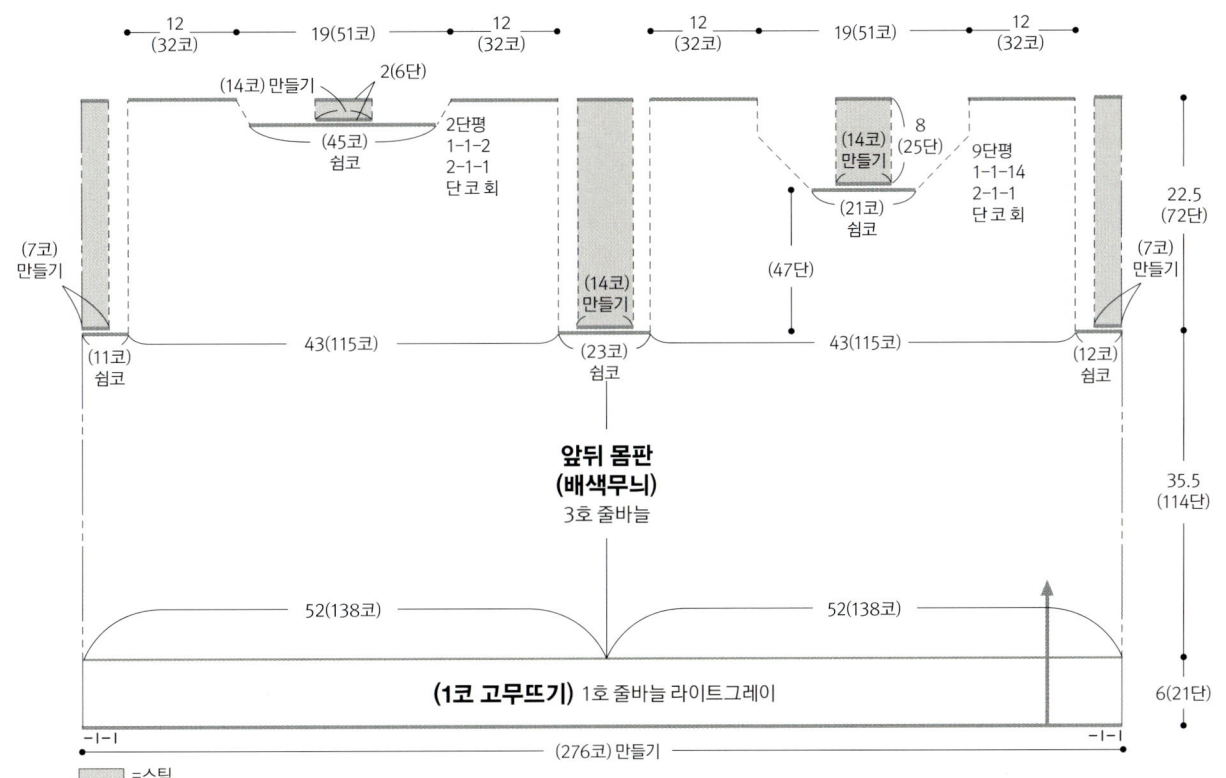

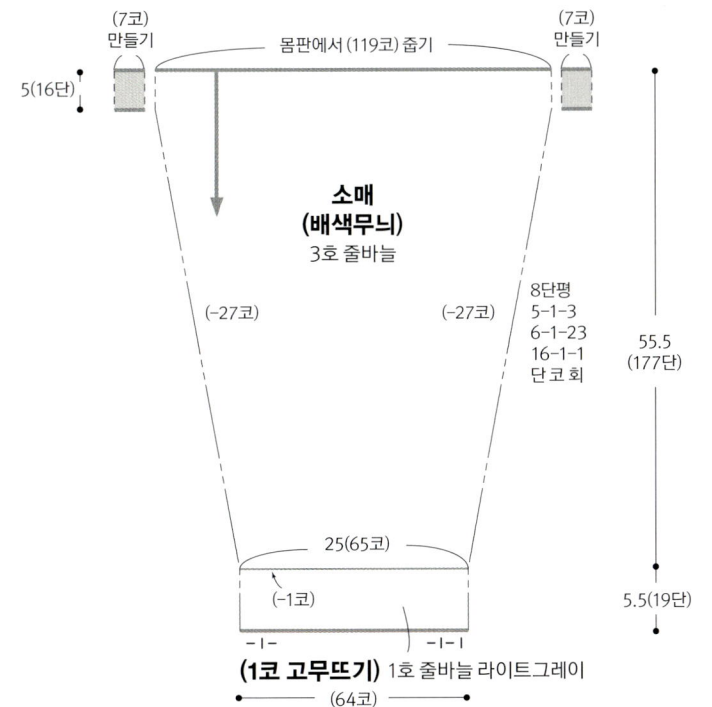

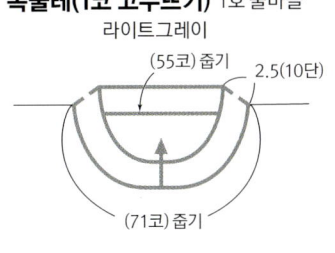

목둘레(1코 고무뜨기) 1호 줄바늘
라이트그레이

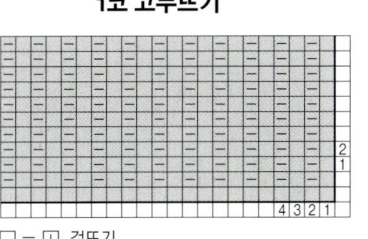

1코 고무뜨기

□ = □ 겉뜨기

배색과 사용량

	색 번호·색명	사용량
	203·라이트그레이	170g/7볼
	FC52·그레이 믹스	95g/4볼
	FC58·갈색	35g/2볼
	121·노란색	35g/2볼
	FC43·베이지	35g/2볼
	131·로열블루	25g/1볼
	FC37·라이트블루	25g/1볼
	FC15·잿빛 파란색	25g/1볼

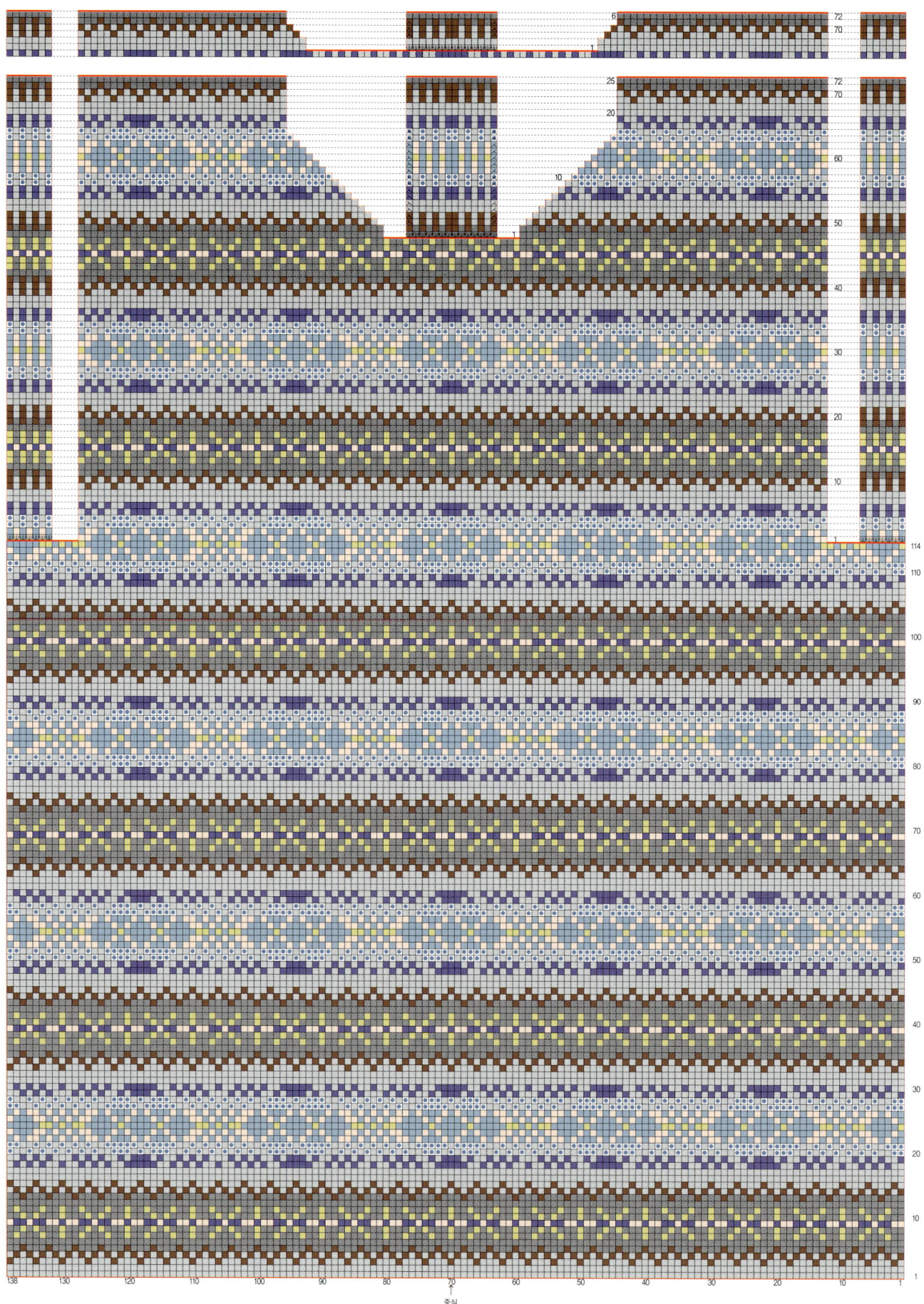

※무늬는 중심에서 대칭으로 배치, 앞뒤 몸판의 뜨개 시작은 같다.

13 — XL ● Picture on p.18

[재료와 도구]
실…J&S(제이미슨&스미스) 2플라이
색 번호·색명·사용량은 표 참고
바늘…줄바늘 3호(80cm)·1호(80cm), 코바늘 2/0호

[완성 크기]
가슴둘레 112cm, 어깨너비 46cm, 기장 70cm, 소매 기장 62cm

[게이지 (10×10cm)]
배색무늬 26.5코×32단

[뜨는 법 포인트]
※줄바늘은 1코 고무뜨기와 코를 주울 때는 1호, 그 외에는 3호로 뜬다.
1. 기초코를 만든다. →p.32

2. 원통으로 만들어 고무뜨기를 뜬다. →p.32
3. 이어서 배색무늬를 뜬다.
4. 진동둘레에 스틱을 넣어 뜬다. →p.36
5. 스틱을 뜨면서 목둘레의 코를 줄인다. →p.40
6. 어깨는 코바늘을 사용해 빼뜨기로 잇기를 한다. →p.41
7. 진동둘레의 스틱을 자른다. →p.71
8. 진동둘레에서 코를 줍고 도중까지 스틱을 뜨면서 소매를 뜬다. →p.73
9. 뜨개 끝은 코바늘을 사용해 빼뜨기로 코막음을 한다. →p.44
10. 목둘레의 스틱을 자르고 목둘레를 뜬다. →p.42
11. 뜨개 끝은 코바늘을 사용해 빼뜨기로 코막음을 한다. →p.44
12. 실과 스틱을 정리한다. →p.78
13. 스팀다리미로 다려 마무리한다. →p.78

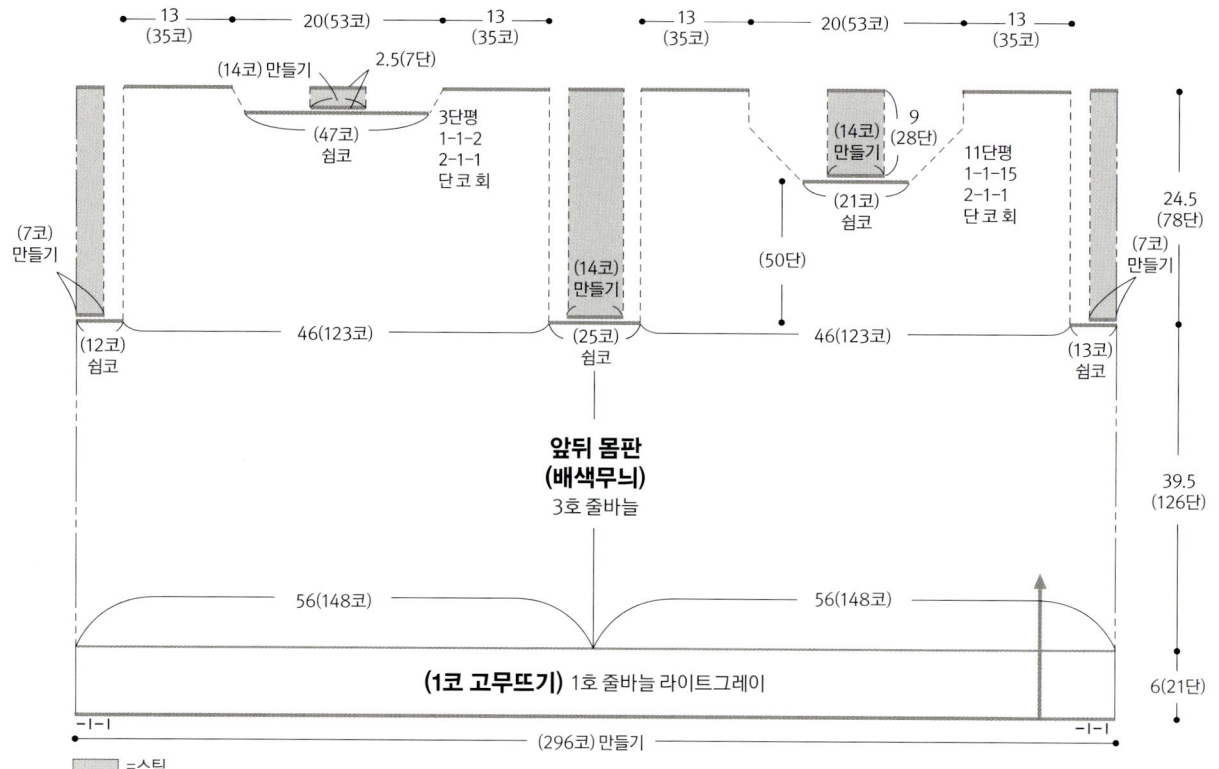

앞뒤 몸판
(배색무늬)
3호 줄바늘

(1코 고무뜨기) 1호 줄바늘 라이트그레이

=스틱

소매
(배색무늬)
3호 줄바늘

(1코 고무뜨기) 1호 줄바늘 라이트그레이
(66코)

목둘레(1코 고무뜨기) 1호 줄바늘
라이트그레이

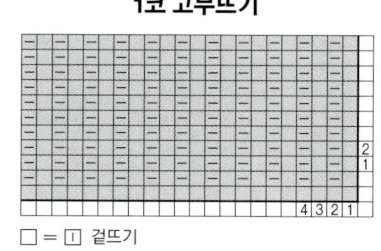

1코 고무뜨기

□ = ☐ 겉뜨기

배색과 사용량

	색 번호·색명	사용량
	203·라이트그레이	200g/8볼
	FC52·그레이 믹스	105g/5볼
	FC58·갈색	40g/2볼
	121·노란색	40g/2볼
	FC43·베이지	40g/2볼
	131·로열블루	30g/2볼
	FC37·라이트블루	30g/2볼
	FC15·잿빛 파란색	30g/2볼

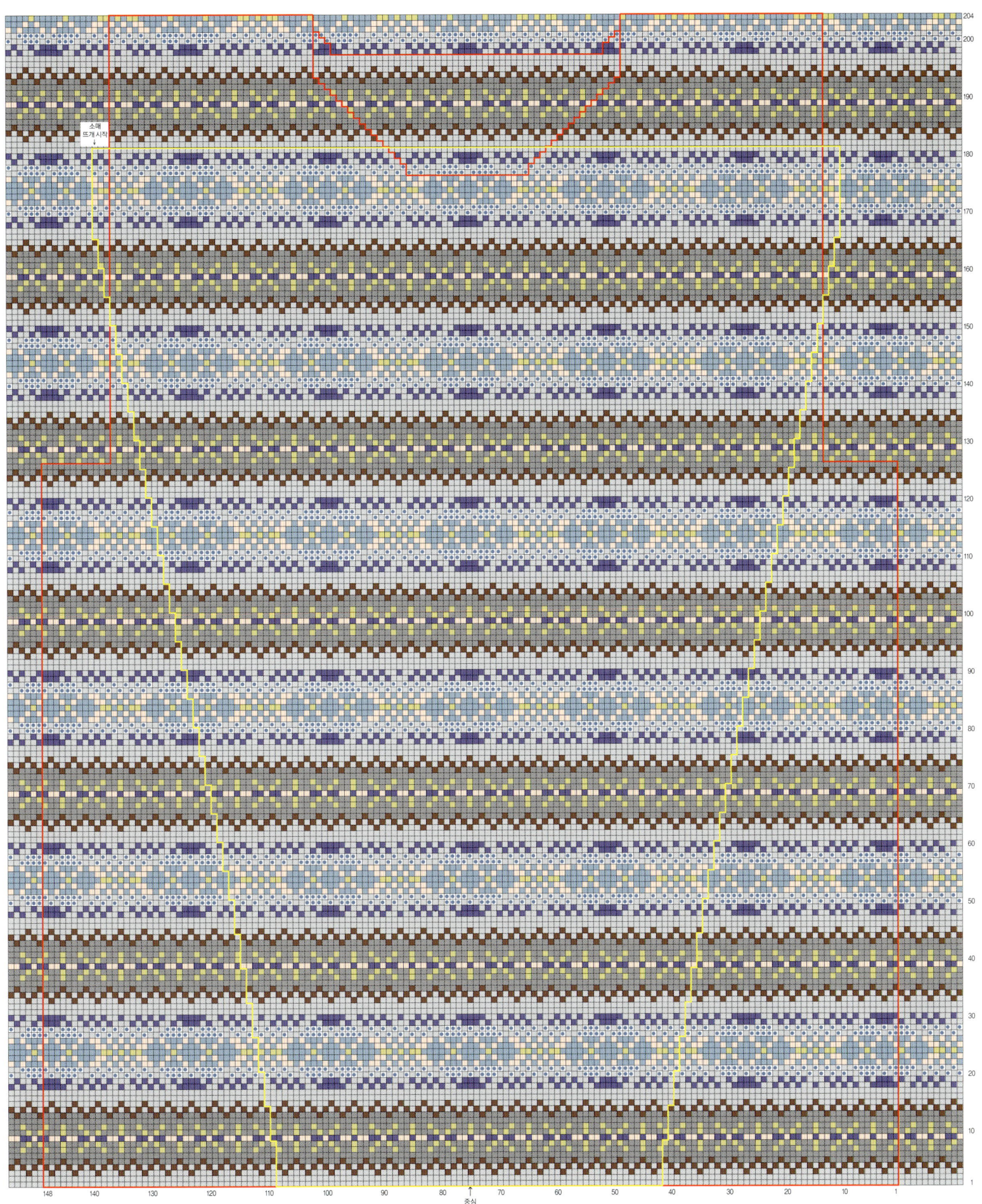

※무늬는 중심에서 대칭으로 배치, 앞뒤 몸판의 뜨개 시작은 같다.

14 ● Picture on p.19

[재료와 도구]
실…제이미슨즈 셰틀랜드 스핀드리프트
색 번호·색명·사용량은 표 참고
바늘…줄바늘 3호(80cm)·1호(80cm), 코바늘 3/0호

[완성 크기]
기장 73cm

[게이지(10×10cm)]
배색무늬 30.5코×32단

[뜨는 법 포인트]
※줄바늘은 코를 주울 때는 1호, 그 외에는 3호로 뜬다.
1. 스틱 14코를 더해 기초코를 만든다. →p.67
2. 원통으로 만들어 스틱 7코부터 뜨기 시작해 고무뜨기를 뜨고, 스틱 7코를 떠서 끝낸다. →p.67

3. 1단에서 코를 늘리고, 스틱을 뜨면서 배색무늬를 뜬다.
4. 1단에서 코를 줄여서 고무뜨기를 뜬다. →p.40
5. 뜨개 끝은 코바늘을 사용해 빼뜨기로 코막음을 한다. →p.44
6. 스틱을 자른다. →p.76
7. 왼쪽 밑단은 코를 주워 고무뜨기를 뜬다.
8. 뜨개 끝은 코바늘을 사용해 빼뜨기로 코막음을 한다. →p.44
9. 맞춤 표시끼리 떠서 꿰매기를 한다.
10. 목둘레에서 코를 주워 고무뜨기를 뜬다. →p.74
11. 뜨개 끝은 코바늘을 사용해 빼뜨기로 코막음을 한다. →p.44
12. 실과 스틱을 정리한다. →p.78
13. 스팀다리미로 다려 마무리한다. →p.78

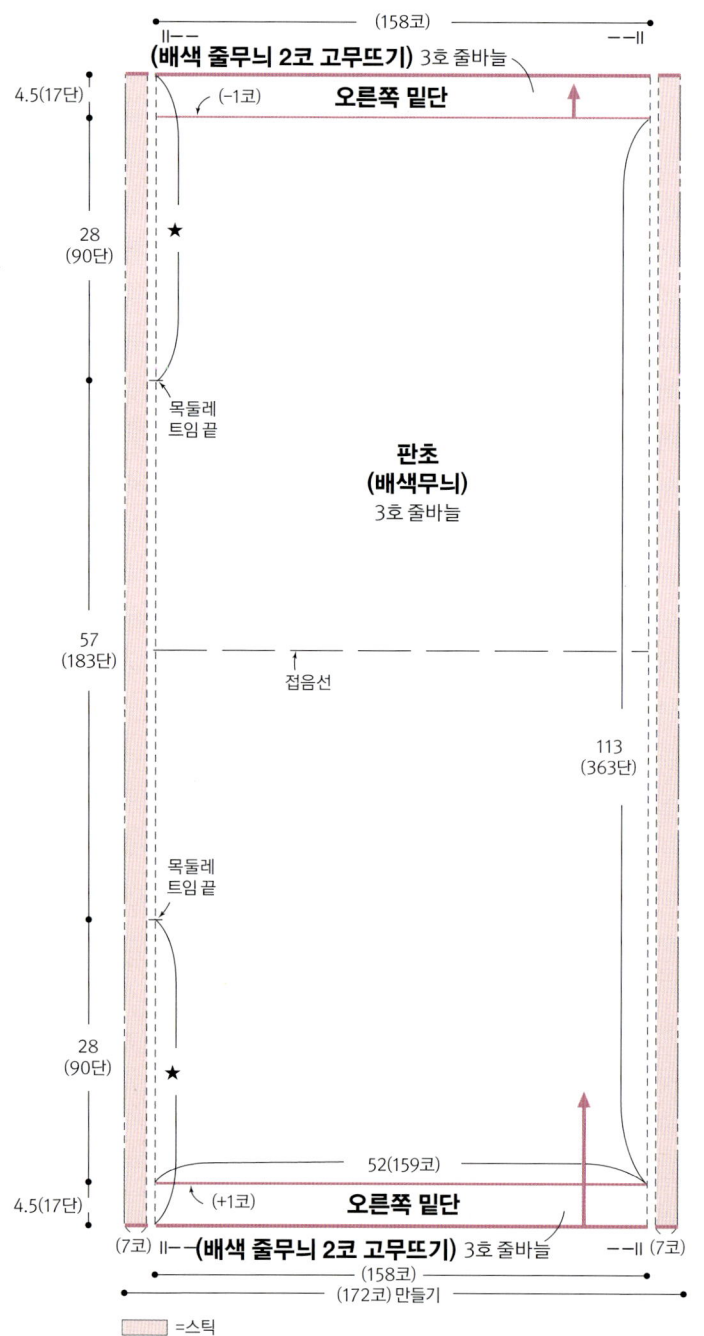

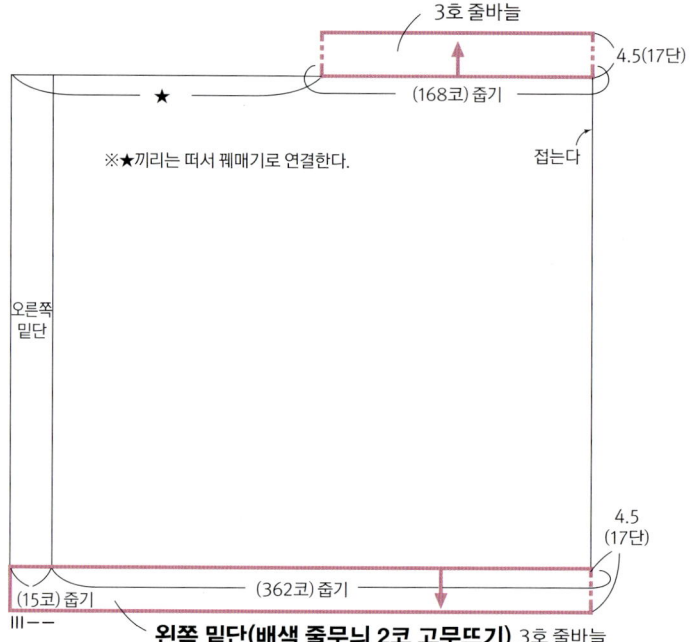

※★끼리는 떠서 꿰매기로 연결한다.

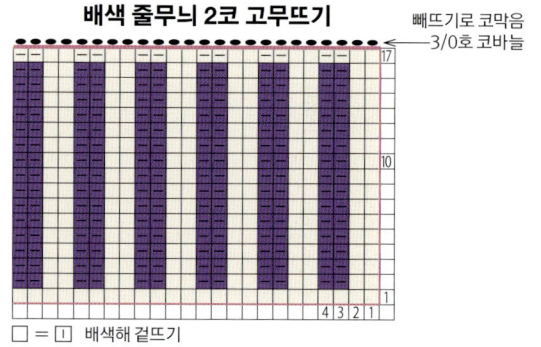

□ = ① 배색해 겉뜨기

배색과 사용량

	색 번호·영어명	색명	사용량
	120·Eesit/White	에크뤼 믹스	115g/5볼
	1290·Loganberry	짙은 적자색 믹스	55g/3볼
	294·Blueberry	진보라색 믹스	45g/2볼
	517·Mantilla	어두운 적자색 믹스	30g/2볼
	791·Pistachio	짙은 잿빛 황록색	25g/1볼
	1130·Lichen	초록빛 그레이	25g/1볼
	563·Rouge	칙칙한 적자색	15g/1볼
	580·Cherry	짙은 빨간색	15g/1볼
	286·Moorgrass	초록색 믹스	15g/1볼

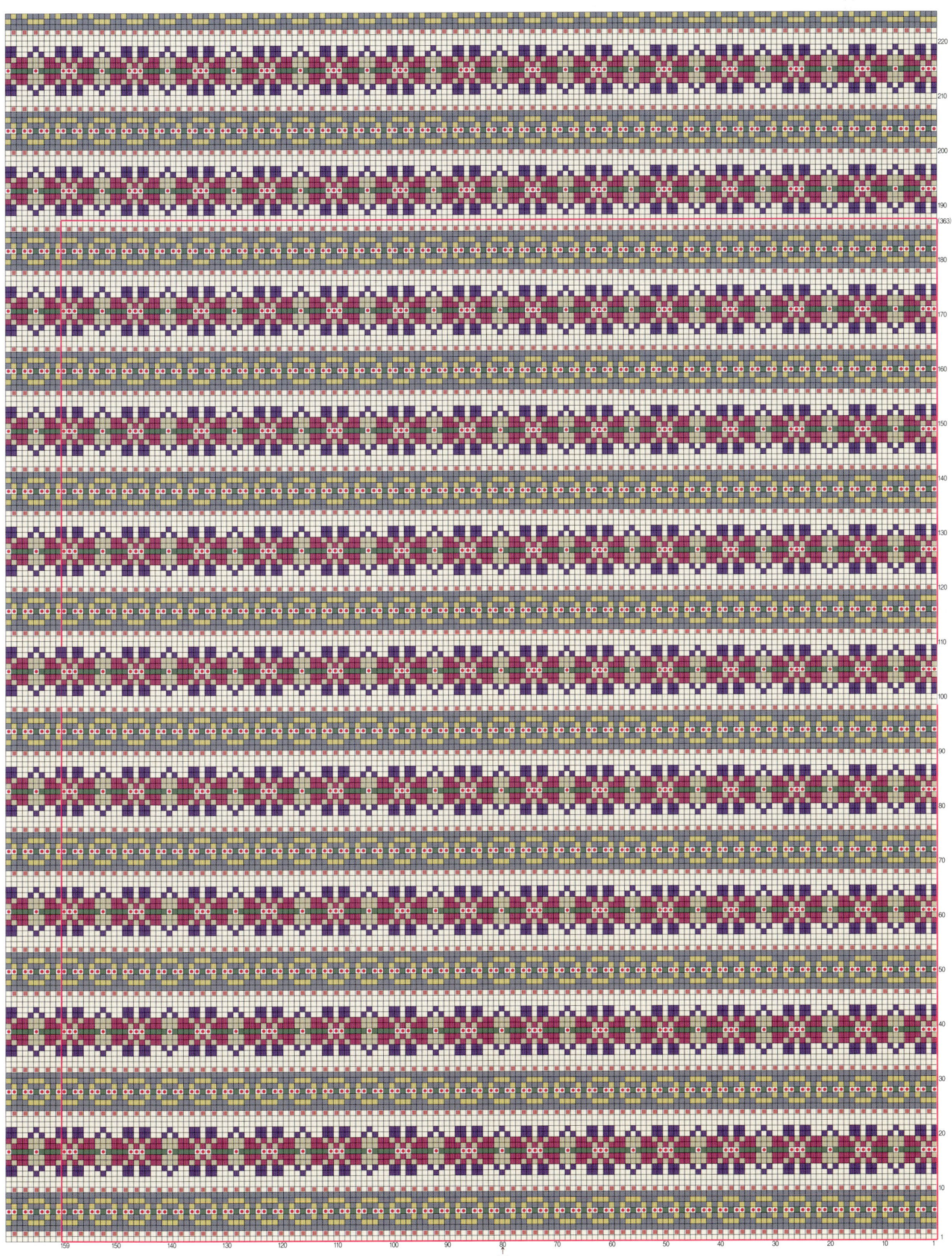

15 — M ● Picture on p.20

[재료와 도구]
실…제이미슨즈 셰틀랜드 스핀드리프트
색 번호·색명·사용량은 표 참고
부재료…지름 20mm 단추 9개
바늘…줄바늘 3호(80cm)·1호(80cm), 코바늘 2/0호

[완성 크기]
가슴둘레 93.5cm, 기장 58cm, 화장 75cm

[게이지 (10×10cm)]
메리야스뜨기 26.5코×36.5단, 배색무늬 28.5코×32단

[뜨는 법 포인트]
※줄바늘은 고무뜨기와 코를 주울 때는 1호, 그 외에는 3호로
뜬다.
1. 기초코를 만든다. →p.32
2. 몸판, 소매를 각각 왕복뜨기로 뜬다. 거싯의 코는 덮어씌우
기, 래글런 선의 줄임코는 가장자리에서 3번째 코와 4번째

코로 2코 모아뜨기를 한다. 소매 밑선의 늘림코는 1코 안쪽
에서 돌려뜨기 늘림코를 한다.
3. 래글런선, 옆선, 소매 밑선을 떠서 꿰매기를 한다.
4. 앞중심에서 뜨개 시작의 스틱 7코, 요크, 뜨개 끝의 스틱 7
코가 되게 원통으로 만들어 스틱을 뜨면서 요크를 분산 줄
임코로 뜬다. →p.67
5. 이어서 목둘레의 고무뜨기를 뜬다.
6. 뜨개 끝은 코바늘을 사용해 빼뜨기로 코막음을 한다.
→p.44
7. 요크의 스틱을 자른다. →p.76
8. 앞단을 왕복뜨기로 뜨고 도중에 단춧구멍을 만든다.
→p.76
9. 뜨개 끝은 코바늘을 사용해 빼뜨기로 코막음을 한다.
→p.44
10. 거싯의 코는 메리야스 잇기를 한다.
11. 실과 스틱을 정리한다. →p.78
12. 스팀다리미로 다려 마무리한다. →p.78
13. 마지막에 단추를 단다.

배색과 사용량

	색 번호·영어명	색명	사용량
🟩	1140·Granny Smith	신록색	225g/9볼
⬜	343·Ivory	아이보리	20g/1볼
🟨	375·Flax	연노란색	소량/1볼
🟦	660·Lagoon	짙은 물색	소량/1볼
⊙	524·Poppy	노란빛 빨간색	소량/1볼
🟥	525·Crimson	짙은 빨간색	소량/1볼
⊙	861·Sandalwood	잿빛 오렌지	소량/1볼
🟧	478·Amber	칙칙한 오렌지	소량/1볼
▨	720·Dewdrop	청록색 믹스	소량/1볼
▨	140·Rye	노란빛 그레이	소량/1볼
▦	120·Eesit / White	에크뤼 믹스	소량/1볼

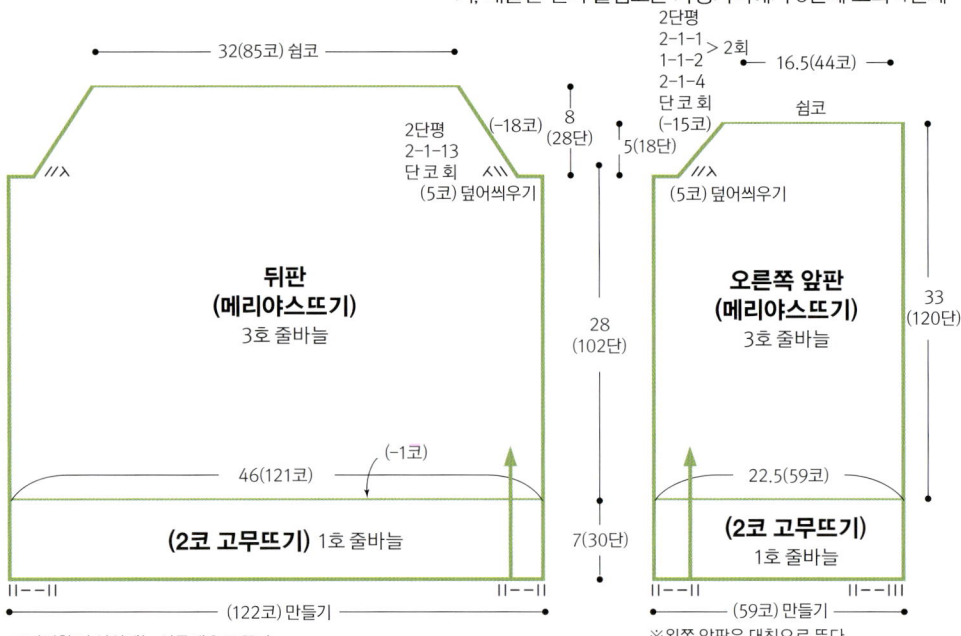

※지정한 것 이외에는 신록색으로 뜬다.
※왼쪽 앞판은 대칭으로 뜬다.

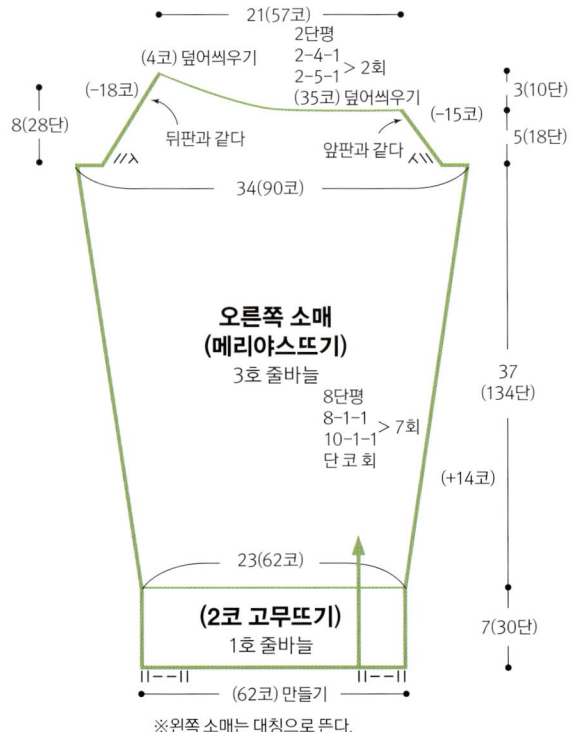

※왼쪽 소매는 대칭으로 뜬다.

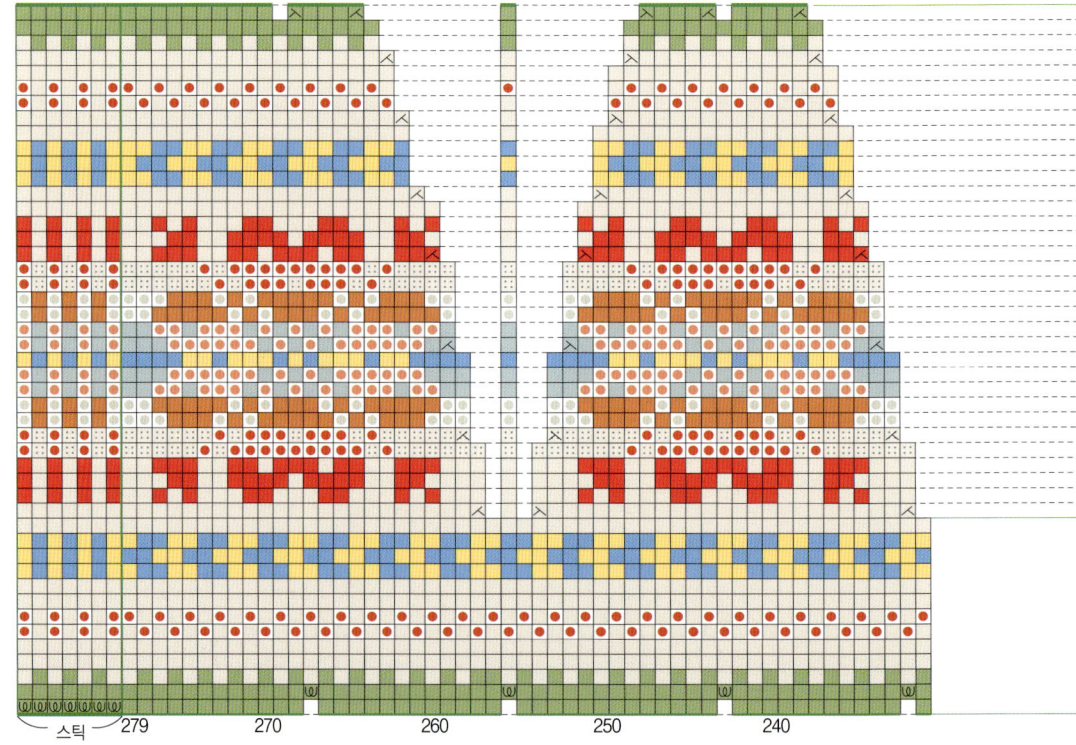

2코 고무뜨기

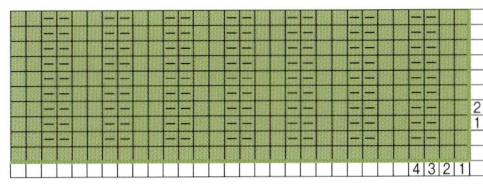

□ = ⊡ 겉뜨기

22
(146코)

15
(47단)

요크
(배색무늬)
3호 줄바늘

오른쪽
소매에서 (55코) 줍기

왼쪽 소매에서
(55코) 줍기

분산 줄임코 총
(−171코)
그림 참고

뒤판에서 (83코) 줍기

(+24코)

오른쪽
앞판에서 (43코) 줍기

(7코)
만들기

(7코)
만들기

왼쪽 앞판에서
(43코) 줍기

□ =스틱

총 (279코) 줍고
2단에서 (303코)로 늘린다

목둘레(2코 고무뜨기)
1호 줄바늘
요크에서 (132코) 줍기

2.5(10단)

(3코)

= (18코)

앞단
(2코 고무뜨기)
1호 줄바늘

(172코) 줍기

단춧
구멍
(2코)

(7코)

2.5
(10단)

단춧구멍 (오른쪽 앞단)

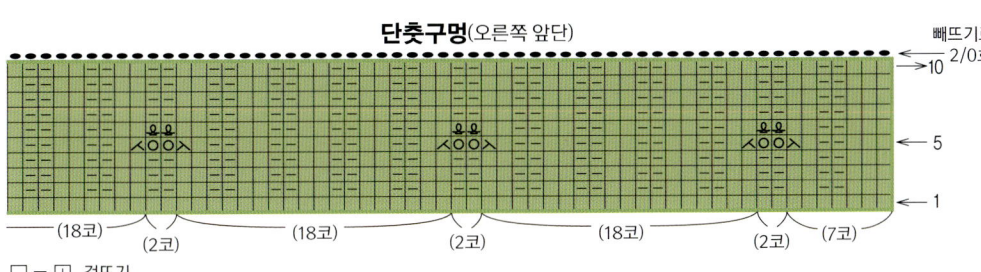

빼뜨기로 코막음
2/0호 코바늘
← 10
← 5
← 1

(18코) (2코) (18코) (2코) (18코) (2코) (7코)

□ = ⊡ 겉뜨기

배색무늬

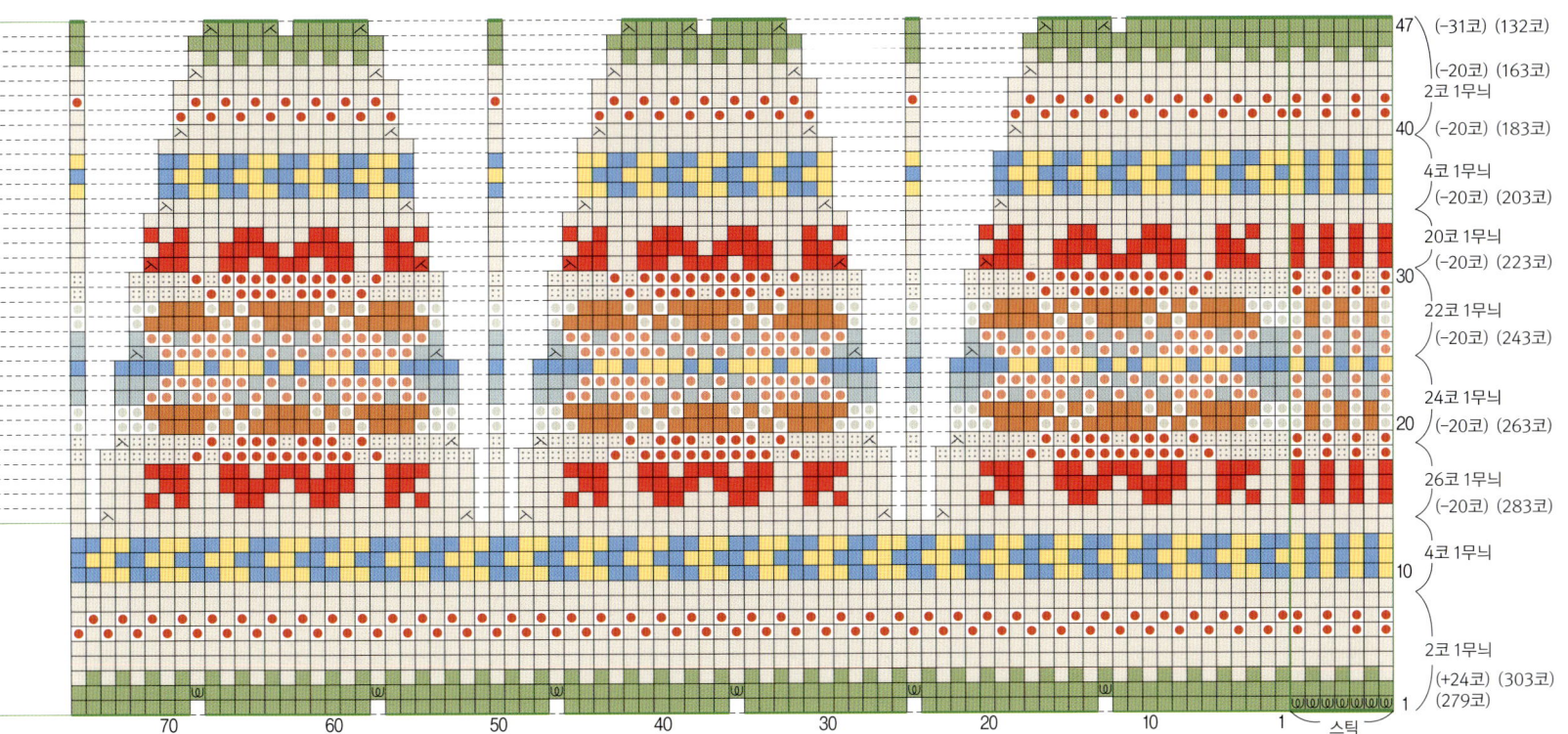

47 (−31코) (132코)

(−20코) (163코)
2코 1무늬

40 (−20코) (183코)
4코 1무늬
(−20코) (203코)
20코 1무늬
(−20코) (223코)

30
22코 1무늬
(−20코) (243코)
24코 1무늬

20 (−20코) (263코)
26코 1무늬
(−20코) (283코)
4코 1무늬

10
2코 1무늬
(+24코) (303코)
1 (279코)
스틱

70 60 50 40 30 20 10 1

16 — M ● Picture on p.21

[재료와 도구]

실…제이미슨즈 셰틀랜드 스핀드리프트

색 번호·색명·사용량은 표 참고

바늘…줄바늘 3호(80cm)·1호(80cm), 코바늘 2/0호

[완성 크기]

가슴둘레 90cm, 기장 58cm, 화장 71.5cm

[게이지 (10×10cm)]

메리야스뜨기 25.5코×35단, 배색무늬 29코×34단

[뜨는 법 포인트]

1. 기초코를 만든다. →p.32

2. 몸판, 소매를 각각 왕복뜨기로 뜬다. 거싯의 코는 덮어씌우기, 래글런 선의 줄임코는 가장자리에서 3번째 코와 4번째 코로 2코 모아뜨기를 한다. 소매 밑선의 늘림코는 1코 안쪽에서 돌려뜨기 늘림코를 한다.

3. 래글런선, 옆선, 소매 밑선을 떠서 꿰매기를 한다.

4. 요크는 원통으로 만들어 분산 줄임코를 한다.

5. 목둘레는 요크에 이어 1단에서 코를 줄여서 고무뜨기를 뜬다.

6. 뜨개 끝의 코바늘을 사용해 빼뜨기로 코막음을 한다. →p.44

7. 거싯의 코는 메리야스 잇기를 한다.

8. 실을 정리한다. →p.78

9. 스팀다리미로 다려 마무리한다. →p.78

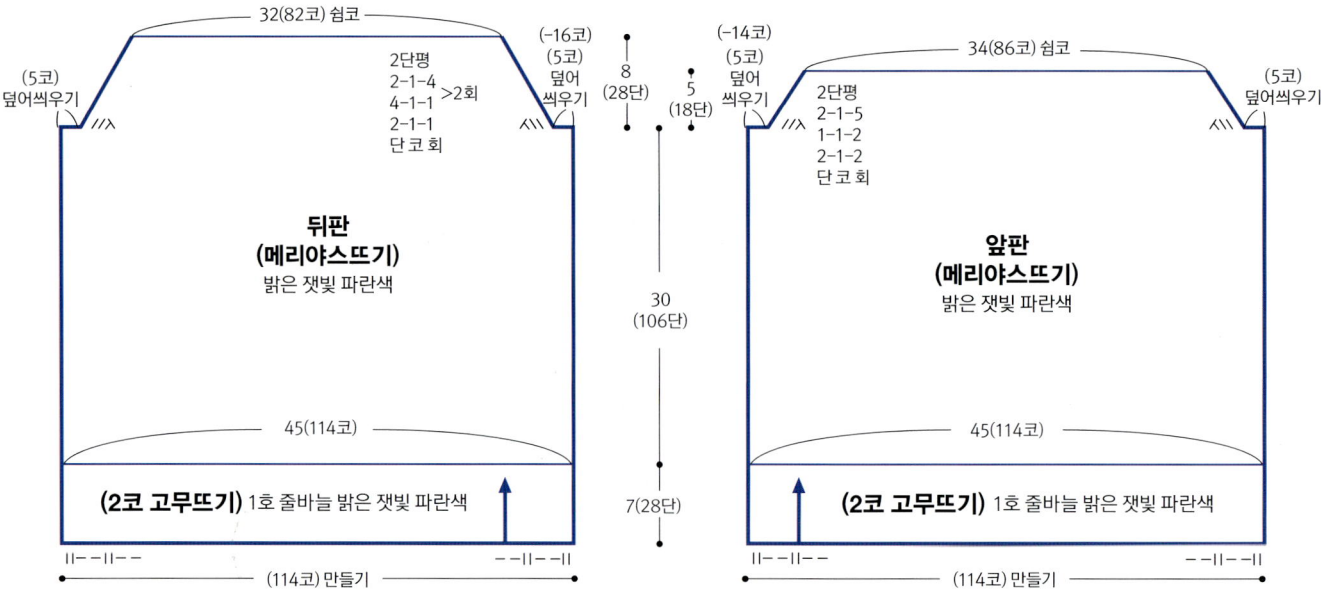

32(82코) 쉼코   (−16코) (5코) 덮어씌우기   (−14코) (5코) 덮어씌우기   34(86코) 쉼코

(5코) 덮어씌우기

2단평
2-1-4
4-1-1 >2회
2-1-1
단 코 회

뒤판
(메리야스뜨기)
밝은 잿빛 파란색

45(114코)

(2코 고무뜨기) 1호 줄바늘 밝은 잿빛 파란색

(114코) 만들기

8 (28단)

5 (18단)

30 (106단)

7 (28단)

(5코) 덮어씌우기

2단평
2-1-5
1-1-2
2-1-2
단 코 회

앞판
(메리야스뜨기)
밝은 잿빛 파란색

45(114코)

(2코 고무뜨기) 1호 줄바늘 밝은 잿빛 파란색

(114코) 만들기

※지정한 것 이외에는 3호 줄바늘로 뜬다.

2코 고무뜨기 밑단

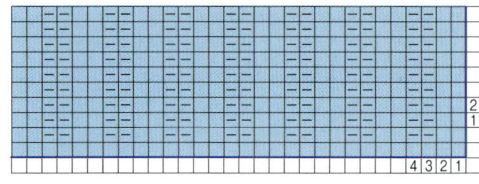

□ = ① 겉뜨기

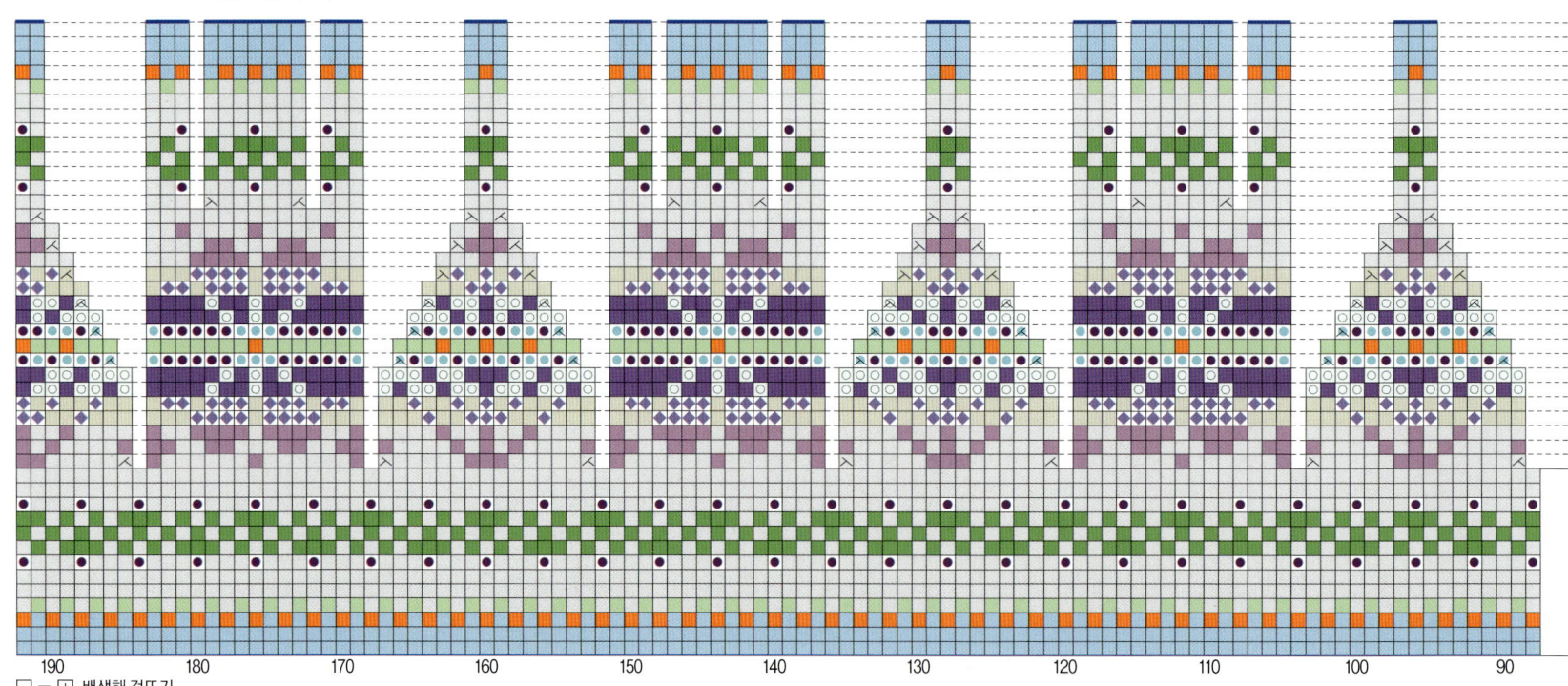

190   180   170   160   150   140   130   120   110   100   90

□ = ① 배색해 겉뜨기

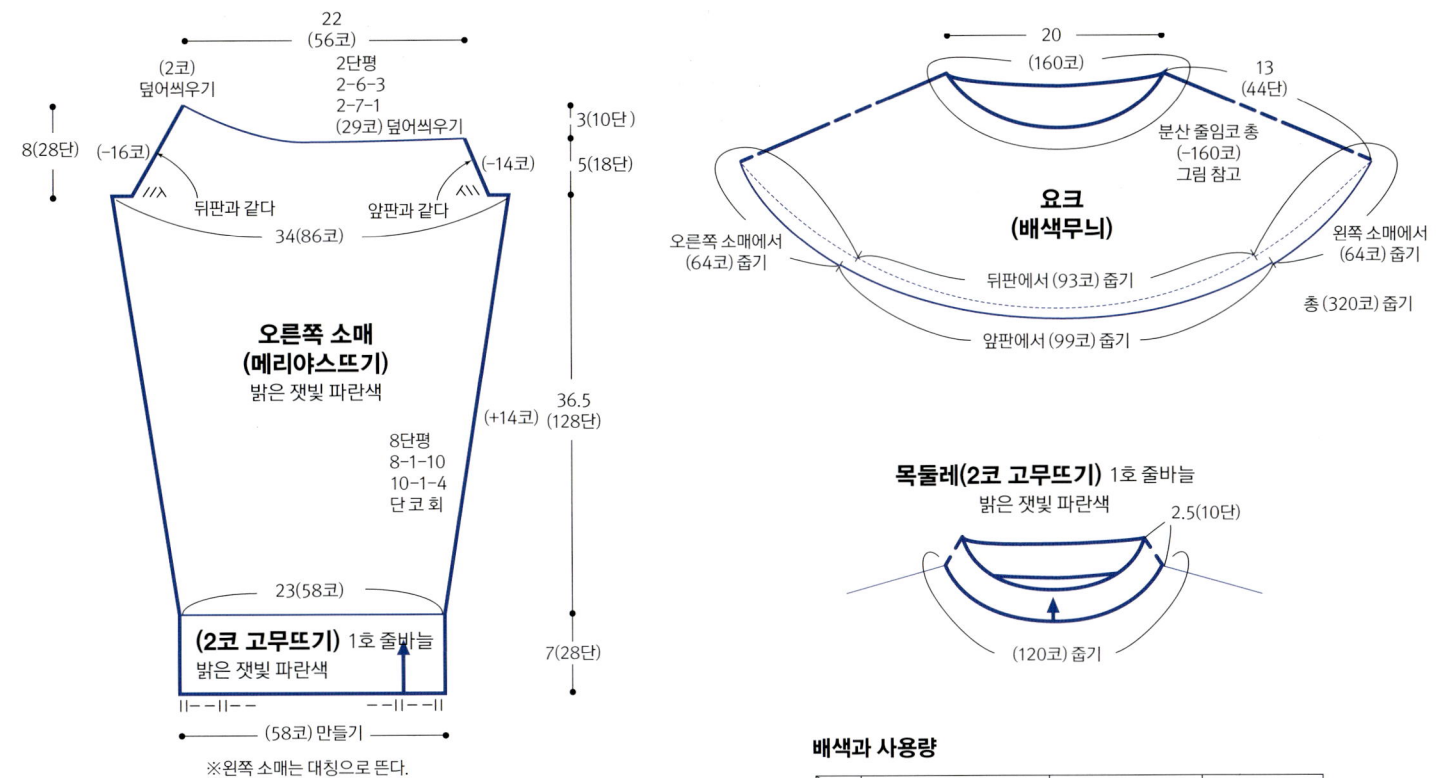

오른쪽 소매 (메리야스뜨기)
밝은 잿빛 파란색

22 (56코)
(2코) 덮어씌우기
2단평
2-6-3
2-7-1
(29코) 덮어씌우기
8(28단)
(−16코)
뒤판과 같다
앞판과 같다
(−14코)
34(86코)
3(10단)
5(18단)
36.5 (128단)
(+14코)
8단평
8-1-10
10-1-4
단 코 회
23(58코)
7(28단)
(2코 고무뜨기) 1호 줄바늘
밝은 잿빛 파란색
(58코) 만들기
※왼쪽 소매는 대칭으로 뜬다.

요크 (배색무늬)
20 (160코)
13 (44단)
분산 줄임코 총 (−160코) 그림 참고
오른쪽 소매에서 (64코) 줍기
왼쪽 소매에서 (64코) 줍기
뒤판에서 (93코) 줍기
앞판에서 (99코) 줍기
총 (320코) 줍기

목둘레(2코 고무뜨기) 1호 줄바늘
밝은 잿빛 파란색
2.5(10단)
(120코) 줍기

2코 고무뜨기
목둘레

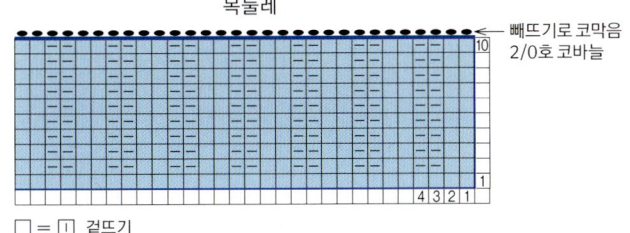

빼뜨기로 코막음
2/0호 코바늘
10
4 3 2 1
1
□ = ① 겉뜨기

배색과 사용량

	색 번호·영어명	색명	사용량
	680·Lunar	밝은 잿빛 파란색	230g/10볼
	127·Pebble	밝은 그레이	20g/1볼
	616·Anemone	보라색	소량/1볼
	1290·Loganberry	짙은 적자색 믹스	소량/1볼
	790·Celtic	풀색	소량/1볼
	600·Violet	제비꽃색	소량/1볼
	140·Rye	노란빛 그레이	소량/1볼
	768·Eggshell	잿빛 연한 물색	소량/1볼
	629·Lupin	청자색	소량/1볼
	785·Apple	황록색	소량/1볼
	760·Caspian	터쿼이즈블루	소량/1볼
	470·Pumpkin	짙은 오렌지	소량/1볼

배색무늬와 분산 줄임코

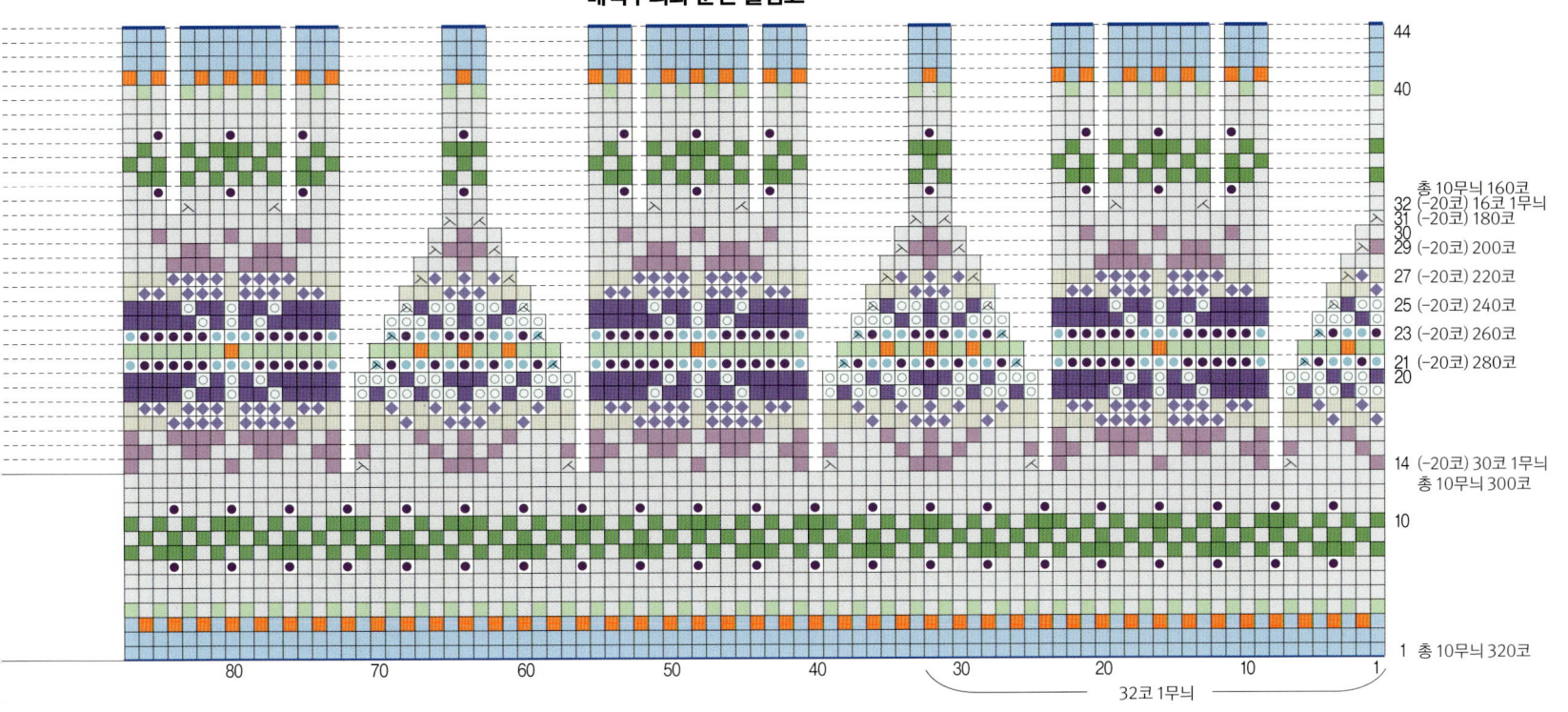

44
40
총 10무늬 160코
32 (−20코) 16코 1무늬
31
30 (−20코) 180코
29 (−20코) 200코
27 (−20코) 220코
25 (−20코) 240코
23 (−20코) 260코
21 (−20코) 280코
20
14 (−20코) 30코 1무늬
총 10무늬 300코
10
1 총 10무늬 320코
80 70 60 50 40 30 20 10 1
32코 1무늬

17 ● Picture on p.22

18 ● Picture on p.22

배색과 사용량

	색 번호·영어명	색명	모자	손모아장갑
	106·Mooskit	베이지	20g/1볼	10g/1볼
	680·Lunar	밝은 잿빛 파란색	소량/1볼	소량/1볼
	105·Eesit	연베이지	소량/1볼	5g/1볼
	805·Spruce	잿빛 초록색	소량/1볼	5g/1볼
	293·Port Wine	와인	소량/1볼	소량/1볼
	294·Blueberry	진보라색 믹스	소량/1볼	소량/1볼
	616·Anemone	보라색	소량/1볼	소량/1볼
	575·Lipstick	로즈핑크	소량/1볼	소량/1볼
	576·Cinnamon	벽돌색	소량/1볼	소량/1볼
	880·Coffee	짙은 갈색	소량/1볼	소량/1볼
	147·Moss	모스그린 믹스	소량/1볼	소량/1볼
	274·Green Mist	민트 믹스	소량/1볼	소량/1볼
	375·Flax	연노란색	소량/1볼	소량/1볼
	526·Spice	잿빛 빨간색	소량/1볼	소량/1볼
	259·Leprechaun	황록색 믹스	소량/1볼	소량/1볼
	1020·Nighthawk	청록색	소량/1볼	소량/1볼
	1160·Scotch Broom	겨자색 믹스	소량/1볼	소량/1볼
	180·Mist	연보라색 믹스	소량/1볼	소량/1볼

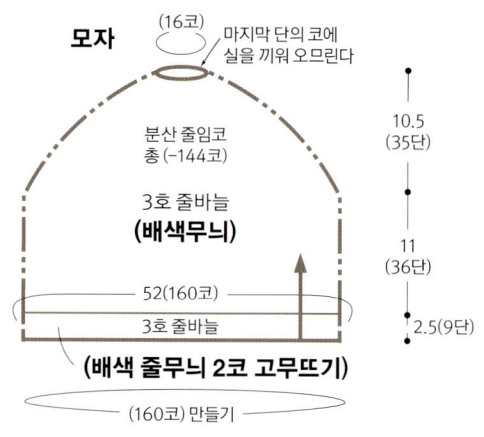

모자

(16코)
마지막 단의 코에 실을 끼워 오므린다

분산 줄임코
총 (−144코)

3호 줄바늘
(배색무늬)

52(160코)
3호 줄바늘

(배색 줄무늬 2코 고무뜨기)

(160코) 만들기

10.5
(35단)

11
(36단)

2.5(9단)

[재료와 도구]
실…제이미슨즈 셰틀랜드 스핀드리프트
색 번호·색명·사용량은 표 참고
바늘…줄바늘 3호(80cm)

[완성 크기]
17 머리둘레 52cm, 깊이 24cm
18 손바닥둘레 18cm, 길이 31.5cm

[게이지(10×10cm)]
배색무늬 31코×33단

[뜨는 법 포인트]
손가락에 실을 걸어서 기초코를 만들어 뜨기
시작해 배색 줄무늬 2코 고무뜨기, 배색무늬로
원통으로 뜬다. 손모아장갑은 엄지 위치에서
별도의 실을 떠넣고 나중에 풀어 코를 줍고 엄
지는 메리야스뜨기로 뜬다.

※무늬뜨기 전체도 p.143

모자의 분산 줄임코

8회 반복

35 (−8코) (16코)
33 (−8코) (24코)
30
28 (−8코) (32코)
20 (−32코) (64코)
10 (−32코) (96코)
2 (−32코) (128코)
1 (160코)
36
30
20
10
1
9
1

60　　50　　40　　30　　20　　10　　1

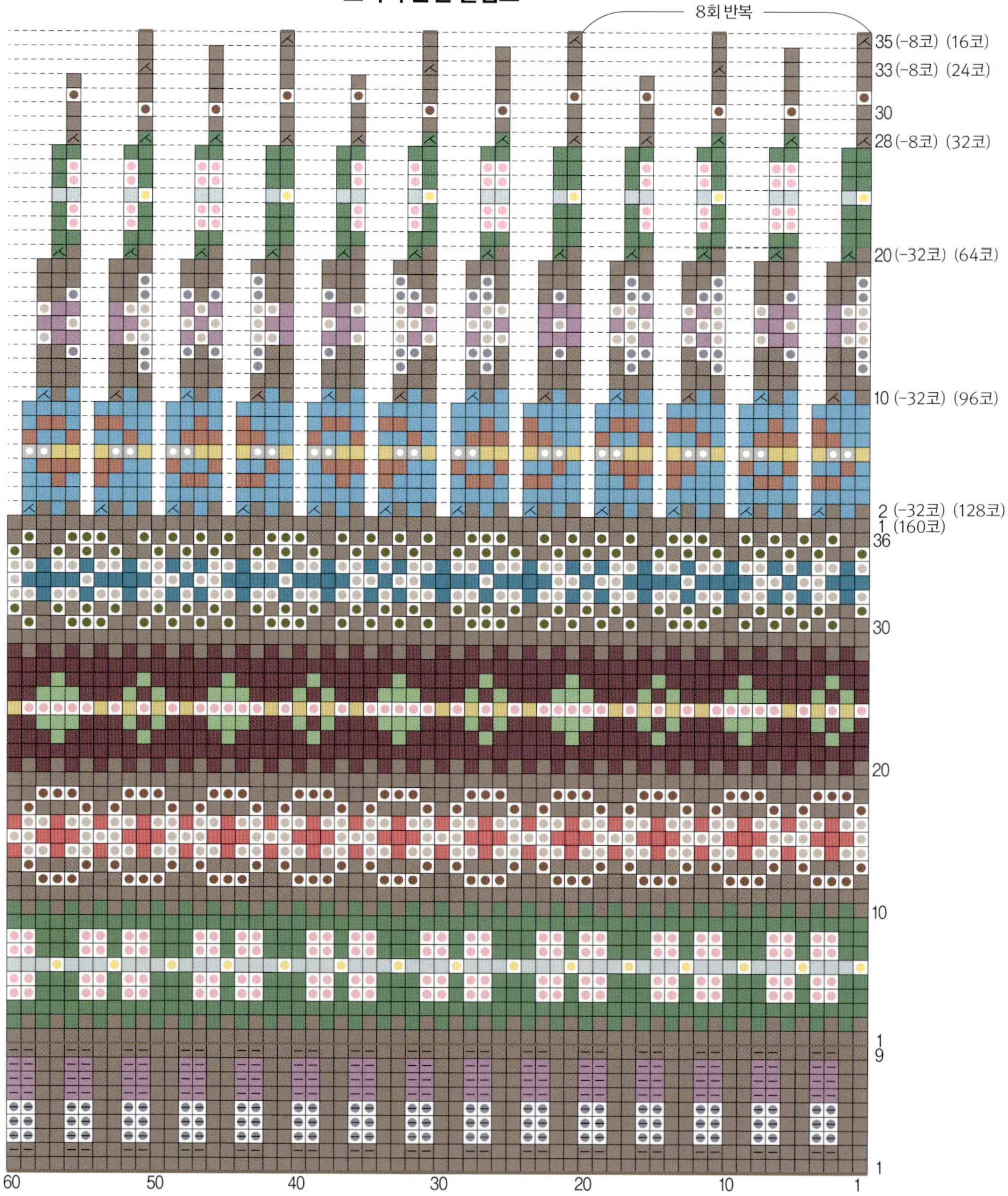

□ = 배색해 겉뜨기

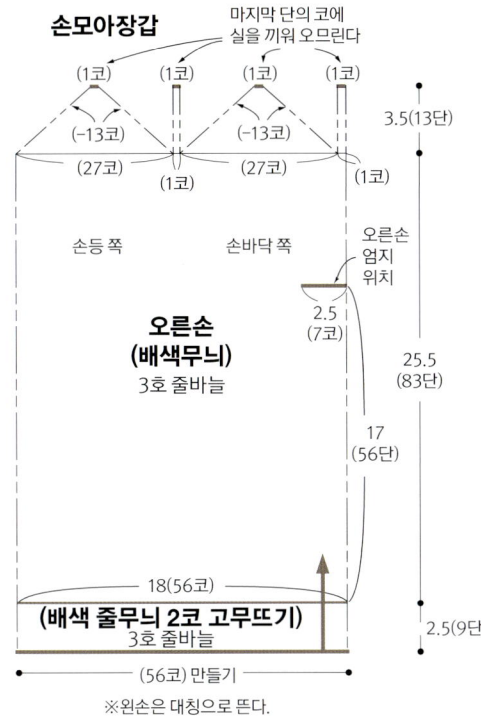

손모아장갑

마지막 단의 코에
실을 끼워 오므린다

(1코) (1코) (1코) (1코)

(−13코) (−13코)

(27코) (27코) (1코)

3.5(13단)

손등 쪽 손바닥 쪽

오른손
엄지
위치

오른손
(배색무늬)
3호 줄바늘

2.5
(7코)

25.5
(83단)

17
(56단)

18(56코)

(배색 줄무늬 2코 고무뜨기)
3호 줄바늘

2.5(9단)

(56코) 만들기

※왼손은 대칭으로 뜬다.

엄지
(메리야스뜨기)

베이지

(1코) (1코)

7
(23단)

(16코)
줍기

엄지

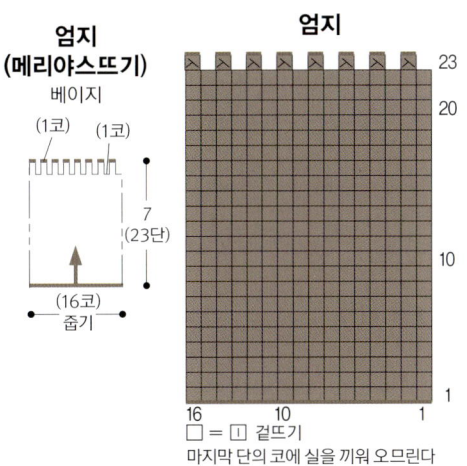

23

20

10

1

16 10 1

□ = Ⅰ 겉뜨기
마지막 단의 코에 실을 끼워 오므린다

손모아장갑

손등 쪽 손바닥 쪽

13

10

1
83

80

70

56
엄지
위치

60

50

40

30

20

10

9
1

56 50 40 30 20 10 1

□ = Ⅰ 배색해 겉뜨기

19 ● Picture on p.23

20 ● Picture on p.23

[재료와 도구]
실…J&S(제이미슨&스미스) 헤리티지
색명·사용량은 표 참고
바늘…줄바늘 3호(80cm)·1호(80cm), 코바늘 2/0호

[완성 크기]
19 손바닥둘레 20cm, 길이 22.5cm
20 손바닥둘레 20.5cm, 길이 22.5cm

[게이지(10×10cm)]
배색무늬 30코×33단

[뜨는 법 포인트]
※줄바늘은 변형 고무뜨기는 1호, 그 외에는 3호로 뜬다.
1. 기초코를 만든다. →p.32
2. 원통으로 만들어 변형 고무뜨기를 뜬다.
3. 20은 1단에서 코를 늘려서 배색무늬를 뜬다. →p.70
4. 이어서 변형 고무뜨기를 뜬다.
5. 뜨개 끝은 코바늘을 사용해 빼뜨기로 코막음을 한다.
   →p.44
6. 실을 정리한다. →p.46
7. 스팀다리미로 다려 마무리한다. →p.46

19

배색과 사용량

	영어명	색명	핸드 워머
	Moss Green	모스그린	25g/1볼
	Auld Gold	노란색	소량/1볼
	Snaa White	흰색	소량/1볼
	Indigo	파란색	소량/1볼
	Flugga White	에크뤼	소량/1볼
	Moorit	연갈색	소량/1볼
	Peat	갈색	소량/1볼
●	Berry Wine	와인	소량/1볼

□ = 1 겉뜨기

20

배색과 사용량

	영어명	색명	핸드 워머
▨	Light Grey	라이트그레이	20g/1볼
▨	Moss Green	모스그린	소량/1볼
▨	Fawn	캐멀	소량/1볼
▨	Madder	선명한 빨간색	소량/1볼
⊡	Berry Wine	와인	소량/1볼
▨	Peat	갈색	소량/1볼
■	Black	짙은 갈색	소량/1볼
▨	Auld Gold	노란색	소량/1볼
☐	Flugga White	에크뤼	소량/1볼
▨	Indigo	파란색	소량/1볼

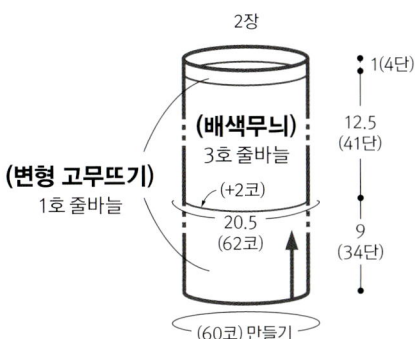

2장

(배색무늬)
3호 줄바늘

(변형 고무뜨기)
1호 줄바늘

(+2코)

20.5
(62코)

1(4단)

12.5
(41단)

9
(34단)

(60코) 만들기

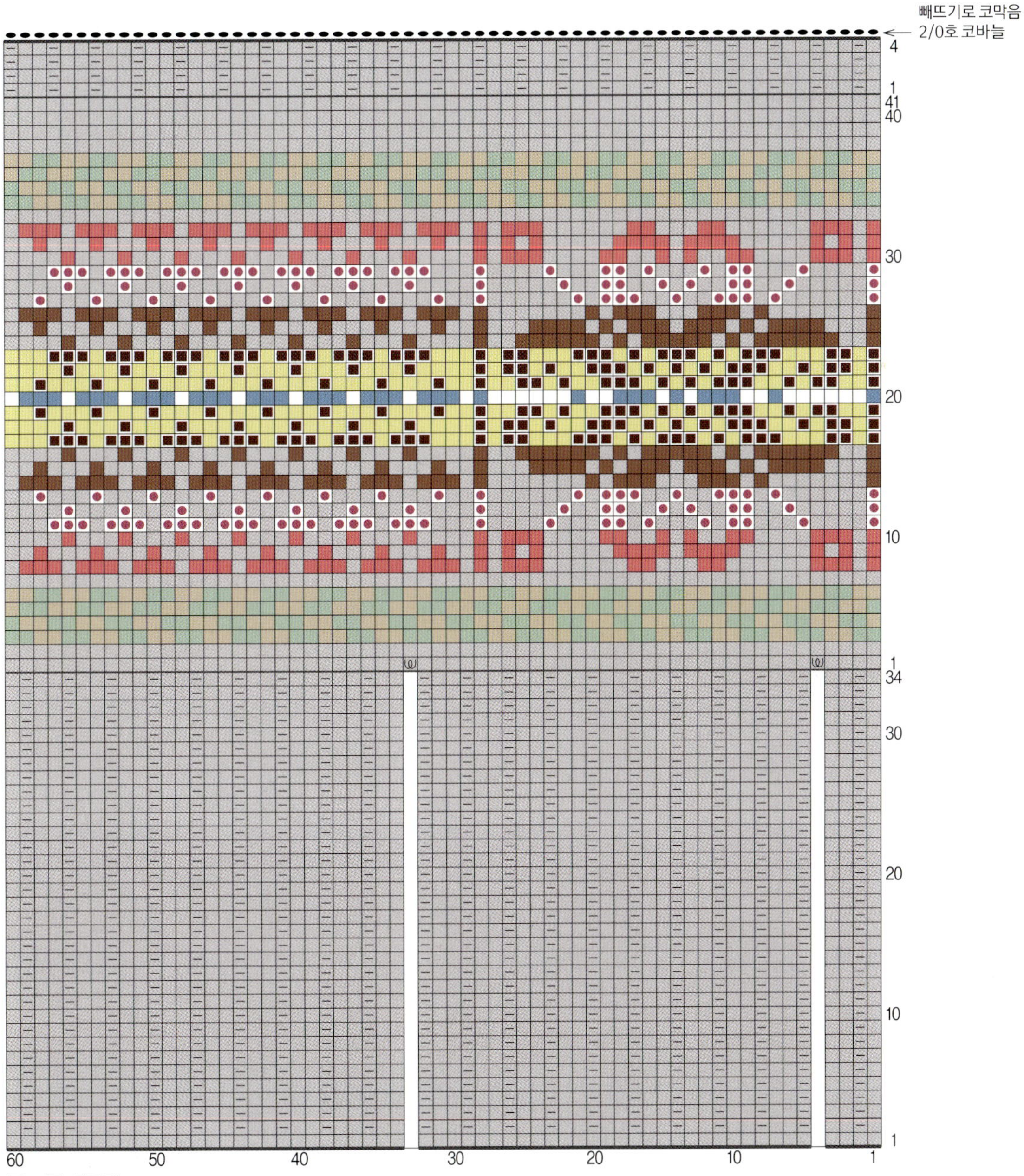

빼뜨기로 코막음
2/0호 코바늘

□ = 1 겉뜨기

21 ● Picture on p.24

[재료와 도구]
실…제이미슨즈 셰틀랜드 스핀드리프트
색 번호·색명·사용량은 표 참고
바늘…줄바늘 4호(80㎝)·3호(80㎝), 코바늘 3/0호

[완성 크기]
너비 15㎝, 길이 158㎝

[게이지(10×10㎝)]
배색무늬 29코×30단, 줄무늬 메리야스뜨기 29코×37단

[뜨는 법 포인트]
※줄바늘은 줄무늬 메리야스뜨기와 고무뜨기는 3호, 배색무늬는 4호로 뜬다.
1. 기초코를 만든다. →p.32
2. 원통으로 만들어 고무뜨기를 뜬다. →p.32
3. 이어서 배색무늬와 줄무늬 메리야스뜨기를 뜬다.
4. 뜨개 끝은 코바늘을 사용해 빼뜨기로 코막음을 한다.
   →p.44
5. 실을 정리한다. →p.46
6. 스팀다리미로 다려 마무리한다. →p.46

배색과 사용량

	색 번호·영어명	색명	사용량
	805·Spruce	잿빛 초록색	20g/1볼
	429·Old Gold	금갈색	20g/1볼
	880·Coffee	짙은 갈색	20g/1볼
	680·Lunar	밝은 잿빛 파란색	20g/1볼
◎	290·Oyster	잿빛 복숭아색 믹스	15g/1볼
◉	660·Lagoon	짙은 물색	15g/1볼
	140·Rye	노란빛 그레이	15g/1볼
◉	770·Mint	연녹색	10g/1볼
	750·Petrol	짙은 녹청색	10g/1볼
	365·Chartreuse	잿빛 황록색	10g/1볼
	800·Tartan	초록색	10g/1볼
	861·Sandalwood	잿빛 오렌지	10g/1볼
◉	478·Amber	칙칙한 오렌지	10g/1볼
	595·Maroon	저갈색	5g/1볼
◉	1160·Scotch Broom	겨자색 믹스	5g/1볼
	1290·Loganberry	짙은 적자색 믹스	5g/1볼

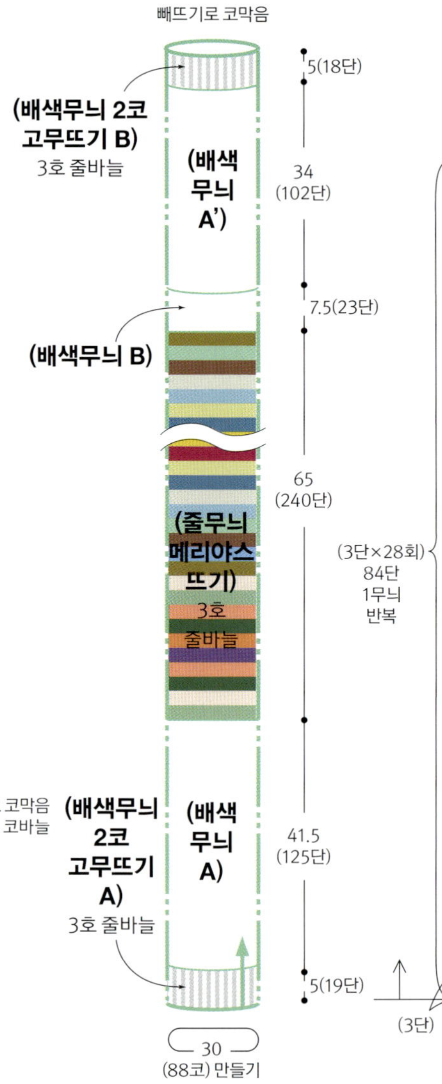

줄무늬 메리야스뜨기 배색

●	660·짙은 물색
	429·금갈색
●	770·연녹색
	880·짙은 갈색
	140·노란빛 그레이
	680·밝은 잿빛 파란색
	365·잿빛 황록색
	750·짙은 녹청색
●	1160·겨자색 믹스
	595·적갈색
	365·잿빛 황록색
	750·짙은 녹청색
	140·노란빛 그레이
	680·밝은 잿빛 파란색
●	770·연녹색
	880·짙은 갈색
●	660·짙은 물색
	429·금갈색
○	290·잿빛 복숭아색 믹스
	805·잿빛 초록색
	861·잿빛 오렌지
	800·초록색
●	478·칙칙한 오렌지
	1290·짙은 적자색 믹스
	861·잿빛 오렌지
	800·초록색
○	290·잿빛 복숭아색 믹스
	805·잿빛 초록색

(3단)

빼뜨기로 코막음

(배색무늬 2코 고무뜨기 B)
3호 줄바늘

5(18단)

(배색무늬 A')

34(102단)

7.5(23단)

(배색무늬 B)

65(240단)

(줄무늬 메리야스뜨기)
3호 줄바늘

(3단×28회)
84단
1무늬
반복

(배색무늬 2코 고무뜨기 A)
3호 줄바늘

(배색무늬 A)

41.5(125단)

5(19단)

빼뜨기로 코막음
3/0호 코바늘

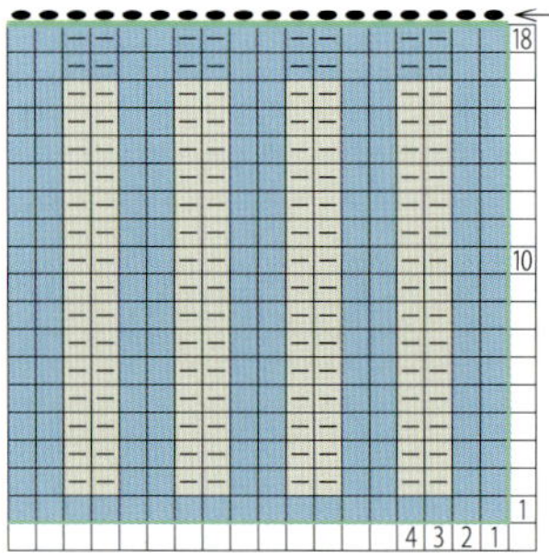

30(88코) 만들기

※지정한 것 이외에는 4호 줄바늘로 뜬다.

배색무늬 2코 고무뜨기 A

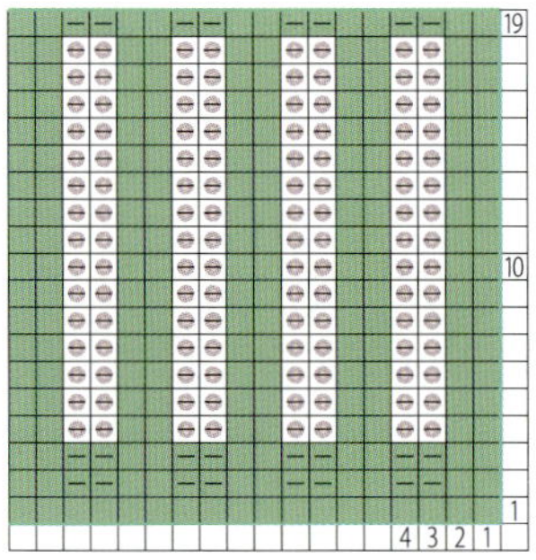

19
10
1
4 3 2 1

□ = ⊥ 배색해 겉뜨기

배색무늬 2코 고무뜨기 B

18
10
1
4 3 2 1

□ = ⊥ 배색해 겉뜨기

배색무늬 B

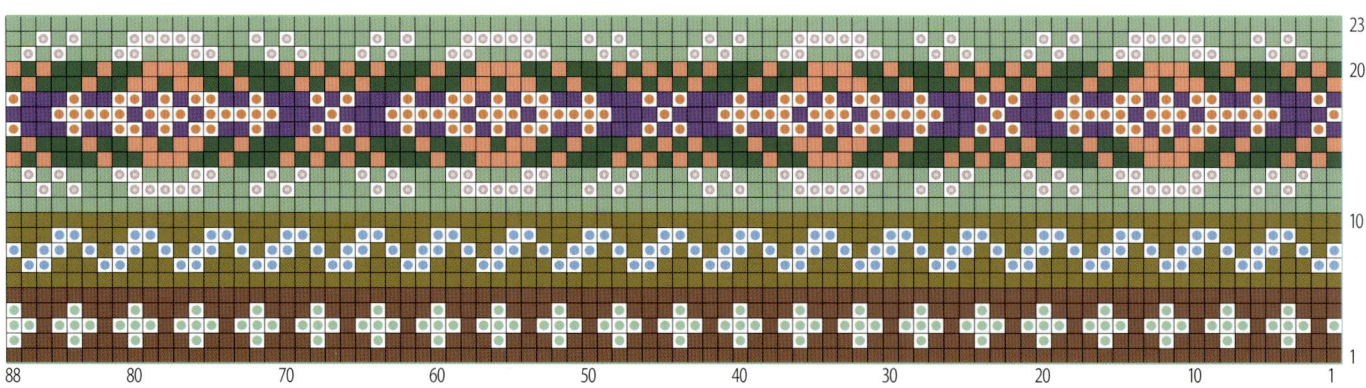

88　80　70　60　50　40　30　20　10　1

23
20
10
1

배색
무늬
A'

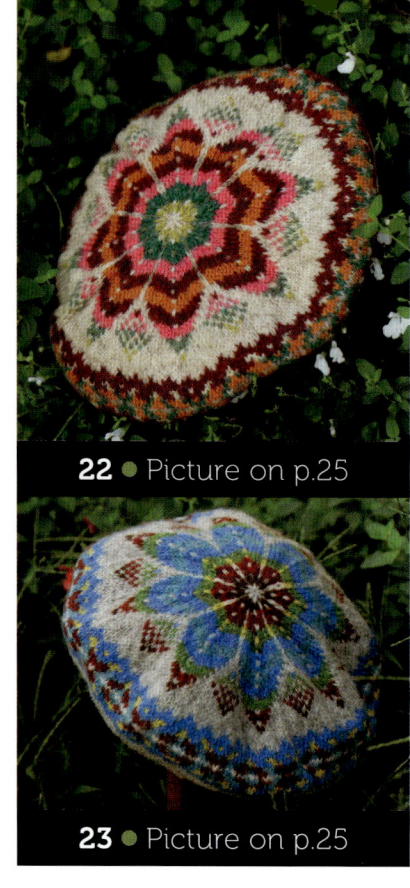

22 ● Picture on p.25

23 ● Picture on p.25

[재료와 도구]
실…제이미슨즈 셰틀랜드 스핀드리프트
색 번호·색명·사용량은 표 참고
바늘…줄바늘 3호(80㎝)·1호(80㎝), 코바늘 3/0호

[완성 크기]
머리둘레 55㎝, 깊이 23㎝

[게이지(10×10㎝)]
배색무늬 29코×31단

[뜨는 법 포인트]
※줄바늘은 코를 주울 때는 1호, 그 외에는 3호로 뜬다.

1. 기초코를 만든다. →p.32
2. 그림을 참고해 증감코를 해서 배색무늬 A·B·C를 뜬다.
3. 뜨개 끝은 코에 실을 끼워 오므린다.
4. 뜨개 시작 위치에서 코를 주워 배색 줄무늬 2코 고무뜨기를 뜬다.
5. 뜨개 끝은 코바늘을 사용해 빼뜨기로 코막음을 한다. →p.44
6. 스팀다리미로 다려 마무리한다. →p.46

1단평
2-16-7
3-16-3
4-16-1
1-16-1
(16코)
분산 줄임코 총
(-192코) 그림 참고
마지막 단의 코를 1코 걸러
8코씩 2회 실을 끼워 오므린다
9.5
(29단)
(배색무늬 C)
6.5(20단)
(배색무늬 B)
72(208코)
4(13단)
55(160코) 만들기
3(12단)
(132코) 줍기
(-28코)
(배색무늬 A)
분산 늘림코 총
(+48코)
그림 참고
2단평
5-24-1
6-24-1
단 코 회
(배색 줄무늬 2코 고무뜨기)
3호 줄바늘

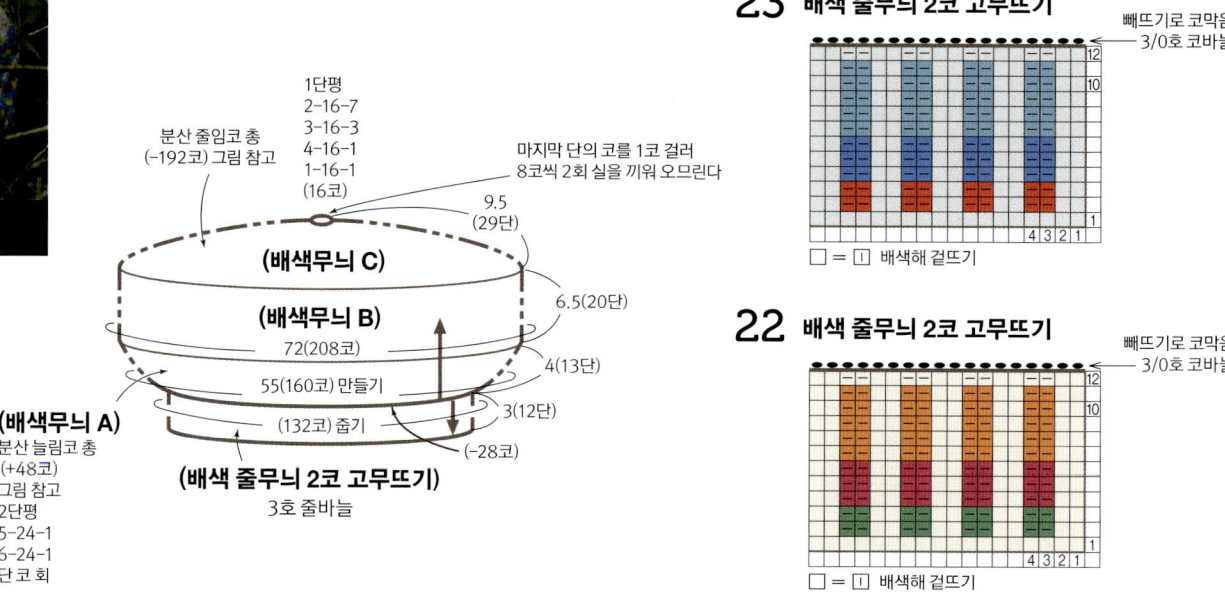

23 배색 줄무늬 2코 고무뜨기

빼뜨기로 코막음
3/0호 코바늘
12
10
1
4 3 2 1
□ = ⊡ 배색해 겉뜨기

22 배색 줄무늬 2코 고무뜨기

빼뜨기로 코막음
3/0호 코바늘
12
10
1
4 3 2 1
□ = ⊡ 배색해 겉뜨기

160
150
140
130
120
110
100
90
80

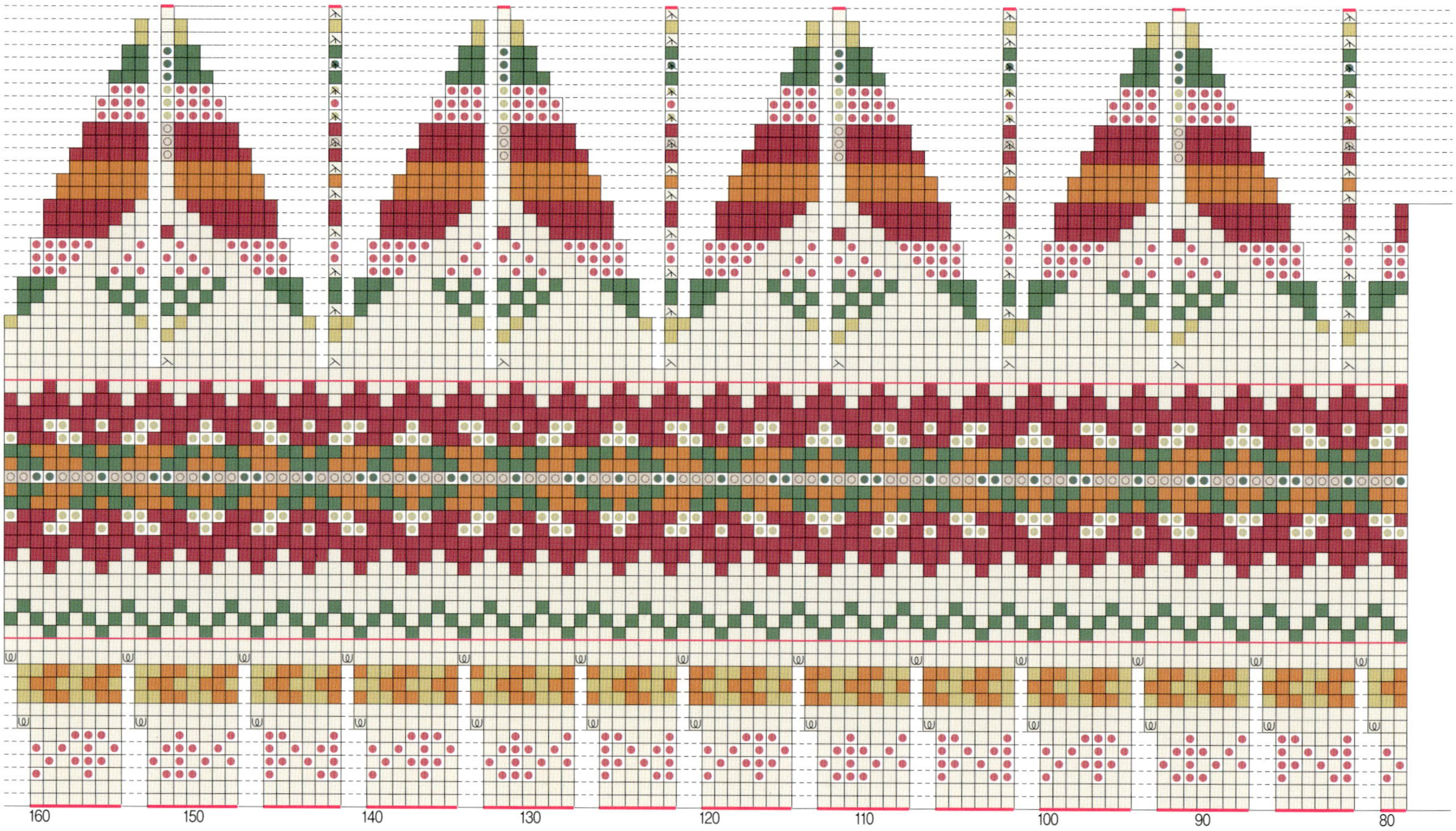

23 배색과 사용량

	색 번호·영어명	색명	No.23
	122·Granite	연그레이	18g/1볼
	1010·Seabright	연한 초록빛 파란색	5g/1볼
	665·Bluebell	파란색	5g/1볼
	390·Daffodil	노란색	5g/1볼
	259·Leprechaun	황록색 믹스	4g/1볼
	587·Madder	어두운 황적색	4g/1볼
	880·Coffee	짙은 갈색	소량/1볼
	135·Surf	연청록색 믹스	소량/1볼
	104·Natural White	에크뤼	소량/1볼

23
배색무늬

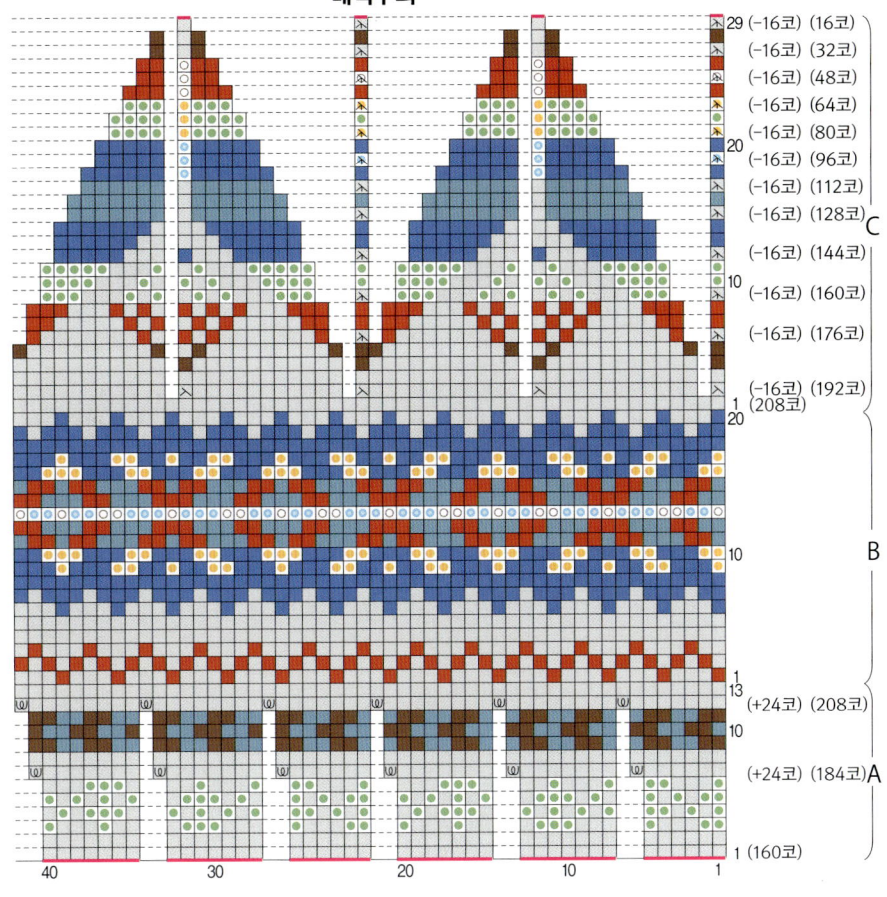

22 배색과 사용량

	색 번호 · 영어명	색명	No.22
	105·Eesit	연베이지	18g/1볼
	478·Amber	칙칙한 오렌지	5g/1볼
	323·Cardinal	어두운 빨간색	5g/1볼
	140·Rye	노란빛 그레이	5g/1볼
	188·Sherbet	연적자색	4g/1볼
	805·Spruce	잿빛 초록색	4g/1볼
	791·Pistachio	짙은 잿빛 황록색	소량/1볼
	272·Fog	연갈색 믹스	소량/1볼
	286·Moorgrass	초록색 믹스	소량/1볼

22
배색무늬

Pattern A la carte

무늬뜨기 전체도
아라카르트

마음에 드는 패턴의 전체상을 파악하면 옷도 소품도 자유자재로 변형할 수 있으며 다양하게 응용할 수 있습니다.

여성 L은 남성 M, XL은 남성 L

이 책에서는 여성 사이즈를 기본으로 해서 M·L·XL 3사이즈를 소개했습니다. L은 남성 M 사이즈, XL은 남성 L 사이즈를 상정하고 디자인했습니다. 무늬, 색, 사이즈 등 다양하게 응용해서 페어아일 니팅을 즐겨주세요. 그리고 커버 안쪽의 뜨개코 모눈종이도 오리지널 패턴 디자인 등에 이용해주세요.

실/A〜C 제이미슨즈 셰틀랜드 스핀드리프트
B 무늬뜨기 전체도…p.140
C 무늬뜨기 전체도…p.141

A

B C

A

■	107 · Mgit	시나몬	□	343 · Ivory	아이보리
◉	998 · Hairst	이끼색	■	478 · Amber	칙칙한 오렌지
■	880 · Coffee	짙은 갈색	■	106 · Mooskit	베이지
◉	1020 · Night Hawk	청록색	■	1010 · Seabright	연한 초록빛 파란색

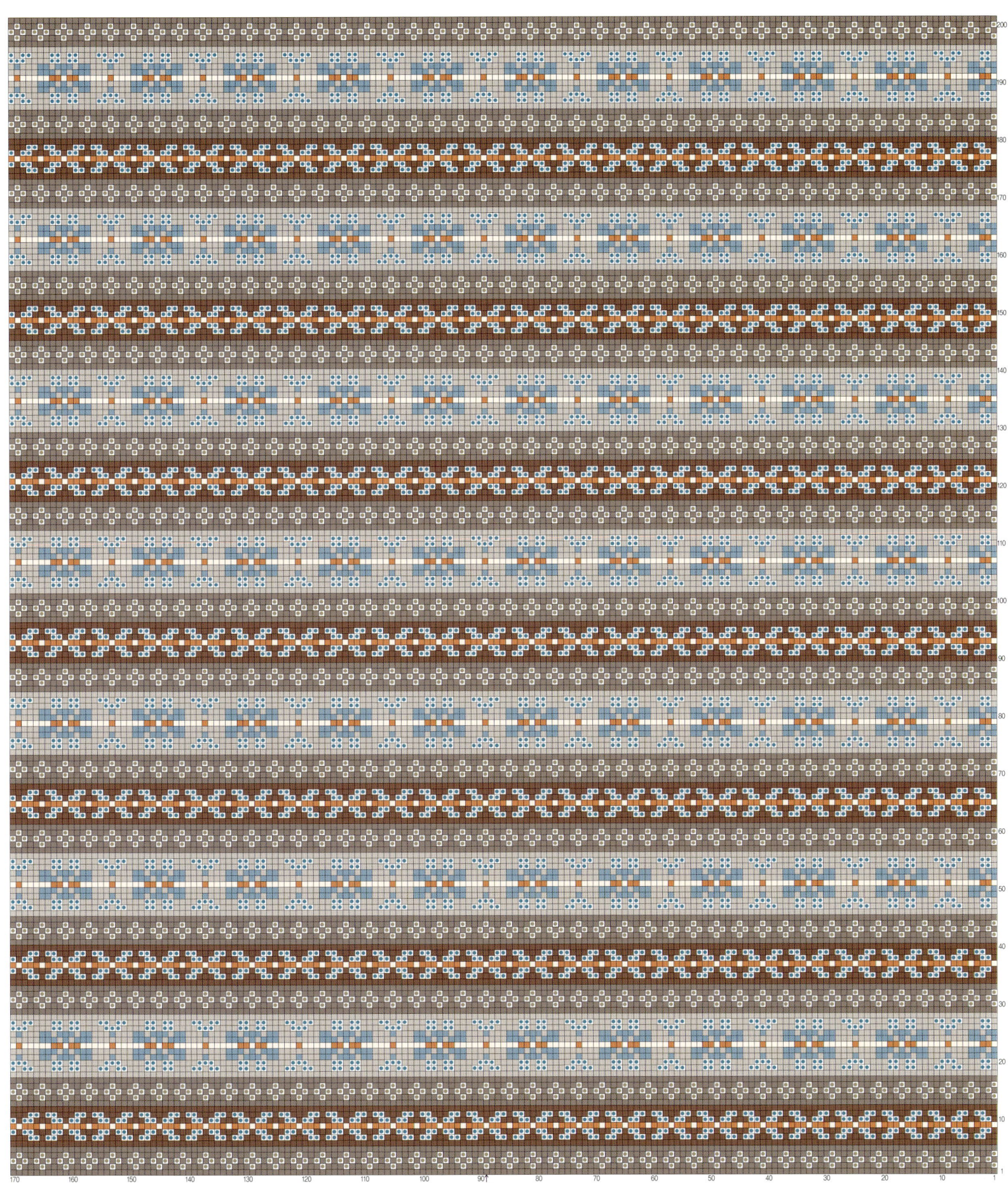

B

□	343·Ivory	아이보리		785·Apple	황록색		375·Flax	연노란색
	183·Sand	잿빛 빨간색 믹스		585·Plum	보랏빛 핑크		526·Spice	잿빛 빨간색
	570·Sorbet	잿빛 핑크		540·Coral	새먼핑크		365·Chartreuse	잿빛 황록색
	153·Wild Violet	연빨간색 믹스		350·Lemon	레몬		135·Surf	연청록색 믹스
	188·Sherbet	연적자색		576·Cinnamon	벽돌색		575·Lipstick	로즈핑크

C

	343·Ivory	아이보리
	140·Rye	노란빛 그레이
	880·Coffe	짙은 갈색
	684·Cobalt	짙은 파란색

	478·Amber	칙칙한 오렌지
	770·Mint	연녹색
	365·Chartreuse	잿빛 황록색
	400·Mimosa	미모사

	680·Lunar	밝은 잿빛 파란색
	127·Pebble	밝은 그레이
	750·Petrol	짙은 녹청색
	726·Prussian Blue	잉크블루

	768·Egg Shell	잿빛 연한 물색
	599·Zodiac	진보라색
	1300·Aubretia	파란빛 보라색
	805·Spruce	잿빛 초록색

141

■	788·Leaf	심녹색	■	1290·Loganberry	짙은 적자색 믹스	■	720·Dewdrop	청록색 믹스	■	760·Caspian	터쿼이즈블루
□	122·Granite	연그레이	■	870·Cocoa	어두운 오렌지	■	1140·Granny Smith	신록색	■	375·Flax	연노란색
⊙	198·Peat	짙은 갈색 믹스	■	168·Clyde Blue	잿빛 파란색	■	290·Oyster	잿빛 복숭아색 믹스	■	400·Mimosa	미모사

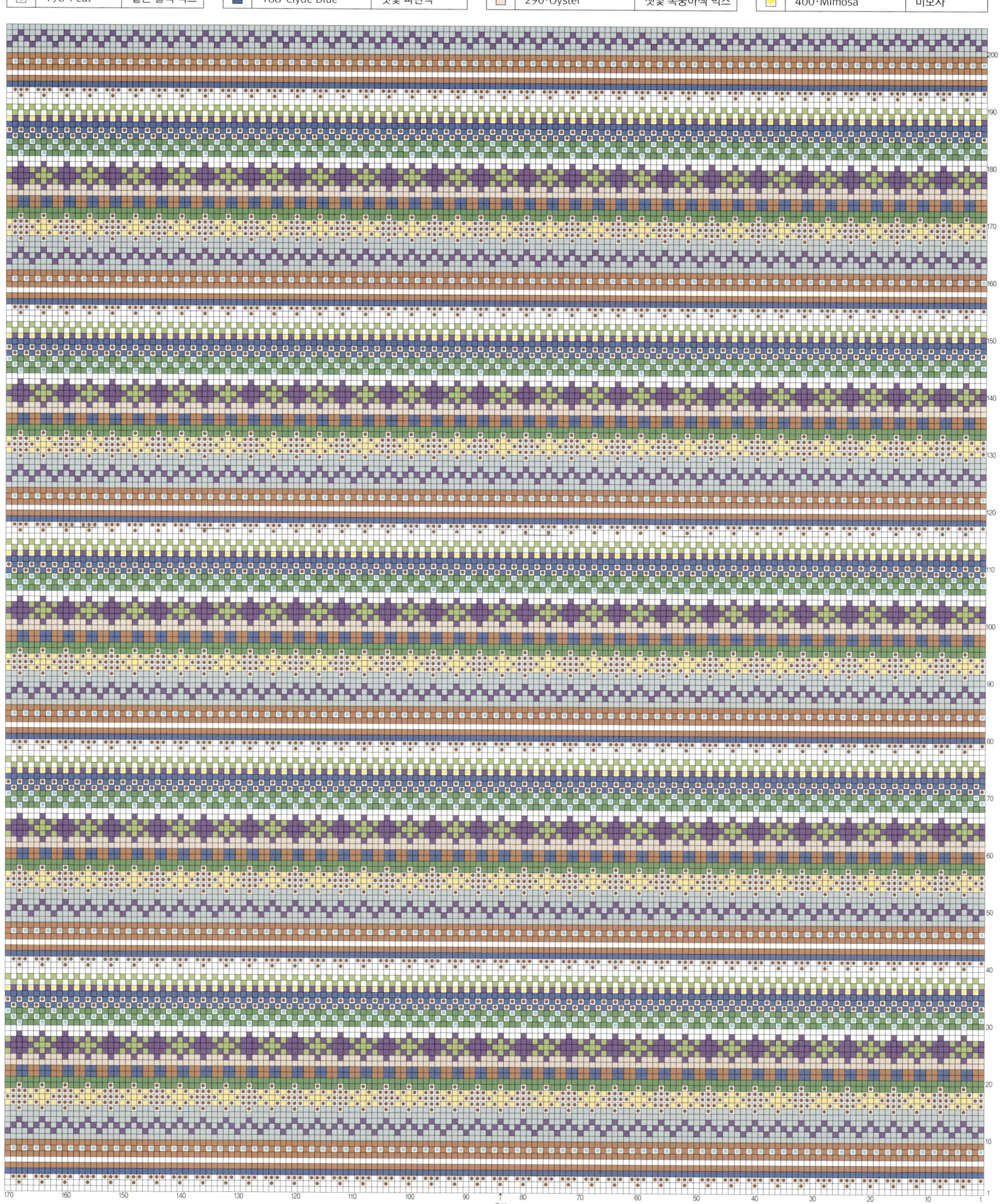

■	106·Mooskit	베이지	■	616·Anemone	보라색	□	375·Flax	연노란색
■	680·Lunar	잿빛 파란색	■	575·Lipstick	로즈핑크	■	526·Spice	잿빛 빨간색
⊡	105·Eesit	연베이지	■	576·Cinnamon	벽돌색	■	259·Leprechaun	황록색 믹스
■	805·Spruce	잿빛 초록색	◉	880·Coffee	짙은 갈색	■	1020·Nighthawk	청록색
■	293·Port Wine	와인	◉	147·Moss	모스그린 믹스	■	1160·Scotch Broom	겨자색 믹스
◉	294·Blueberry	진보라색 믹스	□	274·Green Mist	민트 믹스	⊡	180·Mist	연보라색 믹스

Profile

바람공방(핫타 요코)

무대 미술을 공부한 후, 20대부터 많은 수공예 잡지에 작품을 발표했다.
섬세한 레이스뜨기부터 다양한 색을 사용한 배색무늬까지 폭넓은 작품을
소개했다. 최근에는 해외의 뜨개 잡지와 책에도 디자인을 제공하고 있다.
보그학원 및 NHK '멋지게 핸드메이드' 강사로 활동하며 워크숍 등을 통해
서 손뜨개의 즐거움을 전하는 중이다. 저서로는 《바람공방의 마음에 드는
니트》 등이 있다.

Staff

북디자인 데라야마 후미에
촬영 나카시마 시게키, 혼마 누부히쿠(프로세스)
스타일링 에나이 도모미
프로세스 촬영 협력 오카모토 마키코
편집 협력 고바야시 미호, 니시다 지히로, 나카무라 요코, 무라키 미사코, 후지무라 게이코, 다카야마 가나, 케이토다마 편집부,
　　　후루야마 가오리, 이지마 료코, 스즈키 히로코, 소가 게이코
편집 담당 아오키 구미코

바람공방의 페어아일 니팅

1판 1쇄 인쇄 　2024년 8월 7일
1판 1쇄 발행 　2024년 8월 20일

지은이 바람공방(핫타 요코)
옮긴이 배혜영
펴낸이 김기옥

실용본부장 박재성
편집 실용2팀 이나리, 장윤선
마케터 이지수
지원 고광현, 김형식

디자인 푸른나무디자인
인쇄·제본 민언프린텍

펴낸곳 한스미디어(한즈미디어(주))
주소 04037 서울시 마포구 양화로 11길 13(서교동, 강원빌딩 5층)
전화 02-707-0337 | 팩스 02-707-0198 | 홈페이지 www.hansmedia.com
출판신고번호 제 313-2003-227호 | 신고일자 2003년 6월 25일

ISBN 979-11-93712-43-6 13590

책값은 뒤표지에 있습니다.
잘못 만들어진 책은 구입하신 서점에서 교환해드립니다.